BRASILIDADE REVOLUCIONÁRIA

FUNDAÇÃO EDITORA DA UNESP

Presidente do Conselho Curador
Herman Voorwald

Diretor-Presidente
José Castilho Marques Neto

Editor-Executivo
Jézio Hernani Bomfim Gutierre

Assessor Editorial
Antonio Celso Ferreira

Conselho Editorial Acadêmico
Alberto Tsuyoshi Ikeda
Célia Aparecida Ferreira Tolentino
Eda Maria Góes
Elisabeth Criscuolo Urbinati
Ildeberto Muniz de Almeida
Luiz Gonzaga Marchezan
Nilson Ghirardello
Paulo César Corrêa Borges
Sérgio Vicente Motta
Vicente Pleitez

Editores-Assistentes
Anderson Nobara
Arlete Zebber
Ligia Cosmo Cantarelli

BRASILIDADE REVOLUCIONÁRIA
Um século de cultura e política

MARCELO RIDENTI

© 2010 Editora UNESP

Direitos de publicação reservados à:
Fundação Editora UNESP (FEU)

Praça da Sé, 108
01001-900 – São Paulo – SP
Tel.: (0xx11) 3242-7171
Fax: (0xx11) 3242-7172
www.editoraunesp.com.br
www.livrariaunesp.com.br
feu@editora.unesp.br

CIP – Brasil. Catalogação na fonte
Sindicato Nacional dos Editores de Livros, RJ

R412b

Ridenti, Marcelo, 1959-
    Brasilidade revolucionária: um século de cultura e política/Marcelo Ridenti. – São Paulo: Editora UNESP, 2010.
    192p.

Inclui bibliografia
ISBN 978-85-393-0006-8

    1. Identidade social – Brasil. 2. Revoluções – Brasil. 3. Política e cultura – Brasil. 4. Artes – Aspectos políticos – Brasil 5. Intelectuais – Brasil – Atividades políticas. I. Título.

10-1034.   CDD: 981

CDU: 94(81)

Editora afiliada:

Para Tânia, companheira de viagem,
e Arthur, nosso companheirinho

SUMÁRIO

INTRODUÇÃO: UMA BRASILIDADE REVOLUCIONÁRIA?   09

UM LIVRE PENSADOR NO MOVIMENTO OPERÁRIO:
EVERARDO DIAS CONTRA A REPÚBLICA VELHA   17

ARTISTAS E INTELECTUAIS COMUNISTAS
NO AUGE DA GUERRA FRIA   57

BRASILIDADE REVOLUCIONÁRIA COMO ESTRUTURA
DE SENTIMENTO: OS ANOS REBELDES E SUA HERANÇA   85

A QUESTÃO DA TERRA NO CINEMA E NA CANÇÃO:
DUALISMO E BRASILIDADE REVOLUCIONÁRIA   121

INTELECTUAIS NA (RE)DEMOCRATIZAÇÃO:
MARSHALL BERMAN E SEU PÚBLICO BRASILEIRO   145

REFERÊNCIAS BIBLIOGRÁFICAS   177

INTRODUÇÃO:
UMA BRASILIDADE REVOLUCIONÁRIA?

O termo *brasilidade*, corrente para os brasileiros, talvez não seja facilmente compreensível do ponto de vista de um estrangeiro. Quiçá soe familiar, por analogia, em outros países da América Latina, que também se afirmaram nacionalmente nos últimos duzentos anos, onde se fala, por exemplo, em argentinidade, peruanidade, mexicanidade e assim por diante. Ele significa, no sentido corrente, "propriedade distintiva do brasileiro e do Brasil",[1] fruto dc certo imaginário da nacionalidade próprio de um país de dimensões continentais, que não se reduz a mero nacionalismo ou patriotismo, mas pretende-se fundador de uma verdadeira civilização tropical. Seria possível encontrar elementos de brasilidade ao menos desde o século XIX, mas foi a partir dos anos 1930 que ela se desenvolveu no pensamento social brasilciro, nas artes, em políticas de Estado e também na vida cotidiana – de formas distintas e variadas à direita, à esquerda, conservadoras, progressistas, ideológicas ou utópicas.

Criaram-se tradições diversificadas de pensamento sobre o Brasil, por autores como Gilberto Freyre, Sérgio Buarque de Hollanda, Caio Prado Jr., depois Celso Furtado, Raimundo Faoro, Florestan Fernandes, Antonio Candido, Darcy

---

1 Esta é a definição que consta do *Novo dicionário Aurélio*. (Ferreira, s/d, p. 225)

Ribeiro e tantos mais.[2] Talvez eles tenham em comum apenas a aposta, cada um a seu modo, em buscar uma originalidade criadora para as contradições enraizadas na sociedade brasileira. Não se pretende aqui, contudo, tratar propriamente do pensamento social.

Por sua vez, o termo *revolução* também está longe de ser unívoco. E tem sido incorporado no Brasil das mais diversas formas pelos agentes sociais, a partir de miragens das grandes revoluções internacionais, desde a francesa de 1789. Na história brasileira do século XX, o termo *revolução* ganhou sentidos diferentes, não só à esquerda.[3] Por exemplo, nas chamadas revoluções de 1930, 1932 e 1964, em que as esquerdas ficaram de fora ou mesmo foram perseguidas, e que muitos não consideram como autênticas revoluções, por não terem promovido rupturas estruturais.

Então, o título deste livro, *Brasilidade revolucionária*, não é explicativo por si só. Cabe explicitar que ele tem um caráter provocativo e se refere a aspectos de uma vertente específica de construção da brasilidade, aquela identificada com ideias, partidos e movimentos de esquerda – e presente também de modo expressivo em obras e movimentos artísticos. Trata-se de uma aposta nas possibilidades da revolução brasileira, nacional-democrática ou socialista, que permitiria realizar as potencialidades de um povo e de uma nação. Essa brasilidade revolucionária, como criação coletiva, viria a definir-se com mais clareza a partir do final dos anos 1950, ganhando esplendor na década seguinte, seguido de seu declínio. Ela envolveria o compartilhamento de ideias e sentimentos de que estava em andamento uma revolução, em cujo devir artistas e intelectuais teriam um papel expressivo, pela necessidade de conhecer o Brasil e de aproximar-se de seu povo.

A brasilidade revolucionária tampouco deve ser substancializada, como se existisse e fizesse sentido por si mesma. Ainda que alguns intelectuais e artistas supusessem que davam voz a uma espécie de potência inata da condição de ser brasileiro, eles estavam construindo imaginariamente uma utopia. Explicitada nos anos 1960, ela resultou da construção coletiva de diversos agentes sociais, comprometidos com projetos de emancipação dos trabalhadores ou do povo, a partir de experiências de vida e de lutas descontínuas ao longo do século XX, no processo de modernização da sociedade. Não é fruto de uma continuidade

---

2 Ver, por exemplo: Freyre (1933); Hollanda (1936); Prado Jr. (1942); Furtado (1959); Faoro (1958); Fernandes (1976); Candido (1959); Ribeiro (1995).

3 Numa formulação sintética, mas de sentido amplo, entende-se a esquerda como as diferentes forças políticas que criticam a ordem capitalista estabelecida, identificando-se com as lutas por transformações socializantes.

linear. Ao contrário, as constantes intervenções repressivas e a rapidez dos acontecimentos deram a muitos agentes, de diversas gerações, a impressão de que sua luta começava da estaca zero, sem conexão com experiências anteriores, mesmo que se buscasse algum elo perdido no tempo.

Politicamente e no âmbito do pensamento, essa brasilidade é herdeira de lutas sociais diversificadas que geraram amálgamas e rupturas entre o anarquismo, o positivismo, o tenentismo, o comunismo e outras inspirações políticas e intelectuais – tema abordado no primeiro capítulo, a partir do estudo da vida e da obra de um militante intelectualizado, Everardo Dias, que se envolveu com os principais projetos de transformação de seu tempo, notadamente até a década de 1930.

Everardo Dias transitou como poucos pelos movimentos contestadores da República Velha, da maçonaria ao anarquismo, do livre pensamento ao comunismo, do republicanismo ao tenentismo. Expressa o sentimento de brasilidade revolucionária nascente, em seu encontro de imigrante originário do movimento operário paulistano – forçado ao exílio em nome de supostos valores nacionais que os grevistas de 1919 estariam violando – com os trabalhadores "morenos" de Recife. Depois, no seu envolvimento com o comunismo, o jornal *A Nação*, e ainda os tenentes. Pagou um preço por suas escolhas, em temporadas nas "bastilhas" locais e na constante perseguição pela polícia política.

O sentimento de revolta com a situação mais geral da nação, do povo e dos trabalhadores vinha junto com a busca de fazer ouvir a sua voz nos fechados círculos políticos e intelectuais. Esse sentimento era compartilhado por outros intelectuais relativamente marginalizados do universo dos bacharéis, como Astrojildo Pereira, que viria a ser o principal dirigente comunista nos anos 1920.

A continuidade e a descontinuidade das lutas sociais do período podem ser notadas na trajetória de Everardo. Sua obra expressa a sensível mundança, em pouco tempo, do universo sobretudo anarquista do fim dos anos 1910 para o nacionalismo tenentista predominante na década seguinte, quando surge também o Partido Comunista do Brasil (PCB).

Talvez o fruto principal da mistura insólita entre anarquismo, comunismo e tenentismo tenha sido o PCB. Seus membros e simpatizantes foram agentes expressivos na elaboração da brasilidade revolucionária, mesmo no período mais autoritário internamente, no auge da Guerra Fria, quando havia uma relação complexa de artistas e intelectuais com o Partido, objeto do segundo capítulo. Nele, pretende-se analisar aspectos dessa relação, no contexto da modernização da sociedade na década de 1950. O problema não caberia numa equação simples, como aquela que supõe que a militância comunista de intelectuais e artistas fazia parte de um desejo de transformar seu saber em poder. Tampouco seria adequado, no outro extremo, supor que houvesse mera manipulação dos intelectuais pelos dirigentes do PCB. Não se trata essencialmente de uso indevido e despótico da arte e do pensamento social para fins que lhes seriam alheios, mas de uma relação intrincada com custos e benefícios para todos os agentes envolvidos, que implica ainda uma dimensão utópica que não se reduz ao cálculo racional.

A militância comunista implicava riscos – como o de perseguição, de prisão e, em casos-limite, de morte –, além de exigir disciplina e obediência às ordens da direção do PCB na clandestinidade, sem contar o preconceito socialmente disseminado contra o comunismo. Mas também oferecia uma rede de proteção e solidariedade entre os camaradas no Brasil e no exterior, o sentimento de pertencer a uma comunidade que se imaginava na vanguarda da revolução mundial e podia dar apoio e organização a artistas e intelectuais em luta por prestígio e poder, distinção e consagração em seus campos de atuação, para si e para o Partido. É o que se conclui na análise da trajetória de artistas como Jorge Amado na literatura, Nelson Pereira dos Santos no cinema, Nora Ney e Jorge Goulart na canção, Dias Gomes no teatro, entre outros com presença nas artes plásticas, na arquitetura, na imprensa, na universidade e em diversos meios intelectualizados.

Os artistas e intelectuais do PCB faziam parte de uma empreitada mais ampla da época, de popularizar a arte e a cultura brasileira, registrando a vida do povo, aproximando-se do que se supunha fossem seus interesses, comprometendo-se com sua educação, buscando, ao mesmo tempo, valorizar suas raízes e romper com o subdesenvolvimento – mesmo que, por vezes, incorressem em certa caricatura do popular e em práticas autoritárias e prepotentes. Ou seja, artistas e intelectuais comunistas foram agentes fundamentais na formulação do que se pode denominar de brasilidade revolucionária, ao mesmo tempo em que buscavam afirmar-se em seus respectivos campos de atuação profissional.

Apenas na década de 1960 – paradoxalmente junto com o desenvolvimento da indústria cultural e com o crescimento das possibilidades de institucionalização profissional nos meios intelectualizados – a brasilidade revolucionária chegaria ao apogeu como construção de artistas e intelectuais, consolidando-se como "estrutura de sentimento", conceito de Raymond Williams que norteia o terceiro capítulo (Williams, 1979). Amadureceu o sentimento, presente, por exemplo, nas mais diversas produções artísticas, de pertencer a uma comunidade imaginada, para usar o termo de Benedict Anderson (2008), sobretudo nos meios intelectuais e artísticos de esquerda comprometidos com projetos revolucionários. Compartilhavam-se ideias e sentimentos de que estava em curso a revolução brasileira, na qual artistas e intelectuais deveriam engajar-se.

BRASILIDADE REVOLUCIONÁRIA 13

Recuperavam-se as representações da mistura do branco, do negro e do índio na constituição da brasilidade, tão caras, por exemplo, ao pensamento conservador de Gilberto Freyre. Nos anos 1960, contudo, eram formuladas novas versões para essas representações, não mais no sentido de justificar a ordem social existente, mas para questioná-la: o Brasil não seria ainda o país da integração entre as raças, da harmonia e da felicidade do povo, pois isso não seria permitido pelo poder do latifúndio, do imperialismo e, no limite, do capital. Mas poderia vir a sê-lo como consequência da revolução brasileira.

Quiçá a formulação mais sintética que se pode dar para as expressões diferenciadas e socialmente difusas da arte, da cultura e do pensamento, agregadas no que aqui se denomina de brasilidade revolucionária, esteja nas seguintes palavras de Caetano Veloso: "se tivéssemos, talvez, chegado ao socialismo [nos anos 1960], não me interessa tanto saber o que o socialismo faria de nós, mas o que o Brasil faria do socialismo".[4] Ou seja, mais que uma aposta no socialismo, havia a crença arraigada de que a condição de ser brasileiro poderia contribuir significativamente para construir uma nova civilização, em que as pessoas poderiam desenvolver todas as suas potencialidades, contidas pelos limites da organização social, política, econômica e cultural existentes. Ao mesmo tempo, a construção da brasilidade revolucionária não deixava de ser uma variante de fenômeno que ocorreu em todo o mundo, num momento de afirmação política e cultural dos países subdesenvolvidos. O terceiro capítulo aborda também o declínio do sentimento revolucionário de brasilidade a partir da década de 1970, na medida em que se esgotavam as bases históricas em que se inseriu.

O quarto capítulo detém-se mais especificamente na análise de canções e filmes expressivos da brasilidade revolucionária como estrutura de sentimento nos anos 1960. O ponto de partida é a hipótese de Jean-Claude Bernardet, de que a primeira fase do Cinema Novo esteve marcada pela ideologia desenvolvimentista em voga na época, elaborada sobretudo pelo Instituto Superior de Estudos Brasileiros (ISEB) (Bernardet, 1985). Sem discordar inteiramente do autor, busca-se problematizar seus argumentos, por exemplo, pela análise do filme da época, *Os fuzis*, de Ruy Guerra. Argumentos como os de Bernardet são usualmente difundidos para tratar de todas as artes no período, o que também merece debate, tomando-se a música popular brasileira como referencial.

Muitas canções de meados dos anos 1960 evocavam os favelados, os migrantes para a cidade grande e outros desvalidos urbanos. Elas também remetiam aos homens do campo, aos pescadores, a certa imagem de um mundo

---

4 Entrevista ao programa *Roda Viva*, n.528, TV Cultura, 1996.

pré-industrial que parecia se perder. Isso ficava explícito na obra de Edu Lobo, Geraldo Vandré e tantos mais. Mas, para trilhar um rumo menos evidente, são comentadas em especial algumas canções de Caetano Veloso e de Gilberto Gil daquela época. Ademais, composições de outros autores, como os irmãos Valle, são analisadas para mostrar a convivência ambígua entre mercado e revolução na música popular do período.

No capítulo final, aponta-se para o esgotamento da brasilidade revolucionária nos meios artísticos e intelectuais, pela análise da recepção no Brasil do livro de Marshall Berman (1986), *Tudo que é sólido desmancha no ar*. Ela ajuda a compreender o entrelaçamento entre o campo intelectual e a indústria cultural, bem como as relações entre o mercado e o pensamento de esquerda nos anos 1980. O sucesso da obra pode ser explicado por uma conjunção de fatores, desde o investimento editorial inovador no mercado, até a predisposição para recebê-la nos meios intelectualizados, em plena transição da ditadura para a democracia. Ela foi acolhida no Brasil por pessoas interessadas em compreender melhor a modernidade e suas experiências de vida, em meio às mudanças locais e mundiais dos anos 1980, quer para dar um salto qualitativo em sua participação política e social, quer para abandonar o compromisso coletivo com transformações socializantes. Mudava o lugar do intelectual na sociedade brasileira, em meio a redefinições também no pensamento e na prática de esquerda.

O tema do livro de Berman – a modernidade que implicaria o autodesenvolvimento ilimitado dos indivíduos, sempre abertos a mudanças – viria a aparecer em diversas obras de arte brasileiras a partir dos anos 1970, no contexto do fim da vaga radical, quando artistas e intelectuais deparavam-se com o avanço da indústria cultural e da modernização autoritária, caso da canção *Sampa*, de Caetano Veloso, e de *Metamorfose ambulante*, de Raul Seixas. Ambas portadoras da mesma ambiguidade da obra de Berman, atestando os dilemas dos intelectuais com certo amadurecimento da institucionalização de suas ocupações.

O tema da brasilidade revolucionária é polêmico e pode "dar pano para manga", como se dizia antigamente, não só nos seus aspectos artísticos e intelectuais, mas também nos mais especificamente políticos. Vários pontos são abordados aqui apenas de modo marginal e poderiam ser desenvolvidos, como as inter-relações, as continuidades e descontinuidades entre cultura e política na tradição nacionalista dos tenentes nas décadas de 1920 e 1930, do trabalhismo e do brizolismo entre as décadas de 1940 e 1960, dos diversos períodos em que o PCB e outros partidos formularam seus projetos de revolução. E ainda as possíveis ligações da brasilidade revolucionária com o modernismo, suas interseções com a brasilidade conservadora, com o varguismo, sua presença diferenciada nas obras de artistas e intelectuais que, afinal, foram seus criadores. Apesar dos limites, contudo, o livro busca dar uma contribuição à análise do tema, no que se refere à trajetória de artistas e intelectuais que colaboraram para estabelecer certa *intelligentsia* brasileira de esquerda ao longo do século XX.

Versões iniciais dos capítulos haviam sido publicadas anteriormente em revistas e coletâneas, indicadas em notas de pé de página. Não se trata, contudo, de reunião aleatória de escritos, mas sim de articulação entre aqueles cuja unidade é costurada pelo fio vermelho (e verde-amarelo) da constituição de certa brasilidade revolucionária nos meios artísticos e intelectuais. O trabalho inteiro foi revisado, reescrito e reorganizado em um todo original. As notas de rodapé, que são várias, foram elaboradas para os leitores mais interessados nas fontes. Elas são provavelmente dispensáveis para os que preferirem uma leitura mais fluente.[5]

Neste final da primeira década do século XXI – quando a brasilidade tem sido retomada em versões de consumo fácil, para vender mercadorias do Brasil no mundo todo, bem como para explorar a imagem do próprio país e de seus habitantes como mercadoria –, espera-se que seja ao menos provocativo propor o tema da brasilidade revolucionária.

---

5 O livro resulta de pesquisas desenvolvidas na Universidade Estadual de Campinas (Unicamp), com auxílio constante de bolsa de produtividade em pesquisa do CNPq. O período de finalização do livro contou com apoio da FAPESP, por meio do recente Projeto Temático "Formação do campo intelectual e da indústria cultural no Brasil contemporâneo", coordenado por Sergio Miceli, envolvendo pesquisadores da Universidade da São Paulo (USP), da Universidade Estadual Paulista (UNESP) e da Unicamp.

UM LIVRE PENSADOR NO MOVIMENTO OPERÁRIO: EVERARDO DIAS CONTRA A REPÚBLICA VELHA[1]

> *Havia a um canto da sala um álbum de fotografias intoleráveis,*
> *alto de muitos metros e velho de infinitos minutos,*
> *em que todos se debruçavam*
> *na alegria de zombar dos mortos de sobrecasaca.*
> *Um verme principiou a roer as sobrecasacas indiferentes*
> *e roeu as páginas, as dedicatórias e mesmo a poeira dos retratos.*
> *Só não roeu o imortal soluço de vida que rebentava*
> *que rebentava daquelas páginas*
> (Andrade, 1974, p.49-50)

ELOS (QUASE) PERDIDOS

"Everardo!". Foi esse o nome que ocorreu de imediato a um jovem amigo no começo dos anos 1980, ao saber que seria pai de um menino. Queria homenagear o lendário Everardo Dias, militante, jornalista e escritor profícuo, conhecido especialmente por sua atuação no movimento operário durante a República Velha. É verdade que meu amigo não conseguiu sensibilizar a esposa. O garoto ganhou outro nome, nunca viria a se interessar por política e o próprio pai seguiu outro rumo na vida. Mas a intenção revela a permanência da memória de antigas lutas e ideais dos trabalhadores do princípio do século XX, ao menos para as gerações formadas entre o fim dos anos 1970 e o início dos 1980.

Havia naquele tempo uma identificação com as lutas do passado por parte daqueles que resistiam à ditadura militar e civil instaurada em 1964, e que já estava no poder havia mais de dez anos. Buscava-se, por exemplo, o elo perdido com as experiências da classe trabalhadora do início do século XX. Uma onda

---

1 Este capítulo retoma e desenvolve o que expus de modo resumido na apresentação de duas obras de Everardo Dias reeditadas num só volume, em edição fac-similar da Imprensa Oficial do Estado de São Paulo, parte da Coleção Paulista, organizada por Marco Villa. Ver: Dias, 1920b; 1927. O texto beneficiou-se das sugestões dos colegas Michael Hall, Dainis Karepovs, Cláudio Batalha e Marcos Del Roio.

de estudos sobre o anarquismo, o sindicalismo revolucionário e outras experiências políticas e culturais operárias chegou também à academia, acompanhando o surgimento de novos movimentos sociais e de um sindicalismo renovado que se pretendia autônomo.

Anunciava-se o fim da era das vanguardas na esquerda brasileira, abrindo um novo ciclo, de valorização das "bases". Reavivava-se a memória de antigos combatentes, como Everardo Dias e seu amigo e contemporâneo Edgard Leuenroth (1881-1968), que formou uma biblioteca preciosa com os periódicos da imprensa contestadora e outras obras do início do século XX. Em 1974, a Universidade Estadual de Campinas (Unicamp) adquiriu essa biblioteca dos herdeiros de Leuenroth, criando um arquivo de documentação social que ganhou o nome do velho libertário e hoje é um dos mais importantes em sua área.

A segunda edição do livro mais conhecido de Everardo Dias, intitulado *História das lutas sociais no Brasil*, foi publicada naquele contexto, em 1977, na fase de "transição lenta, gradual e segura" à democracia, durante o governo Geisel. A obra fora editada pela primeira vez em 1962, em pleno governo Goulart, com prefácio de Leuenroth (Dias, 1962). A reedição expressava o elo que se buscava não apenas com as lutas do início do século ali retratadas, mas também com os embates do pré-1964, data de sua publicação original. Em 1978, estudantes que iniciavam a pós-graduação em Ciências Sociais na Unicamp fundaram o Centro de Estudos Everardo Dias, para editar a revista *Cara a Cara*, publicada pela editora Vozes.

O autor passou a ser conhecido das novas gerações por esse trabalho, que tem ainda um cunho autobiográfico. Mas Everardo não escreveu somente esse livro: produziu uma vasta obra que merece ser estudada, desde textos políticos até aqueles para a maçonaria. Afinal, ele também foi um expressivo maçom, iniciado em junho de 1904. Pode parecer contraditório ser ao mesmo tempo maçom e libertário, como Everardo Dias no início do século passado. Mas isso não era surpresa naquela época, levando em conta a organização conservadora e hierarquizada da sociedade brasileira em geral e dos meios intelectualizados em particular.[2]

No Brasil e em outros países da América Latina, muitos viam no republicanismo, no positivismo, no anarquismo, no sindicalismo revolucionário, nas várias vertentes de socialismo e em seguida no comunismo, mas também na maçonaria e até em religiões com pretendida cientificidade, como o espiritismo, maneiras de se contrapor à ordem estabelecida e de buscar um lugar ao sol na

---

2 A maçonaria, no momento em que Everardo Dias passou a integrá-la, foi analisada por Barata (1999).

sociedade renovada. Essas correntes de pensamento e de organização social – por vezes incorporadas ecleticamente pelos agentes sociais – expressavam o descontentamento crescente com uma ordem política que não correspondia à modernização em curso.

Em pleno século XXI – quando as lutas de libertários, socialistas e comunistas parecem para muitos já ter sido sepultadas – constata-se um interesse menos evidente pelos antigos militantes, como Everardo. Ele anda esquecido, embora dê nome a uma rua no bairro do Limão e a uma loja maçônica na zona oeste da cidade de São Paulo. Seja como for, sua obra e sua memória continuam fundamentais para a historiografia brasileira, daí a importância da reedição, num só volume, de dois de seus livros mais significativos: *Memórias de um exilado* e *Bastilhas modernas*. Eles envolvem memória, denúncia e relato das arbitrariedades dos governos da República Velha contra seus opositores, constituindo-se em documentos fundamentais para compreender a sociedade brasileira (Dias, 1920b; 1927).

Por sua vez, o termo *República Velha* tem sido pouco usado pelos historiadores nos últimos tempos. Preferem falar em Primeira República, para não encampar uma visão preconceituosa sobre o período, que nasceu na época do Estado supostamente "novo", em 1937, como se todas as antigas arbitrariedades tivessem sumido da história do Brasil. Mas seria asséptico demais, e até incorreto, dizer que o republicano Everardo Dias era contra a Primeira República. Ele combateu o que lhe parecia velho, incompatível com o futuro de liberdade e igualdade que se almejava e com a própria ideia de república. Lutou contra uma organização política e social que não respeitava direitos individuais e não admitia a construção de direitos sociais. Enfim, uma república antirrepublicana, de privilégios estamentais, portanto, velha. E, não obstante, viva nas desigualdades do cotidiano brasileiro até hoje.

CONTRA A REPÚBLICA VELHA

Everardo Dias – nascido em Pontevedra, na Espanha, em 1883, e falecido em São Paulo, em 1966 – veio para o Brasil antes de completar três anos de idade, em 1886. Aqui cresceu, estudou, escreveu e lutou; por isso se considerava brasileiro, legitimamente. Seu pai, Antonio Dias, foi um tipógrafo republicano, também professor primário, maçom e revolucionário, que se viu obrigado a fugir da Espanha e encontrou abrigo em São Paulo, onde Everardo aprendeu o ofício paterno e viria a trabalhar como tipógrafo-caixista no jornal *O Estado de S. Paulo*, enquanto cursava a Escola Normal da Praça da República. Em 1904, assumiu o posto de professor em Aparecida do Monte Alto, um lugarejo no interior de São Paulo, mas logo desistiu e voltou à capital, onde trabalharia como jornalista e professor de História.

Atuou expressivamente na maçonaria por essa época, ocupando vários cargos na instituição. Durante muitos anos, a partir de 1903, dirigiu o jornal *O Livre Pensador*, anticlerical, que defendia a liberdade religiosa e de imprensa, cultuando a razão contra o conservadorismo da Igreja Católica. Suas divisas eram "moral-progresso-verdade, liberdade-igualdade-fraternidade e ciência--justiça-trabalho".[3]

Everardo Dias identificava-se com o livre pensamento, entendido como

> o direito e o dever que todo homem tem de pensar livremente sobre qualquer assunto, sem peias nem restrições de espécie alguma. É a emancipação de todos os antigos prejuízos e preconceitos, de todos os métodos autoritários, de todas as tutelas de ordem moral e intelectual, de ordem filosófica e de ordem econômica. É a libertação na sua integralidade. É a luta do homem contra as fatalidades na natureza e contra os dogmas no espírito. O livre pensamento é o direito ao livre exame. No livre pensamento há liberdade e há pensamento; seu fim é a investigação da verdade pela ciência, do bem pela moral, do belo pela arte. Noutros termos: dirige-se à conquista da verdade pela ciência, da liberdade pelo direito, da igualdade pela justiça e da harmonia social pela fraternidade. O livre pensamento quer – ou antes, tem o direito e o dever de – arrancar ao espírito clerical, retrógrado, jesuítico e ultramontano a direção oficial dos Estados, a direção obrigatória das consciências, da educação popular e das obras de solidariedade social, pela formação integral da pessoa humana, isto é, pela formação da consciência, porque, segundo a opinião valiosa de Magalhães Lima, há de ser das consciências individuais emancipadas que há de derivar a consciência coletiva ou a consciência social solidária. (Dias, 1921, p.26-27)

Essa era a base de seu pensamento, explicitada em *Delenda Roma!* – um livro de 222 páginas que reúne suas conferências anticlericais. Foi publicado na gráfica carioca gerida por ele, ligada à maçonaria, em 1921. Portanto, logo depois dos episódios relatados em suas *Memórias de um exilado*. Não é por acaso que Everardo fez a seguinte dedicatória no exemplar oferecido ao célebre líder anarquista: "A Edgard Leuenroth, bom amigo e incansável paladino do Bem".[4] Talvez esteja aí uma pista para compreender sua aproximação com

---

3 Sobre o jornal de Everardo Dias, *O Livre Pensador*, ver o artigo de Eliane M. Silva (1997). Ela qualifica Dias como "maçom, anarquista e espiritualista". Só é possível assegurar que Everardo tenha sido de fato espiritualista no sentido de que todo maçom acredita num ser superior. Provavelmente, Everardo nunca teve religião.

4 O referido exemplar está no Arquivo Edgard Leuenroth (AEL), da Unicamp.

os libertários naquele momento: todos estariam do lado do bem contra o mal, encarnado na ordem estabelecida do Estado oligárquico e da Igreja Católica.

Na segunda metade dos anos 1910, Everardo acompanhou a ascensão do movimento operário. Em suas atividades como tipógrafo e depois jornalista, tinha proximidade com trabalhadores gráficos que constituíam um setor dos mais combativos nos âmbitos político e sindical. Escreveria textos como *Jesus Cristo era anarquista*, editado pelo grupo do jornal *A Plebe*, com o qual colaborava (Dias, 1920). Participou da greve geral paulista de 1917, foi "o autor do famoso manifesto aos soldados, e provocou a insubordinação passiva de uma parte dos milicianos, alarmando o governo, que tratou assim de chegar a um acordo com o comitê de greve", nos termos de Leuenroth.[5] O panfleto terminava por conclamar:

> Não vos presteis, soldados, a servir de instrumento da opressão dos Crespi, Matarazzo, Gamba, Hoffmann etc., os capitalistas que levam a fome ao lar dos pobres! Soldados! Cumpri vosso dever de homens! Os grevistas são vossos irmãos na miséria e no sofrimento. Os grevistas morrem de fome, ao passo que os patrões morrem de indigestão! Soldados! Recusai--vos ao papel de carrascos![6]

Eram palavras que atestavam sua participação no movimento operário de 1917. Ele seria ainda mais intenso logo depois, segundo Leuenroth: "Onde mais se fez sentir a atuação de Everardo Dias foi na seguinte grande greve geral de 1919, em São Paulo, com articulação em todos os centros industrializados do País [...]" (Leuenroth, 1977, p.12).

Everardo, entretanto, argumenta em suas *Memórias de um exilado* que seu vínculo com os grevistas era de colaboração com a imprensa operária e de apoio à greve, sem desempenhar nenhum papel relevante no movimento:

> Eu não me imiscuía nas organizações operárias. Eu em nada havia concorrido para a greve. [...] Contra mim só formulavam esta acusação alvar, perfeitamente idiota: assíduo colaborador de *A Plebe* e como tal premeditar a queda da oligarquia paulista. (Dias, 1920b, p.11)

---

5 Leuenroth. "Dados biográficos do autor". In: Dias, 1977, p.11. Esse breve escrito de Leuenroth serviu como fonte e ponto de partida para os dados que são expostos aqui sobre a trajetória de Everardo Dias – além de outros textos curtos sobre ele, como o verbete de Rodrigues, 1994. E especialmente o artigo do maçom Castellani, "A loja Ordem e Progresso e Everardo Dias, maçom e líder operário e libertário", disponível em <http://www.lojaordemeprogresso.com.br/hist_everardo.html>.

6 A íntegra do boletim aos soldados da Força Pública, que era pregado nos postes e paredes de São Paulo, está em Dias, 1977, p.295.

Independentemente do grau efetivo de seu envolvimento com os grevistas, o fato é que ele pagou caro por colaborar com a imprensa e o movimento anarquista: foi preso e deportado em 1919, junto com outros estrangeiros que sofriam acusações parecidas. É a história dessa prisão e do rápido retorno ao Brasil – como resultado da pressão política exercida pela maçonaria, por parlamentares e pelo movimento operário – que ele relata no livro de 1920.

As lutas e greves operárias na São Paulo de Everardo Dias, de 1917 a 1920, expressavam um tempo marcado pela presença significativa de correntes sindicalistas revolucionárias e anarquistas na cena sindical e política. Havia diversas nuances entre as propostas de cada grupo organizado. Contudo, em geral, envolviam a mobilização de trabalhadores não apenas para conquistar reivindicações trabalhistas mais imediatas, direitos sociais recusados pelo patronato e pelo poder público – como a jornada de trabalho de oito horas diárias, descanso semanal remunerado, melhores salários etc. – mas também, no limite, para iniciar uma insurreição que aboliria o Estado, em busca da sociedade libertária. O sindicato autônomo seria fundamental nesse processo de luta, envolvendo até uma lendária "greve geral" que conduziria os trabalhadores ao poder.[7]

Tratava-se de uma resposta operária ao início do capitalismo industrial no Brasil, onde a sociedade era predominantemente rural e fornecedora de matérias-primas para o mercado internacional. A escravidão fora abolida havia pouco tempo e prevaleciam relações de trabalho arcaicas no campo. Porém, sobretudo em São Paulo e no Rio de Janeiro, esboçava-se uma industrialização que anunciava mudanças profundas para o século que se iniciava.

Desenvolvia-se um novo mundo do trabalho urbano, caracterizado pela presença da classe operária, ainda secundária na estrutura social, sem peso nas forças constituintes do Estado oligárquico, mas já suficientemente forte para questioná-lo. Surgiam no meio dos trabalhadores várias propostas de luta, desde as anarquistas até as de diversas correntes socialistas, que defendiam a organização operária em partidos para agregar os interesses de classe, com programas reformistas.[8]

As *Memórias* de Everardo Dias ajudam a iluminar o papel dos imigrantes nas lutas sociais do início do século XX. De um lado, ao realçar as experiências de vida e de luta dos companheiros de infortúnio, obrigados a deixar o país por serem grevistas nascidos no exterior. De outro, ao apresentar considerações

---

7 Ver a respeito: Dias, 1977; Fausto, 1977; Hall e Pinheiro, 1979; Lopreato, 2000; Hall, 2004.

8 Sobre os partidos operários e socialistas brasileiros no início do século XX, ver, por exemplo: Batalha, 1995. p.11-44.

como a que segue, sobre sua estada em Recife, atesta um sentimento de brasilidade nascente: "esse operariado retintamente nacional denota mais consciência e mais entusiasmo que o próprio operariado 'estrangeiro' de São Paulo!... Isso, para mim, foi uma revelação" (Dias, 1920b, p.86).

Quebrar o mito do imigrante radical é importante. Afinal, havia muitos brasileiros natos envolvidos nas lutas sociais pelo país afora. Elas surgiam de contradições internas, não eram importadas, como supunha certo conservadorismo que atribuía aos estrangeiros a contestação à ordem pátria, de um povo supostamente pacífico e cordato, mas sujeito à contaminação por ideias alienígenas, de que seria preciso livrar-se por todos os meios – sendo um deles embarcar os indesejáveis de volta para seus países de origem, sem maiores escrúpulos legais, políticos ou humanitários.

Ademais, só uma minoria dos que vieram ao Brasil era contestadora. Poucos imigrantes traziam uma tradição de luta da Europa, com forte impregnação anarquista. O padrão do trabalhador estrangeiro era de gente vinda do campo na terra natal, sem maior experiência de contestação. Afinal, a imigração fora organizada e subsidiada para prover mão de obra para a agricultura. Muitos se politizaram já no Brasil, no embate contra as forças oligárquicas e o patronato.

Dito isso, tampouco caberia subestimar a importância de estrangeiros nas lutas operárias durante a República Velha, notadamente em São Paulo, cuja população era na maior parte constituída de imigrantes e sua primeira geração de descendentes. Em 1920, ano de publicação das *Memórias de um exilado*, 51% dos trabalhadores industriais de São Paulo e 35% do Rio de Janeiro eram nascidos no exterior, conforme dados de Sheldon Maram (1979, p.16-19). Lideranças expressivas dos trabalhadores tiveram experiências de luta na Europa e exerciam um papel pedagógico para os companheiros. A própria trajetória de Everardo não se compreende sem levar em conta as lutas de seu pai, que teve de fugir da Espanha, educando o filho com valores críticos sobre a ordem estabelecida.

E LA NAVE VA: EXILADOS A BORDO DO BENEVENTE

As *Memórias de um exilado* dão um testemunho expressivo de sua época: da prisão política e das arbitrariedades do governo brasileiro; das lutas dos trabalhadores e da agitação social no final da década de 1910, especialmente em São Paulo; da vida cotidiana nessa metrópole em construção e nos portos do Brasil e do mundo, por onde navegou a bordo do navio Benevente, que o conduzia ao exílio. Revela-se ainda a mobilização de uma intelectualidade crítica que se formava, ao mesmo tempo questionadora da ordem constituída e em busca de mecanismos de afirmação social e política, seja por meio da imprensa, da militância política ou da maçonaria. Sem contar o impacto no Brasil de acontecimentos internacionais, como o fim da Primeira Guerra Mundial e a Revolução Russa.

O primeiro aspecto que chama a atenção é o da selvageria repressiva que se abateu contra Everardo e seus companheiros, em particular os portugueses e os espanhóis, que foram levados com ele para o exílio a bordo do Benevente, presos arbitrariamente, sujeitos a maus-tratos e sem direito de defesa. Sentindo-se ameaçados pelas greves que se sucediam, os patrões recorriam ao Estado para defender a ordem constituída, tratando os grevistas a ferro e fogo. Um dos meios repressivos era deportar de imediato os estrangeiros que viviam no Brasil e tivessem ligação com o movimento operário e as greves, não importando sequer se muitos deles já estivessem no País há muitos anos, e até mesmo constituído família, como era o caso de Everardo.

Ele conta como foi aprisionado, levado para masmorras em São Paulo, Santos e Rio de Janeiro, sem saber ao certo de que era acusado e qual seria seu destino. Seu relato impressiona, sobretudo ao contar certos episódios na cadeia, como o do companheiro que, desesperado com a situação e a falta do que beber, serviu-se de água da latrina.

Mais marcante ainda é a história das 25 chibatadas que lhe couberam na prisão em Santos, ministradas na frente de uma dúzia de soldados. Não se tratava propriamente de tortura. Os algozes não queriam extrair nada dele com a surra humilhante. Era somente a expressão de ódio, vingança e punição de uma polícia herdeira da tradição escravocrata, para dar uma "lição" a Everardo.

Tinham-se passado apenas 31 anos da abolição da escravatura, e nem 10 da famosa Revolta da Chibata, dos marinheiros cariocas que protestavam contra esse tipo de punição. As oligarquias brasileiras estavam acostumadas a tratar os problemas sociais na base do chicote, como no caso da polícia, cujos métodos repressivos são descritos nos dois livros de Everardo sobre sua experiência nas masmorras da República Velha.

Ao nomear os companheiros de desventura a caminho do exílio, resumindo as circunstâncias de cada prisão, a obra evidencia que foram punidos oposicionistas com diferentes graus de comprometimento com as greves de 1919. Eles iam de líderes operários a grevistas sem maior militância, incluindo até mesmo alguns trabalhadores sem envolvimento com os acontecimentos. As escolhas para a deportação parecem ter sido relativamente aleatórias: pode-se supor que a polícia fez "arrastões" em que "caiu na rede, é peixe", com base em seus arquivos sobre trabalhadores estrangeiros.

Muitos dramas pessoais – pequenas histórias de heroísmo cotidiano que se perdem na poeira do tempo – são resumidos nessas páginas sobre aqueles que deixavam família e até pequenas economias no Brasil, suportando arbitrariedades diversas, que não acabariam ao chegarem à terra natal, pois Portugal e Espanha recepcionaram seus filhos com a prisão. Everardo Dias, o único que não seria entregue às autoridades estrangeiras, protesta com sua pena contra as supostas democracias que prenderam seus companheiros de viagem (Dias, 1920b, p.37, 82).

Logo no começo das *Memórias*, o autor mostra desprezo pelos que o prenderam: policiais ignorantes, venais, truculentos, de moralidade duvidosa. Desqualifica seus inimigos, acusando-os, por exemplo, de viverem "na contemplação de suas amantes", "de andar pelos *rendez-vous* a perverter melindrosas de arribação" e assim por diante, em contraste com ele mesmo e os trabalhadores grevistas em geral, honestos pais de família (Dias, 1920b, p.12-13). Expressa, assim, justa revolta contra a polícia, mas deixa à mostra o moralismo do período, que se revela também em episódios como o do alfaiate que escreveu um manifesto contra um filme que acusava os bolchevistas de propagar o amor livre (Dias, 1920b, p.49).

Entretanto, isso não deve elidir que – nos limites de seu tempo – ele foi pioneiro na defesa dos direitos da mulher, como se pode constatar nas páginas de *O livre pensador* e em seu opúsculo da mesma época *A ação da mulher na revolução social*. Ele também traduziu do francês o livro *La garçonne*, de Victor Margueritte, que tanto escândalo causara em Paris (Castellani, op. cit.). A personagem central vinga-se das traições do noivo conquistando vários namorados.

Memórias de um exilado apresenta observações mais prosaicas, como a que constata a circulação normal de bondes em São Paulo, sinal de que a greve fracassara nos dias em que o autor estivera preso em 1919, pois esses então modernos meios de transporte eram responsáveis pela locomoção da classe trabalhadora. E ainda o desconforto numa cela em Recife, agravado pelo ar poluído por cinco companheiros fumantes (Dias, 1920b, p.30, 56).

O livro traz vários detalhes que recuperam vivências esquecidas, como a situação dos alemães que ficaram presos no Brasil durante a Primeira Guerra Mundial, após serem capturados em navios apreendidos pelo governo. Eles só retornariam a seu país em 1919, a bordo do mesmo barco que conduzia Everardo (Dias, 1920b, p.43).

A catástrofe de saúde pública que foi a gripe espanhola em 1918 é mencionada de passagem. Um dos companheiros de viagem fora enfermeiro voluntário para tratar os doentes da gripe e, no ano seguinte, ganhava como prêmio a extradição (Dias, 1920b, p.48). Já na volta do autor, a bordo do Benevente, as autoridades brasileiras, temerosas de possível novo contágio, retiveram o navio por algum tempo à entrada da baía da Guanabara. Consta que, em 1918, morreram mais de cinco mil pessoas apenas na cidade de São Paulo, onde cerca de um terço de seus 528.295 habitantes teriam sido infectados pela gripe, que vitimava sobretudo as camadas mais pobres da população.[9]

A situação teria sido ainda mais grave na então capital federal: até novembro de 1918, haviam morrido 14.459 pessoas no Rio de Janeiro, dentre os 401.950 infectados pela gripe, numa população de 914.202 habitantes, segundo Dulles (1977, p.67). A doença matou até mesmo Rodrigues Alves, antes que pudesse assumir seu segundo mandato na presidência da República, em janeiro de 1919. Tomou posse o vice-presidente eleito, Delfim Moreira, que ficou provisoriamente no cargo até novas eleições, que conduziram ao governo Epitácio Pessoa, presidente no tempo dos fatos relatados por Everardo em suas *Memórias*.

SOB O IMPACTO DA REVOLUÇÃO RUSSA

Sem que isso fosse o tema das *Memórias de um exilado*, elas revelam indiretamente o impacto significativo da Revolução Russa no Brasil, cujo andamento estava nos jornais, nas discussões do movimento operário e até nas conversas de botequim, como aquele onde foi preso como anarquista um motorneiro dos famosos bondes da companhia Light, pelo simples fato de discutir o que sucedia na Rússia. Resultado: acabou expulso do País, a bordo do Benevente, assim como o já referido alfaiate de Barra Mansa que protestou contra um filme "no qual se difama o amor livre da República dos Sovietes" (Dias, 1920b, p.46--49). Como se pode constatar nos anexos das *Memórias*, a imprensa operária falava em "infâmias do tsarismo brasileiro", "atrocidades tsaristas" e outros qualificativos que aproximavam as arbitrariedades do governo do Brasil daquelas vigentes na Rússia de antes da revolução, ficando implícita a identificação internacional dos trabalhadores com os soviéticos.[10]

Na época da edição de *Memórias de um exilado*, a revolução soviética – iniciada em 1917 – estava em curso. Seus rumos e desdobramentos estavam indefinidos. A informação era especialmente precária num país distante e periférico como

---

9 Calcula-se que mais de vinte milhões de pessoas morreram devido à gripe no mundo todo, em 1918, enquanto a Primeira Guerra Mundial vitimara oito milhões de 1914 a 1918. Ver: Bertucci, 2004, p.27-29.

10 Eram matérias publicadas no jornal anarquista *A Batalha*, publicado em Lisboa, mas com forte laços com grupos anarquistas no Brasil (Samis, 2002, p.113).

o Brasil. O certo é que a revolução era vista com pavor pelos partidários da ordem estabelecida, e com simpatia, esperança e identificação pelos seus adversários, em particular os anarquistas, sindicalistas e socialistas de diversos matizes, cada qual interpretando a seu modo os acontecimentos na Rússia. Eles anunciavam que era possível superar a exploração da sociedade capitalista e construir outro tipo de organização social, política e econômica, na qual prevaleceriam a igualdade, a liberdade e a justiça. Dada a empolgação com o sucesso soviético, a tendência mundial era que se criassem partidos identificados com os bolcheviques, que conduziam a revolução russa, supostamente apenas o primeiro passo da revolução internacional.

Os trabalhadores já estavam em sintonia com o que ocorria na Rússia há tempos. Por exemplo, no dia 5 de fevereiro de 1906, 17 ligas socialistas e operárias do estado de São Paulo promoveram um comício, seguido de desfile pelas ruas centrais da capital, em protesto contra o massacre de trabalhadores russos durante a revolução malograda de dezembro de 1905. O jornal de Everardo Dias, *O Livre Pensador*, comentava assim o episódio, mostrando sua sensibilidade para o que se passava no meio operário:

> É de estranhar o silêncio descortês mantido por todos os jornais burgueses desta capital, pois nem a mais insignificante notícia foi dada sobre essa reunião de protesto, que tinha apenas a finalidade de encaminhar sua indignação contra as barbaridades do despotismo russo. (Dias, 1977)[11]

Um leitor de *Memórias de um exilado* que conheça a história do Partido Comunista do Brasil (PCB) – fundado em 1922 – pode questionar como, em 1919, um policial perguntaria a Everardo Dias se ele pertencia ao Partido Comunista (Dias, 1920b, p.14). É que, em março daquele ano, havia sido fundada a Internacional Comunista, também conhecida como Terceira Internacional, com o propósito de difundir a revolução em âmbito mundial. A pergunta indica que a polícia já sabia disso e, ademais, que no Brasil estava sendo constituído um Partido Comunista em 1919, com base nas lutas operárias em andamento, congregando diversas correntes. Anarquistas envolvidos na formação desse partido, como Edgard Leuenroth e José Oiticica, logo discordaram dos rumos da Revolução Russa, o que inviabilizou esse primeiro esboço de partido. Porém, ex-anarquistas, como Astrojildo Pereira, juntaram-se a outras forças simpáticas aos bolcheviques para fundar o PCB, em 1922, um partido pequeno e pouco

---

11 Ver também: Bandeira; Melo; Andrade, 1967.

expressivo até conseguir o reconhecimento de Moscou e passar a integrar a Terceira Internacional. Mas somente nos anos 1930 o PCB ganharia maior projeção.[12] A resposta de Everardo à pergunta do policial – "por enquanto não pertenço, não senhor" – é sintomática de sua identificação com a Revolução Russa e da predisposição a aderir a um partido comunista, como viria de fato a ocorrer mais adiante. Não se tratava de uma peculiaridade dele, pois havia a propensão em certos círculos sociais a aderir ao comunismo após o sucesso da Revolução Russa. Mostra-se aqui outro aspecto interessante do livro, que oferece recortes de memória da atuação, no final da década de 1910, de alguns personagens que ainda não eram comunistas, mas viriam a fazer a história do comunismo no Brasil a partir dos anos 1920.

Era o caso de João Pimenta, com quem Everardo Dias se encontrou na cadeia logo que foi detido. Christiano Cordeiro – maçom e dirigente da Juventude Socialista, futuro fundador do Partido Comunista, com Pimenta e outros sete delegados – recepcionou e hospedou Everardo em Recife, na sua volta. Lá também estava Antonio Canellas, que mais tarde ficaria conhecido como o delegado que tentou infrutiferamente obter, para o recém-fundado Partido Comunista, o reconhecimento oficial da Internacional Comunista no quarto Congresso, realizado em Moscou, em dezembro de 1922. Sem contar o futuro secretário-geral comunista, Astrojildo Pereira, autor do texto em solidariedade a Everardo, reproduzido em anexo da edição original das *Memórias de um exilado* (Dias, 1920b, p.100-101). Posta a Revolução Russa, era questão de tempo constituir-se também no Brasil um partido identificado com ela.

EVERARDO DIAS NA SOCIEDADE DE BACHARÉIS

O internacionalismo do movimento operário brasileiro antecedia a Revolução Russa. Bem antes dela, o hino dos trabalhadores era a chamada *Internacional*, cantada nos seus encontros. Mais tarde, viria a ser apropriada pelos bolchevistas organizados na Terceira Internacional; seria um equívoco, porém, identificá-la apenas com essa corrente, especialmente no contexto de 1919. Em várias circunstâncias relatadas nas *Memórias* de Everardo Dias, a canção foi entoada por exilados e por trabalhadores de diversas correntes (Dias, 1920b, p.40, 41, 51, 59, 91). Vale destacar uma ocasião em que foi cantada, pois aponta

---

12 A respeito dos primórdios do PCB, ver, entre outros: Del Roio, 2007; Konder, 2009, p.151-176.

para certo paradoxo. Trata-se da matéria do prestigioso *Jornal do Commercio*, da grande imprensa de Recife, sobre a recepção naquela cidade a Everardo em seu retorno do breve exílio. Em tom amistoso, a reportagem relata o acontecimento em linguagem de coluna social:

> O discurso de Everardo Dias foi ligeiro e causou agradável impressão à assistência. [...] Encerrada a sessão [...] cantaram os hinos *A Internacional*, *Filhos do povo* e *A canção vermelha* [...] Teve lugar na sede da Construção Civil um lanche oferecido pela Federação [das Classes Trabalhadoras] a Everardo Dias. [...] *Au dessert* falaram o dr. Christiano Cordeiro, brindando Everardo Dias e este, agradecendo. (Dias, 1920b, p.87-91)

A leitura da reportagem causa certo espanto, pois um jornal bem-estabelecido dava espaço destacado à recepção preparada com toda a pompa para Everardo por parte das organizações de trabalhadores – que até mesmo cantaram a *Internacional* e outras canções de luta. Descrevia-se o evento com a naturalidade de quem noticia um acontecimento ordeiro a que compareciam também vários "doutores" e "bacharelandos" da sociedade local. Muitos deles eram maçons simpáticos às causas operárias, como o próprio Everardo, que comenta de passagem: "Que diferença com os lentes, advogados, médicos, professores e estudantes de São Paulo!" (Dias, 1920b, p.87). Afinal, é sabido que a maioria dos "doutores" e universitários paulistas apoiara a repressão às greves.

Esse trecho das *Memórias* expressa a relação contraditória do autor com a sociedade de bacharéis da República Velha. De um lado, critica a ordem constituída e os que davam suporte ao poder das oligarquias, como tantos bacharéis de São Paulo. Mas, ao mesmo tempo, louva seus congêneres de Recife, a "plêiade de homens cultos" com quem se identifica, capaz de "orientar" o trabalhador, "agrupados numa associação denominada 'Juventude Socialista', que faz conferências, edita folhetos, colabora e dirige a *Hora Social*, o órgão genuinamente operário" (Dias, 1920b, p.87).

Essas palavras remetem também à relação ambígua de Everardo com os operários, em particular, e com o povo em geral: exalta os conscientes e critica os despolitizados. Já foi destacada a admiração do autor pelos trabalhadores que rumavam com ele para o exílio. Por outro lado, faz comentários desabonadores às massas, que qualifica de ignorantes. Assim, ao contar que, chegando com outros presos a uma estação de trem num subúrbio do Rio de Janeiro, foi recepcionado pela curiosidade hostil de uma turba:

> Quanto custa fazer entrar uma ideia boa e generosa, igualitária e fraterna, no coração das massas entorpecidas pelas sombras da ignorância! [...] Eis essa apalermada turba que aglomerada nos olha, nos examina com curiosidade hostil e chalaceia a respeito da nossa prisão...

Seria capaz de nos apedrejar, se a isso alguém a houvesse incitado. [...] Oh! Povo iluso, que insultas e abominas aqueles que procuram o teu bem-estar e a tua liberdade; que querem o maior respeito pela existência humana e exigem plenitude de direitos para todos; que lutam contra o despotismo insolente e sanguinário que te oprime... E é por ti que agora vão presos, entre filas de soldados, [a] caminho do desterro... Oh! Povo iluso e crédulo: como me dói, como me magoa a tua ignorância! (Dias, 1920b, p.33-34)

São observações que fazem lembrar as afirmações do social-democrata Estevam Estrella em artigo do começo do século XX para a *Aurora social*. Segundo ele, os trabalhadores brasileiros gostariam mesmo é de

[...] tocar viola, bater o pandeiro, batucar, dançar o cateretê [...] jogar a bisca, o pacau, o três-sete [...]. O operariado nacional é completamente indolente, e por muitos anos, quiçá, não entrará em luta consciente com os seus opressores. (Apud Konder, 2009, p.130-131)

Talvez seja preciso retomar agora a trajetória de Everardo Dias, que estudou a duras penas: descobriu as primeiras letras com os pais, depois ingressou na escola primária, viria a aprender o ofício de tipógrafo, até conquistar o grau de professor primário. Traduzia textos do francês e chegou a frequentar a célebre Faculdade de Direito do Largo São Francisco, que teve de abandonar por falta de recursos. Só bem mais tarde conseguiria o almejado título de bacharel, na Faculdade Livre de Direito do Rio de Janeiro (Castellani, op. cit).

Vale lembrar que, até 1933, para crianças entre 11 e 14 anos de idade, havia apenas um ginásio público em São Paulo, a cidade mais pujante do Brasil, que se tornava uma metrópole. Durante toda a República Velha e mesmo após o movimento de 1930, o Estado oferecia à massa da população, no máximo, as primeiras letras e uns poucos anos de escola primária. Até 1945, o número de ginásios estaduais na capital paulista era de apenas três.[13] Mas a promessa republicana da escola pública, laica e gratuita – contraposta ao ensino pago e religioso que predominava, acessível a bem poucos – estava posta já em 1894, com a construção da Escola Normal da Praça da República, que mais tarde viria a se chamar Instituto de Educação Caetano de Campos. A Escola passou a ser uma referência pedagógica e uma primeira porta para a ascensão social pelo estudo. Porta por onde entraram jovens de talento, vindos também das classes trabalhadoras, como Everardo. Nessas circunstâncias, era de esperar que ele valorizasse o conhecimento adquirido e propagasse o ideal do saber acessível a todos, num contexto que possibilitava a poucos escapar da ignorância.

---

13 Sobre o tema, ver a obras de Celso Beisiegel (1974) e, especialmente, de Marília Sposito (1984).

O sentimento de revolta com a situação mais geral do País, do povo e dos trabalhadores vinha junto com a busca de fazer ouvir a sua voz nos fechados círculos políticos e intelectuais. Esse sentimento era compartilhado por outros intelectuais relativamente marginalizados do universo dos bacharéis, como Astrojildo Pereira, que viria a se casar com a filha de Everardo, Ignez, nos anos 1930 – ela também atuante, ainda bem jovem, no movimento pelo retorno do pai em 1919. É provavelmente a Ignez que se referia um espia da polícia num informe a seu superior no final dos anos 1920, em que relatava ter se infiltrado na "casa de Everardo Dias, na qual somente pude me introduzir mediante um estratagema, pois a menina, ativa como é, não deixa aproximar a quem quer que seja".[14]

No anexo das *Memórias*, aparece um texto já referido do então anarquista Astrojildo, indignado com as barbaridades infringidas a Everardo e seu companheiros. Ele revela sua disposição de luta e ainda a ânsia de se fazer ouvir:

> Sou um modesto jornalista, sem prestígio e de escassa influência – mas, diante de infâmia tal, um só impulso me empolga: quebrar, arremessar para longe esta pobre pena, que se não vende, que se não rebaixa, que é só a minha arma e o meu orgulho – e empunhar a carabina, e concitar os meus patrícios ao combate sagrado em defesa da liberdade vilipendiada, em defesa do pensamento conspurcado, em defesa do Brasil humilhado. (In: Dias, 1920b, p.100-101)

Vê-se que o artigo "Um eloquente brado de indignação" termina com Astrojildo conclamando seus patrícios em defesa do Brasil humilhado... Uma brasilidade que não tardaria a ganhar contornos revolucionários.

Astrojildo Pereira Duarte da Silva tinha 29 anos de idade na ocasião (nasceu em 1890). Sua trajetória era diferente da de Everardo Dias. Vinha de família tradicional do interior do Rio de Janeiro; seu pai era um comerciante próspero e político local em Rio Bonito, cidade serrana de vinte mil habitantes, onde Astrojildo viveu até os 15 anos, a quarenta quilômetros de Niterói. Estudou em bons colégios particulares, mas não atingiu o ensino superior, construindo uma trajetória de jornalista autodidata. Ainda bem jovem, foi protagonista de um célebre beijo na mão do moribundo Machado de Assis, cuja obra viria a estudar ao longo da vida. Foi anarquista de 1911 a 1921. Seria fundador do PCB em 1922 e seu principal dirigente naquela década. Cairia em desgraça e seria expulso

---

14 Essa é uma das poucas referências às atividades de Everardo Dias na década de 1920, constantes do Prontuário n. 136 do Departamento de Ordem Política e Social (DOPS) de São Paulo. O acervo do DOPS paulista está disponível para pesquisa no Arquivo Público do Estado de São Paulo.

em 1931, voltando em 1945 ao partido, onde exerceu atividades intelectuais até falecer, em 1965, como relata Martin Feijó (2001).

A maçonaria era uma das raras instituições que dava algum lugar aos intelectuais emergentes à margem do universo dos bacharéis e do catolicismo, como Everardo. Não por acaso, ele dedica suas memórias a dois maçons: o deputado carioca Maurício de Lacerda e o grão-mestre Thomaz Cavalcanti. Eles e outros "irmãos" foram os principais responsáveis pelo movimento público e de bastidores que impediu a entrega de Everardo às autoridades espanholas e forçou seu retorno, ainda na mesma viagem a bordo do Benevente – o único afortunado entre os deportados.

Grande orador, qualidade herdada por seu filho Carlos – ex-comunista que viria a ser o célebre governador de direita da Guanabara no começo dos anos 1960 –, Maurício de Lacerda pronunciou discursos inflamados na Câmara dos Deputados pela revogação do ato que expulsou Everardo Dias. A dedicatória de Everardo expressava não apenas gratidão, mas identificação com setores mais esclarecidos das elites que integravam a maçonaria, alguns deles chegando até a aproximar-se do movimento operário, caso de Maurício de Lacerda, Christiano Cordeiro e outros.

A possibilidade de ser solto passava por sua rede de relações sociais, que não se restringia ao movimento operário. Como exemplo, Everardo conta com ironia que levava consigo uma lista de nomes que foi apreendida pela polícia ao ser preso. Não se tratava de anarquistas, mas de um conjunto de republicanos notáveis nacionalmente, a quem pretendia enviar cópia de uma conferência sobre "A Igreja e o Estado":

> Sampaio Ferraz, Ubaldino do Amaral, Pedro Lessa, Assis Brasil, Lopes Trovão, Ruy Barbosa, Maurício de Lacerda, Thomaz Cavalcanti, Moreira da Silva, Demétrio Ribeiro, Lauro Sodré, Nilo Peçanha, Abdias Neves... Toda gente perigosa, que fez a República. (Dias, 1920b, p.29)

A lista de nomes revela os contatos de Everardo em círculos das elites com os quais se identificava e pelos quais buscava ser aceito. Suas ambiguidades expressam-se também no estilo literário de *Memórias de um exilado*. Sem prejuízo da clareza e da fluência, parece um pouco empolado ao leitor de nossos dias, talvez também pelo emprego de palavras e expressões fora de uso, o que dá ao texto um charme peculiar, mas não deixa de apresentar um contraste entre a crueza dos episódios relatados e o tom grandiloquente do discurso. Revela-se certo amálgama entre a revolta contra a miséria imposta aos deserdados, a luta pelas transformações e a busca de prestígio e distinção intelectual e política. E ainda certa mistura de indignação e ingenuidade, como o próprio autor reconhece: "Eu fazia parte desse grupo de loucos idealistas. A polícia tirou-me do enlevo para me demonstrar que a realidade é muito diferente do que eu imaginava" (Dias, 1920b, p.13). A ingenuidade seria perdida de vez com as prisões subsequentes.

RIFIFI NO SUPREMO

Antes de passar para os momentos seguintes da vida e da obra de Everardo Dias, vale a pena abrir as páginas do jornal *O Estado de S. Paulo*, para descobrir a repercussão do julgamento do *habeas corpus* solicitado pelos seus advogados em novembro de 1919. São artigos expressivos da visão de mundo da oligarquia dominante na sociedade brasileira e de suas autoridades, apavoradas com o perigo anarquista.

Em matérias publicadas no domingo, 9 de novembro, e no dia seguinte, o diário esclarecia que o Supremo Tribunal Federal (STF) denegava o pedido por sete votos a cinco, em sessão tumultuada. Os votos favoráveis ao pedido fundavam-se em razões como a garantia dos direitos individuais (como os de liberdade e propriedade); e especialmente por estar provado que o solicitante vinha residindo por mais de vinte anos em São Paulo, o que lhe garantia a cidadania brasileira, conforme a Constituição em vigor, independentemente de seu bom comportamento. Ademais, tinha filhas brasileiras, era até mesmo eleitor e fora funcionário público. O tom desses votos favoráveis era o do estrito cumprimento da Lei Maior, alguns deles incluindo ao mesmo tempo críticas ao anarquismo. Um dos votantes diz que "a repressão ao anarquismo entre nós agora está sendo objeto de cogitação no Congresso e enquanto não temos essa lei devemos cumprir as leis existentes".

Leis de repressão ao anarquismo de fato não tardariam, complementando as já existentes. A pioneira na matéria foi a Lei n. 1.641, de 7 de janeiro de 1907, conhecida como Adolfo Gordo. Determinava em seu artigo primeiro: "O estrangeiro que, por qualquer motivo, comprometer a segurança nacional ou a tranquilidade pública pode ser expulso de parte ou de todo o território nacional". Foram expulsos do Brasil 132 estrangeiros naquele ano, com base nessa lei. Entre 1908 e 1921, haveria mais 556 expulsões. A prática de deportar estrangeiros politizados vinha do final do século XIX, mas cresceria nos períodos de 1911 a 1915 e de 1918 a 1921, em razão do aumento do movimento operário.

E ganharia proporções ainda mais relevantes no governo de Washington Luiz, a partir de 1927, no contexto de busca de institucionalização de mecanismos repressivos, imediatamente posterior a um longo estado de sítio, que será abordado adiante.[15]

Em janeiro de 1921, foram criadas duas normas que colaboraram para inviabilizar os núcleos libertários: os decretos n. 4.247 e n. 4.269. O primeiro regulamentava a entrada de estrangeiros e previa medidas de deportação. O segundo anunciava explicitamente seu objetivo no subtítulo: "regula a repressão ao anarquismo", embora tenha sido usado ao longo daquela década conturbada para enquadrar qualquer oposição ao poder central. O decreto n. 5.221, de agosto de 1927, viria a complementar os anteriores, ampliando seu escopo, ao estabelecer que a polícia poderia fechar sindicatos e jornais considerados ameaçadores à ordem constituída. As chamadas "leis celeradas" institucionalizavam a repressão aos opositores, que incluíam a deportação dos indesejáveis.[16]

No julgamento do pedido de *habeas corpus* para Everardo Dias, em 1919, o entendimento legalista, fundado na Constituição, não foi o da maioria do STF, liderada pelo ministro Viveiros de Castro.[17] O tom político era evidente nos argumentos para denegar a solicitação. Um ministro votou contra, pois "ficou apurado ser ele um elemento perigoso"; para fundamentar seu parecer, leu um artigo de jornal de Everardo que propagava o anarquismo. Outro afirmava não admitir que "o estrangeiro possa atentar contra a ordem estabelecida, no país que o abrigou". Um terceiro declarava que o Estado tem direito de expulsar de seu território "estrangeiros nocivos à segurança ou à ordem pública", como aqueles defensores do anarquismo, classificado como "a manifestação de um estado de delinquência permanente, que se exterioriza mesmo nas fases de atos preparatórios de um delito aparentemente político ou comum".

Prevalecia a linha de argumentação que enfatizava a aversão ao anarquismo – algo que parecia ser tão hediondo aos olhos da maioria da corte, a ponto de sobrepor-se a direitos constitucionais de quem tinha seis filhas brasileiras (a mais velha de apenas 17 anos) e residia no Brasil desde muito pequeno. Um ministro comenta que "se estivesse comprovado o bom comportamento do paciente, concederia o

---

15 Sobre os "indesejáveis", ver as obras de Sheldon Maram (1979); Cláudio Batalha (2000); e Lená de Medeiros (1996).

16 A repressão policial aos movimentos sociais na República Velha é abordada em obras de Alexandre Samis (2002, p.83-88); Paulo Sergio Pinheiro (1991, p.85-131); e Christina Lopreato (2003, p.75-91).

17 "Já o jurista A. O. Viveiros de Castro, no livro que dedicou em 1920 à *Questão social*, [...] não admitia que o socialismo pudesse ter sentido sequer na Europa, de vez que se tratava de algo 'absolutamente irrealizável'." É o que comenta Leandro Konder (op. cit. p.153).

habeas corpus", mas, ao contrário, o processo provava tratar-se de um anarquista, "portanto elemento pernicioso à ordem pública". É como se a Constituição não valesse para os anarquistas.

Por isso é compreensível que o ministro Edmundo Lins tenha se insurgido abertamente contra esse tipo de voto, chegando mesmo a dizer, exaltado, que seria compreensível o recurso a bombas por parte dos que não viam a Justiça reconhecer seus direitos garantidos por lei, como noticiava a primeira reportagem: "Está no seu direito, porque uma vez que se lhe não quer reconhecer um direito, recorre à dinamite, para fazer valer esse mesmo direito! (Sensação. Protestos dos srs. Pires de Albuquerque e Muniz Barreto)".[18]

Referências a esse trecho somem da segunda matéria de *O Estado de S. Paulo*. Embora mais longa que a do dia anterior, minimiza o calor das discussões entre os ministros. Provavelmente, ela só saiu por pressões de bastidores ao jornal, exercida pelos descontentes com a primeira matéria, pois a notícia já estava dada com clareza na reportagem inicial.

Um dos ministros explicitou profeticamente que não seria preciso banir os anarquistas: "O Brasil é bem vasto. Há regiões que bem se prestariam a localizar os perturbadores da ordem pública". Dito e feito, uma das soluções encontradas pelos partidários da ordem para resolver os problemas sociais seria isolar os "perturbadores" em pontos remotos e isolados do território nacional, como no episódio da Colônia Agrícola Cleveland, na década de 1920. O campo de prisioneiros, mais conhecido como Clevelândia, foi criado no Amapá pelo governo de Arthur Bernardes. O chamado "inferno verde" foi planejado para prender patrícios, mas abrigou também vários militantes estrangeiros, em geral os mais pobres ou com antecedentes criminais que não eram extraditados, como relata Alexandre Samis (2002).

Apesar da decisão do STF, já se sabe que o governo de Epitácio Pessoa cedeu à pressão pública e privada dos amigos de Everardo, que assim pôde retornar ao Brasil. Mas ele não perdia por esperar: como já não podiam deportá-lo, a polícia e as cortes reservavam-lhe refeições com o pão que o diabo amassou em cárceres pátrios nos anos seguintes. Seja como for, a repercussão de seu caso e a volta ao Brasil são indicadores de prestígio. Ao final da segunda matéria publicada n'*O Estado*, num pé de página, fica esclarecido o destino dado a seus companheiros com menos relações nos círculos dominantes da sociedade:

---

18 Todas as referências de jornal até aqui, neste tópico, encontram-se na matéria "Expulsão de estrangeiros". *O Estado de S. Paulo*, 10 de nov. 1919, p.2. As duas próximas citações estão na matéria "A expulsão de anarquistas de São Paulo". Idem, 9 de nov. 1919, p.3-4.

"Igual decisão foi proferida no *habeas corpus* impetrado em favor de Adriano Pinto da Costa, preso no Rio por ser expulso do território nacional".[19]

NO TURBILHÃO REVOLUCIONÁRIO

Depois de seu retorno, Everardo Dias seguiu atuante na política. O episódio do exílio abortado pelo movimento de seus companheiros parece ter aumentado seu prestígio nacionalmente. Em 1920 e 1921, logo após escrever suas *Memórias de um exilado*, Dias colaborava com inúmeros jornais operários de todo o Brasil, tais como os paulistas *A Plebe*, *A Vanguarda – Jornal do Povo Trabalhador* e *A Obra – Semanário de Cultura Popular*; os nordestinos *Germinal – Semanário de Propaganda Socialista* e *Defesa do Proletariado*, da Bahia, e *Voz do Operário*, de Aracaju; *O Proletário*, de Juiz de Fora, entre outros. Emprestava a pena ainda para jornais que atingiam outro público, preocupado com o estudo e a crítica social de uma perspectiva racionalista, como a *Revista Liberal*, de Porto Alegre.[20]

Everardo Dias estabeleceu-se no Rio de Janeiro. Vivia numa chácara no bairro do Méier, onde geria uma gráfica com apoio da maçonaria. Nela foram publicados também alguns de seus livros, caso do referido *Delenda Roma!*, bem como material político, não raro clandestinamente, dada a conjuntura do país naquele período conturbado.

Em janeiro de 1921 – junto com outros intelectuais, como Nicanor Nascimento, Evaristo de Moraes, Luiz Palmeira, Maurício de Lacerda e outros –, ajudou a fundar o "Grupo Clarté", seção brasileira de seu homônimo sediado em Paris em torno de Henri Barbusse. O grupo viria a ter ramificações em São Paulo e em Recife. Vários de seus membros eram maçons. Publicou sete números da *Clarté, Revista de Ciências Sociais*, com tiragem de dois mil exemplares, que defendia posições socializantes. Os contatos internacionais proporcionados pela revista – sobretudo em Buenos Aires e Montevidéu – permitiram acesso a uma literatura esclarecedora do que se passava na Rússia, contribuindo para divulgar a revolução no Brasil. Everardo chega mesmo a dizer que se objetivava a defesa e a divulgação da Revolução Russa (Dias, 1977, p.105-109).

---

19 *O Estado de S. Paulo*, 10 nov. 1919, p.2.

20 Esses jornais encontram-se hoje disponíveis aos pesquisadores em arquivos como o AEL da Unicamp e o Archivio Storico del Movimento Operaio Brasiliano (ASMOB), que está depositado no Centro de Documentação e Memória da Universidade Estadual Paulista (CEDEM-UNESP), e tem cópias microfilmadas parcialmente em outras instituições, como a Universidade Federal do Rio de Janeiro (UFRJ).

Todos os números traziam artigos simpáticos aos sovietes e até reproduções de documentos assinados por autoridades russas, como o próprio Lênin, cujo "Decreto sobre o trabalho obrigatório" aparecia já no primeiro número, em setembro de 1921. Isso não deve levar a crer que houvesse consenso entre os membros da revista. Em sua quarta edição, de novembro do mesmo ano, uma espécie de editorial esclarecia que "*Clarté* não é burguesa nem sovietista": a revista pretenderia analisar cientificamente os acontecimentos do momento. Raros integrantes do grupo viriam a integrar-se ao PCB. Vários deles projetaram fundar um Partido Socialista, plano logo abortado. Não poucos terminaram como altos funcionários no Ministério do Trabalho de Getúlio Vargas, segundo Michael Hall e Paulo Sérgio Pinheiro, para quem "a tendência geral do grupo era claramente favorável a reformas graduais" (1983, p.277). Seja como for, a revista dá testemunho do impacto da Revolução Russa também no meio intelectual, até janeiro de 1922, data de sua última edição.

Naquele ano, Everardo Dias engajou-se na campanha presidencial de Nilo Peçanha, republicano liberal e maçom, que agrupara em torno de si os adversários de Arthur Bernardes, candidato das oligarquias dominantes à sucessão de Epitácio Pessoa. Porém, antes, Everardo fora convidado a aderir à campanha de Bernardes, que buscava apoio entre líderes influentes no meio operário, acenando com reformas trabalhistas – e não só: um emissário do candidato chegou a oferecer a Everardo um cargo de representação no Conselho Internacional do Trabalho, em Genebra (Dias, 1977, p.121-124).

Bernardes desgastava-se com os militares, situação agravada com o episódio da vinda a público de cartas atribuídas a ele, com ofensas pesadas à oficialidade, o que gerou revolta nos quartéis (Dias, 1977, p.117). Em *Bastilhas modernas*, o autor conta a perseguição a que seria submetido, na época do estado de sítio, um certo Serpa Pinto, por ter sido o grafologista a atestar que a letra das famosas cartas era de Bernardes. Sem conseguir achá-lo, a polícia prendeu o filho, que sofreria na cadeia, mas não diria onde o pai se escondera (Dias, 1927, p.122-125).[21]

Vivia-se uma crise econômica, agravada pelos acontecimentos políticos, sobretudo o movimento tenentista deflagrado em 5 de julho de 1922. Naquela data, houve um levante no Rio de Janeiro, na Vila Militar, na Escola Militar e notadamente no Forte de Copacabana, que gerou o episódio conhecido como "os dezoito do Forte", dos quais apenas dois revoltosos sobreviveram aos tiros

---

21 Depois ficaria evidenciado tratar-se de uma fraude que, no entanto, parecia "factível porque as elites brasileiras alçadas ao poder jamais renunciam a seus contatos com o *bas-fonds* em que muita vez fundam o exercício de sua autoridade" (Pinheiro, 2000, p.254-255).

na Avenida Atlântica, os célebres Siqueira Campos e Eduardo Gomes. Eles passaram a ser cultuados como heróis, assim como seriam logo depois Luiz Carlos Prestes e Miguel Costa, líderes da famosa coluna guerrilheira que atravessou o Brasil de abril de 1925 a fevereiro de 1927, quando se refugiou na Bolívia, sem derrota militar, mas tampouco com capacidade para mobilizar o povo contra o governo oligárquico.

Assustados, os donos do poder recorreram ao estado de sítio, que vigoraria quase ininterruptamente de julho de 1922 a dezembro de 1926, já no início do mandato Presidencial de Washington Luiz. O dispositivo constitucional dava ao governo ampla margem de manobra para combater seus inimigos, cujos direitos eram formalmente restringidos. Na prática, para muitos, quase abolidos, como testemunha Everardo Dias em *Bastilhas modernas*.

Após vitória contestada pela oposição, Arthur Bernardes assumiu a presidência em novembro de 1922, num país já sob estado de sítio. Governou com mão de ferro, pois a estabilidade política estava ameaçada. Até a revolução de 1930, os partidos mais expressivos eram ligados às oligarquias regionais, especialmente o Partido Republicano Paulista e o Partido Republicano Mineiro, ao qual pertencia Bernardes. Essas duas agremiações aliavam-se para indicar um candidato comum à Presidência da República, revezando-se no poder, em acordo com os demais partidos e governadores de estado. As eleições de seus candidatos eram praticamente garantidas pela chamada "política dos governadores", ancorada na Constituição de 1891, e que estabelecia uma federação que dava larga margem de autonomia aos estados e municípios, em detrimento do poder central.

Imperava o poder dos chamados "coronéis", grandes latifundiários que exerciam o comando local. As massas da população eram excluídas do processo eleitoral, de resto suscetível a todo tipo de irregularidade. Mulheres, analfabetos e estrangeiros não votavam. Ademais, como o voto não era secreto, o eleitor estava submetido a pressões dos poderosos, especialmente dos "coronéis".

Era contra essa ordem política que se insurgia Everardo Dias. Ele participou de conspirações contra o governo que o levaram a um breve período de prisão em abril de 1923. No ano seguinte, esteve envolvido em episódios ligados ao levante militar que tomou conta de São Paulo por 23 dias, a partir de 5 de julho. Logo depois, tomou parte na conspiração liderada pelo almirante Protógenes Guimarães no Rio de Janeiro. Acabou preso em agosto de 1924, pouco tempo depois de imprimir os exemplares do manifesto a ser distribuído na deflagração do movimento, que acabaria sendo abortado, levando à prisão civis e centenas de militares. Mais de trinta anos depois, em 1962, Everardo contou sua participação naqueles acontecimentos em *História das lutas sociais no Brasil* (Dias,

1977, p.131-146). Já no livro que publicara logo após sair da prisão, em 1927, preferiu centrar o relato em sua experiência nas masmorras do governo Bernardes.

ÀS VOLTAS COM AS *BASTILHAS MODERNAS,* OUTRA VEZ

Bastilhas modernas é um extraordinário documento de seu tempo, relato fiel e detalhado da repressão a que foram submetidos os inimigos do governo na vigência do estado de sítio. Atesta a selvageria repressiva na República Velha. Não se explicita o ano da edição do livro, mas Everardo data sua introdução de 1926. Isso faz supor que foi escrito enquanto aguardava ser libertado, no período final de seus 28 meses de cadeia, que terminaram junto com o fim do estado de sítio, em dezembro de 1926.

A obra foi publicada muito provavelmente em 1927, pois aparecem referências a sua preparação na correspondência que Everardo manteve com Astrojildo Pereira ao sair do cárcere – o primeiro tentando organizar o minúsculo PCB em São Paulo, o segundo dirigindo o pequeno partido em âmbito nacional, a partir do Rio de Janeiro. Everardo dizia numa carta, logo depois de deixar a cadeia:

> Sobre o livro, você podia publicar em capítulos: – Como se prende – Cinco anos – A Polícia Central e suas prisões – [...] O Cubículo 59 – Tratamento – etc., só tirando o "Domingo na cadeia", que acho que não deve sair. Onde eu quero fazer modificações é no capítulo 'Bom Jesus', tirando uma xaropada [...]. "Meu caso" também não deve sair, ou sair como final da obra.[22]

De fato, o capítulo a que ele se referia foi excluído, e "Meu caso" passou para o fim do livro. Provavelmente porque – além de seu caráter autobiográfico – pretendia, acima de tudo, ser uma reportagem para denunciar o que se passava nos porões da ordem estabelecida. Tanto que quase se abandona o uso da primeira pessoa do singular, que prevalecera nas *Memórias de um exilado*. Busca-se o eixo da narrativa na repressão política, não na trajetória do autor.

A correspondência com Astrojildo explicita também a militância de Everardo no PCB. Ele ingressara no partido em 1923, consumando uma adesão que vinha amadurecendo. É tratado como "camarada" na referência feita a ele por Astrojildo Pereira em carta de pedido de ajuda à Internacional Comunista, em 1924, denunciando várias prisões (In: Hall; Pinheiro, 1979, p.268-270). Nesse

---

22 DIAS, E. *Carta a Astrojildo Pereira.* São Paulo, 11 fev. 1927. Disponível no ASMOB/CEDEM, assim como as demais citadas a seguir.

período, parece ter se afastado da maçonaria, até porque a Internacional Comunista proibira seus membros de serem maçons.

O diário comunista *A Nação*, logo nos primeiros dias de 1927, estampava: "Palavras de Everardo Dias de dentro da Correção". A matéria relatava uma visita a ele, prestes a sair da cadeia, onde concedera entrevista, em dezembro de 1926. Publicada com destaque, anunciava que ele estava preparando um livro sobre os "horrores" das bastilhas brasileiras.[23] Reportagens como essa apareciam com frequência nas páginas de *A Nação*, denunciando as condições dos presídios e a repressão do presidente Arthur Bernardes, criticado com dureza. Era o caso da série "A nação na Clevelândia", publicada em vários números do início de 1927, assim que fora suspenso o estado de sítio.

Bastilhas modernas divide-se em 33 capítulos, breves em sua maioria. O autor relata as condições dos presídios por onde passou: Polícia Central, Detenção, Ilha Rasa, Ilha das Flores, Presídio do Bom Jesus e Casa de Correção. Busca também testemunhos de companheiros para falar das tragédias das prisões em que não esteve: Ilha das Cobras, Ilha da Trindade, Campos (navio de prisioneiros) e a terrível Colônia Cleveland.

O livro descreve em detalhe o cotidiano nas prisões: os regulamentos; os castigos e toda ordem de desmandos; as relações dos presos com as autoridades da cadeia, do carcereiro ao diretor; as tensões entre os presidiários; a linguagem usada por eles; as condições de alimentação, alojamento, higiene pessoal e coletiva; o estado físico e psicológico dos presos; a espionagem entre eles; a assistência médica; a circulação constante de prisioneiros com as mudanças de presídio; as doenças; a presença dos mais variados tipos de insetos e "bichinhos venenosos e repugnantes". Enfim, dá um quadro como poucos do sistema penal e da sociedade de seu tempo, que não deixa de falar também sobre o nosso.

Os capítulos iniciais são duplamente chocantes. Primeiro, pelo relato de Everardo sobre sua recepção na delegacia da Polícia Central, no Rio de Janeiro, com hostilidade e arrogância, sem ver respeitados seus direitos de cidadão – que não deveriam ser abolidos nem para os presos comuns. O leitor fica repugnado com a descrição da cadeia, em que os prisioneiros estavam sujeitos a espancamentos, roubos e intimidações dos carcereiros e de outros presos, especialmente na temível "geladeira", cela tão superlotada que se era obrigado a dormir por escala de turnos ou pendurar-se nas grades.

A descrição assusta também por um segundo motivo: as palavras do autor parecem referir-se a cenas familiares na sociedade brasileira de hoje, vistas com

---

23 *A Nação*. Rio de Janeiro, 4 jan. 1927, p.5-6.

frequência em reportagens de jornal e televisão sobre as condições dos presídios. Ao choque das denúncias sobrepõe-se o estranhamento, tem-se a impressão de estar lendo um relato sobre o presente, como se o tempo não tivesse passado.

A Central de Polícia era apenas o "purgatório". Em seguida, Everardo conheceria o "inferno" na casa de detenção. Em seu interior, a hierarquia era clara: primeiro, a "ilha dos inocentes", subdividida em quatro salões. O primeiro era menos indigno, reservado àqueles que "ao diretor da casa convém não se queixar do tratamento", o segundo era um pouco pior, destinado a estudantes, funcionários públicos e outros indicados ao diretor, e assim por diante, até chegar ao quarto e mais degradado salão, onde ficavam os incomunicáveis, considerados mais perigosos (Dias, 1927, p.58). Após isso, o autor descreve os demais espaços, crescentemente degradantes, nos capítulos "O porão" e "O forte e o túnel".

Mas a situação podia ser ainda pior, como no caso do Campos, um navio-presídio que mantinha cerca de oitocentos presos em uma situação tal que foi apelidado de navio fantasma, conforme relataram outros presidiários. Ali eram depositados operários e sobretudo marinheiros e soldados excluídos das Forças Armadas, por vezes maltratados até a morte. "Do Campos nem é bom falar. É um navio negreiro...", dizia a carta de um preso lida no Senado por um parlamentar (Dias, 1927, p.194). Esse trecho e o livro em seu conjunto atestam que a mentalidade punitiva escravocrata seguia em curso na sociedade brasileira, e ainda perduraria por muitos anos, como um fardo de que não se consegue livrar plenamente até hoje.

Em dezembro de 1924, Everardo foi transferido para a Ilha Rasa. Comenta de passagem o burburinho da cidade, que seguia sua vida normal, ignorando a passagem do carro que transporta os presos (Dias, 1927, p.144). É uma cena que tem paralelo com a relatada nas *Memórias de um exilado*, em que se descreve a hostilidade dos passantes cariocas em relação aos presos. Antes, ao menos, havia alguma reação, agora era como se fossem invisíveis, não existissem, absolutamente desimportantes.

CANTO E DESENCANTO

O cotidiano na Ilha Rasa é descrito em páginas que expressam a angústia dos presos em razão do isolamento, exceto pela companhia torturante de um número inimaginável de moscas. O texto ganha momentos de beleza literária, como o breve capítulo 25, sobre o "hino da Rasa", composto por José Oiticica, célebre professor anarquista que lá se encontrava. É um dos raros momentos do livro que se refere ao entoar de canções entre os presos – canções que haviam sido citadas com frequência em *Memórias de um exilado*. A *Internacional* e outras músicas proletárias não são mais mencionadas, já que a maioria dos detidos não era anarquista ou socialista, e muitos tinham origem social diferenciada da plebe. O hino de Oiticica rimava "nação" com "revolução". Ele e Everardo eram elos com as lutas imediatamente anteriores, mas agora elas ganhavam novos contornos. O nacionalismo impunha-se após as revoltas dos tenentes, cantava-se "o *Hino 5 de Julho*, música do *Hino Nacional*" (Dias, 1927, p.283).

A presença vibrante das canções revolucionárias expressa o tom de revolta, mas também de esperança que emana da leitura de *Memórias de um exilado*. O silêncio prevalece em *Bastilhas modernas*. Quando ele é rompido, não passa de um instante, como no entoar do *Hino da Rasa* pelos desterrados. Logo depois do canto breve e inebriante, voltava a dura rotina do silêncio e do esquecimento no presídio:

> Parecia que qualquer coisa de irreal e fantástico flutuava naquele ambiente, criava corpo, aumentava, crescia, desdobrava-se, tornando tudo diverso e vário, empolgando, dominando, arrebatando, até que os derradeiros sons, já sumidos, perdidos na imensidade do oceano, entre os mil rumores das vagas gementes, a pouco e pouco iam amortecendo, amortecendo, o encanto esfumava-se, diluía-se, e o sono triste e inquieto – um sono tétrico de cemitério – subjugava, alquebrava os desterrados... (Dias, 1927, p.162-163)

Isolados do mundo, perdidos na imensidão do oceano, os prisioneiros entoavam o *Hino da Rasa* até serem vencidos pelo cansaço:

> Nesta ilha, companheiros/ Sem conforto, mas de pé/ Renovemos, prisioneiros/ Com firmeza, a nossa fé! // Ilha Rasa é o nosso orgulho/ Aqui vive um sonho audaz/ Que aos clarões do sol de julho/ De nós homens dignos faz! // Neste assomo de brio e civismo/ Contra os donos mais vis da Nação/ Defendamos, em surtos de heroísmo/ Os ideais que em nós vivos estão/ Desfraldando, vermelha, ante o abismo, a bandeira da Revolução! // Companheiros, sempre unidos!/ E juremos combater/ Os larápios e os vendidos/ Sem descanso, até vencer!... (Dias, 1927, p.162-63)

A letra revela que restava o espírito de insubmissão e rebeldia do passado anarquista de seu autor, Oiticica, quem sabe com um toque de socialismo ou comunismo na referência à bandeira vermelha. Mas o tom predominante era o moralizante, de fé, brio e civismo na luta heroica contra os donos vis da Nação, larápios e vendidos. Ia-se constituindo uma percepção difusa de brasilidade revolucionária, com elementos das lutas sociais do período.

Entretanto, o tom geral de *Bastilhas modernas* é cético. Quase não se abre espaço para qualquer aposta segura no futuro. Praticamente não há mais o quê de ingenuidade que dava charme às *Memórias de um exilado*. Mas permanecem o tom moralista e a convicção da superioridade ética de quem reivindica colocar a consciência e os ideais acima dos "interesses e conveniências" (Dias, 1927, p.9).

Everardo Dias afirma haver "nobilíssimos atos de abnegação e de grandeza moral entre os presos por delitos comuns" (Dias, 1927, p.76). Mas quase não os menciona. Prevalece a descrição das barbaridades dos malandros na cadeia. Gente sem moral, desatinada, turbulenta, num "ambiente inferioríssimo" (Dias, 1927, p.235). Às vezes revela-se até algum preconceito, por exemplo, ao mencionar o risco de levar uma "cabeçada do crioulo passante e ágil, obediente ao chefe do cubículo" (Dias, 1927, p.27) ou o perigo de ser mandado para a cela de um "criminoso reincidente, alentado crioulo" (Dias, 1927, p.34). A cadeia seria o ambiente propício para a "prática dos mais asquerosos vícios secretos" (Dias, 1927, p.56). Sem contar certa má vontade com diversões como jogos, samba e futebol, mencionados como parte do cotidiano reprovável dos bandidos trancafiados na "geladeira" (Dias, 1927, p.26).

A vida e a moral aviltantes dos presos comuns seriam pouca coisa, se comparadas à descrição da vileza de prisioneiros políticos, expressa, por exemplo, nos capítulos "Baratinadores", e "Os P.P.U." (Dias, 1927, p.101-106, 273-280). Baratinadores eram os presos que viviam para descobrir particularidades e segredos dos demais. Já a sigla dizia respeito aos presos sem honra, capazes de tudo para serem colocados em liberdade.

A polícia, dos carcereiros aos diretores de presídio, não ficaria atrás. Completa o quadro de horrores do cotidiano na cadeia, sob sua tutela. Os policiais seriam os piores de todos, sádicos, prepotentes, capazes de todos os desmandos, verdadeiros criminosos do lado da lei. Veja-se o caso de um ladrão que foi preso por adulterar leite com mistura de água. Na cadeia, era obrigado a fazer o mesmo por policiais corruptos que provavelmente desviavam o leite economizado (Dias, 1927, p.80).

O autor comenta ainda a gíria nas prisões, o uso de um vocabulário "ignorado e deslocado no meio em que vivemos", naqueles anos 1920 (Dias, 1927, p.117). Hoje, passados mais de oitenta anos, muitas daquelas palavras não são mais estranhas e circulam em nosso dia a dia, como: engrupir, escrachar, tira, cana, otário, campana, achacar, meganha, fraga, alcaguete etc. Desde aquele tempo, já se notava o procedimento predileto da polícia para com os deserdados, "o insulto para aviltar, a tortura para amedrontar" (Dias, 1927, p.38).

O texto faz forte crítica ao governo Bernardes e às oligarquias, bem como à sociedade burguesa, denunciada por gerar marginais, que seriam "tristes e nefastos produtos do regime capitalista" (Dias, 1927, p.32). Ironiza o "que se convencionou chamar justiça, no regime burguês" (Dias, 1927, p.256). Mas esses são dos raros pontos do livro que, pelo jargão, permitem adivinhar que Everardo era comunista na época. Prevalecia a indignação moral com a situação nos presídios e aparecia o desapontamento com a própria condição humana. Talvez a crítica a que o livro foi provavelmente submetido nos meios comunistas – que será abordada mais adiante – tenha relação com o ceticismo que emana do texto.

> A prisão! Como ela ensina coisas e retempera caracteres! Este chora, supondo-se desgraçado, irremediavelmente perdido; est'outro avilta-se e acobarda-se delatando companheiros e apontando os lugares onde se acham homiziados... Há quem sofra estoico e altivo; há quem grite e ameace com fanfarronadas à d'Artagnan; há quem injurie e insulte, delirante, inconformado; há quem se insurja e sofregamente peça, suplique, exore liberdade, seja por que for... Há, até, quem pense em suicídio e outras mortes trágicas... Há quem sonhe com audazes fugas à Rocambole ou Arsênio Lupin, com escadas, alçapões, cordas, mordaças, automóveis, lances dramáticos, muitos tiros, saltos perigosos, túneis de muitos metros... Oh, a prisão! Como ela nos mostra a psicologia humana!... (Dias, 1927, p.282)

As exclamações em estilo derramado exacerbam, aos olhos de hoje, a ironia cética e (auto)crítica do texto. É sintomático que o livro não termine com nenhum tipo de chamamento para um futuro social radioso, mas descrevendo a condição interior do preso que, está visto, seria expressiva da psicologia humana: "[...] a normalidade é o desfibramento, o cansaço, o desinteresse por tudo que o rodeia; predomina tão só um egoísmo pessoal, íntimo, feroz, insaciável, pela própria liberdade" (Dias, 1927, p.286).

Não obstante, Everardo continuaria a ser um inconformista obstinado. Numa carta de fevereiro de 1927, recém-saído de experiências difíceis no cárcere, refere-se à dificuldade de organização política, às incertezas do cotidiano, buscando superar seus problemas pessoais e também continuar atuando politicamente em circunstâncias desfavoráveis: "Coragem! Eu não perdi o desejo de lutar nem por um instante. O que tenho é uma fraqueza nervosa, [...] que aqui mais se agrava com os aborrecimentos da vida incerta. Mas, nada me abala!"[24] O trecho faz lembrar a famosa máxima atribuída a Gramsci, "pessimismo da razão e otimismo da vontade".

Em *Bastilhas modernas*, bem mais que nas *Memórias*, evidencia-se a consciência da diferença de tratamento na cadeia, conforme a condição social da vítima. Sem contar o privilégio relativo dos presos políticos em relação aos demais. Já foi mencionada a hierarquia nos espaços para presos na detenção.

---

24 DIAS, E. *Carta a Astrojildo Pereira*. São Paulo, 11 fev. 1927.

BRASILIDADE REVOLUCIONÁRIA

Mas os exemplos são muitos mais, ao longo do livro, desde o caso do velhinho mendigo morto a bordo do Campos (Dias, 1927, p.139-142), revelador do desprezo e da crueldade em relação aos humildes, até o relato do "suicídio" de um negociante detido. Na verdade, tratava-se do assassinato de Conrado Niemeyer, que só foi parcialmente averiguado e esclarecido devido à posição social do morto. Mas e os crimes contra presos sem relações sociais importantes? "Quem obterá justiça para essas anônimas vítimas?" (Dias, 1927, p.49).

Se até os presos com algum privilégio tinham atendimento médico precário, "o que não se dará com os infelizes sentenciados?" (Dias, 1927, p.89). O autor esclarece que, embora fosse comida de baixa qualidade, eram servidas duas refeições ao dia para os presos políticos na detenção; os demais precisavam contentar-se com uma (Dias, 1927, p.71). Comenta que havia verba maior para alimentar prisioneiros políticos, não obstante fosse também sujeita a desvios e eles comessem muito mal (Dias, 1927, p.81).

Everardo protesta, indignado, contra a justiça brasileira, sempre pronta a privilegiar os ricos e os bacharéis. Todos não deveriam ser iguais perante a lei, segundo a Constituição? É possível uma democracia com cidadãos de segunda e terceira classe? E pensar que, até hoje, os condenados detentores de diploma universitário têm direito a prisão especial no Brasil...

A visão crítica de Everardo sobre essas diferenças de tratamento nem sempre era compartilhada por outros presos políticos. Por exemplo, um trecho da carta de um oficial detido, lida no Senado por Moniz Sodré, expressa bem a divisão de classe no interior da cadeia e o caráter relativo da indignação moral de certos presos e seus simpatizantes fora do cárcere: "É prisão decente para oficiais, um compartimento de janelas e portas de ferro fechadas a cadeado e uma sentinela armada de cassetete, como se guardasse vagabundos?" (Dias, 1927, p.193). Ora, pode-se perguntar, então: esse tipo de prisão seria adequado para os "vagabundos"?

OUTROS PRESÍDIOS E FLAGELOS

Depois de cerca de três meses na Ilha Rasa, Everardo foi transferido para a Ilha das Flores. Ele descreve sua conturbada viagem de março de 1925. Depois, mostra como aquele presídio se organizava. Anuncia ainda que a situação dos presos políticos melhorara depois de junho, graças a pressões da sociedade. Faziam-se importantes, por exemplo, as manifestações em plenário de senadores e deputados como Moniz Sodré, Barbosa Lima, Azevedo Lima e Adolfo Bergamini (Dias, 1927, p.175-76). Eles eram dos poucos que ousavam levantar a voz para defender os presos no Congresso Nacional.

Também havia decisões significativas do STF, concedendo *habeas corpus* a presos políticos, ou até mandando apurar "responsabilidades das autoridades pelos abusos e crimes cometidos" (Dias, 1927, p.40). Sem contar a atuação de corajosos advogados de presos políticos, como Evaristo de Moraes. Mas o pedido de *habeas corpus* para Everardo acabaria sendo recusado no Supremo, onde teve apenas três votos favoráveis (Dias, 1927, p.265-71).

Sua última etapa na prisão, no presídio do Bom Jesus, a partir de julho de 1925, foi menos turbulenta. Ficou lá até outubro de 1926 e depois passou os últimos três meses de cadeia na Casa de Correção, onde provavelmente concluiu a versão inicial das *Bastilhas modernas*. Para escrever o livro, ouviu também detidos em presídios nos quais não esteve, como os da Ilha das Cobras e da Ilha de Trindade, onde ficavam sobretudo militares. Dedicou capítulos para os horrores de cada um desses lugares e outro para tratar de Clevelândia, num dos momentos mais contundentes da narrativa.

Com base em depoimento do jovem oficial Lauro Nicácio – sobrevivente do campo localizado no Oiapoque, no extremo Norte do país – Everardo faz um relato conciso e contundente do que foi a prisão mais tétrica e trágica de todas. Lá pereceram centenas de prisioneiros (muitos deles citados de memória por Nicácio), dizimados pelas doenças, pela má alimentação e pela falta de cuidados médicos no inferno verde, depósito para onde eram mandados os mais indesejáveis, quase uma condenação à morte (Dias, 1927, p.237-54).

O depoimento atesta que muitos dos presos e mortos naquela colônia penal eram pessoas simples que não tinham envolvimento com política, por vezes sequer culpa formada, mas foram para lá enviadas de cambulhada com marginais e presos políticos. Essa constatação poderia dar força à hipótese de Paulo Sérgio Pinheiro, de que o objetivo do desterro seria de fato "a repressão generalizada contra os pobres do Rio de Janeiro e São Paulo" (Pinheiro, 1991, p.104). Comentários de Everardo Dias apontam na mesma direção, como aquele que critica a higienização oligárquica que culpabiliza os pobres por suas condições precárias de existência (Dias, 1927, p.77-78). É certo ainda que a gente bem-posta tinha muito mais condições de defender-se e gozava de relativos privilégios no cárcere, como percebeu Everardo. Mas seu relato e o número de presos e mortos por motivos políticos não permitem o exagero de considerar, como Pinheiro, que a política repressiva durante o estado de sítio visava atingir os pobres, "dissimulada pelo enfrentamento da dissidência armada" (Pinheiro, 1991, p.104). O perfil dos indesejáveis era múltiplo.

Bastilhas modernas é uma obra que atesta a perseguição contra os deserdados. Não apenas ao mostrar as diferenças de tratamento na cadeia conforme a origem social, mas também ao mencionar a prisão de marginais, mendigos e trabalhadores junto com os detidos políticos. Muito eloquente é o caso dos sertanejos rústicos e analfabetos no presídio do Bom Jesus. Cerca de cinquenta deles aprenderam a ler graças aos esforços de Everardo e de alguns de seus companheiros, apesar das dificuldades impostas pela direção do presídio e por outros presos (Dias, 1927, p.233-236).

O episódio revela também o esforço didático de Everardo. Ele já escrevera, no final de 1921, que "nosso proletariado, que muito gosta de bailes, carnavais, cinema e futebol, deve em troca estudar, comprando jornais e livros – se quer de fato emancipar-se" (Dias, 1921b, p.73). Dificilmente intelectuais de origem mais privilegiada diriam isso em público, com receio de parecerem presunçosos e preconceituosos, mas aqueles que vieram de baixo – como Everardo – sentiam-se legitimados para fazê-lo. Resta saber se seria factível fazer essa exigência, supor que os operários em particular, e as pessoas em geral, estariam interessadas em instruir-se no nível e no modo sugerido, ainda mais com todas as exigências estoicas envolvidas.

Por outro lado, o livro é repleto de exemplos de que as atrocidades governamentais durante o estado de sítio atingiam também gente com recursos econômicos e prestígio social: "médicos, advogados, negociantes, industriais", sobretudo oficiais militares, e até familiares, amigos, vizinhos e clientes dos acusados (Dias, 1927, p.37, 121 e seq.; 129; 188 e seq.). Com o novo perfil social dos detentos, dentre os quais estavam inúmeros maçons, os contatos na maçonaria já não seriam tão decisivos para Everardo como na prisão de 1919. Ademais, ele já optara pelo comunismo. A maçonaria praticamente não é referida nesse livro, ao contrário do anterior.

Em *Bastilhas modernas*, está registrado o que foi o poderoso complexo de perseguição aos inimigos da ordem oligárquica, tanto no aspecto político como social. Diferentemente do que fora relatado nas *Memórias de um exilado*, agora o arco de atingidos era bem maior, não apenas os trabalhadores e despossuídos de antes. Afinal, o movimento operário estava em refluxo após a repressão que o acometera pouco antes. Surgiam em cena novos atores, como os tenentes e outros dissidentes que compunham as elites nacionais. Até mesmo os comunistas, cultores do proletariado, empolgavam-se com a onda de revolta em outros estratos sociais.

Ao consultar os números do diário comunista *A Nação* do início de 1927, época em que Everardo concluía seu livro, constata-se que eram comuns os elogios rasgados a Prestes e sua famosa coluna guerrilheira, bem antes de sua adesão ao comunismo, no início dos anos 1930. O jornal profetizava, em manchete: "Da coluna à comuna é questão de um passo".[25] Prestes era visto como expressão de "tenacidade e de bravura" da pequena burguesia, um homem a ser conquistado para as fileiras do proletariado, isto é, para o PCB.[26] Entretanto, a abertura para Prestes e os tenentes logo mudaria, com a ofensiva do obreirismo no PCB por volta de 1930 e 1931, sendo sua integração ao partido posteriormente imposta pela União Soviética.

"INCIDENTES CONTRADITÓRIOS DA VIDA HUMANA"

Everardo faz menção a um "incidente contraditório da vida humana": Protógenes Guimarães – que em 1922 fora o comandante responsável por mandar centenas de marujos para a Ilha das Cobras – via-se encarcerado na Ilha de Santa Cruz em 1924, onde se teria portado com "dignidade e estoicismo" (Dias, 1927, p.205-206). Já se viu que o autor participara da conspiração desse oficial, pouco antes de ser preso (Dias, 1977, p.143). Aliava-se a um ex-inimigo; ademais, que fora capaz de praticar atos tão bárbaros contra os marinheiros como aqueles que agora sofria.

Há outro incidente assemelhado que Everardo não poderia prever na época. Ele se queixava da indiferença às condições dos presos por parte do procurador criminal da República, que era ninguém menos que Sobral Pinto (Dias, 1927, p.145, 151). Mais tarde, esse advogado católico fervoroso viria a notabilizar-se pela defesa de presos políticos e dos direitos humanos durante o Estado Novo e a ditadura militar, o que quase apagou a memória de sua participação no governo de Arthur Bernardes. E o que dizer do próprio, que também era católico, o grande vilão da República Velha?

Bernardes viria a ser preso e deportado para Portugal por envolver-se com o movimento constitucionalista de 1932 – de que, ironicamente, Everardo também participaria. Retornou ao Brasil em 1934 e elegeu-se deputado federal, mas perderia seu mandato durante o Estado Novo. Após a redemocratização, voltou à política, conquistando sucessivos mandatos para a Câmara dos Deputados. Nos anos 1950, assumiu posições combativas, dentro e fora do plenário, defendendo propostas nacionalistas apoiadas pelas esquerdas contra os que elas acusavam

---

25 *A Nação*. Rio de Janeiro, 18 jan. 1927, p.1.

26 "Luiz Carlos Prestes completa hoje 29 anos". *A Nação*. Rio de Janeiro, 3 jan. 1927, p.1.

BRASILIDADE REVOLUCIONÁRIA 49

de entreguistas. Estava do mesmo lado de gente como Everardo Dias, a favor da siderurgia nacional, da Amazônia e da campanha "O petróleo é nosso". Faleceu em 1955, consta que sem ter usado sua posição para enriquecer indevidamente. Já quase ninguém se lembrava do odiado "presidente-Clevelândia". Mas é lícito supor que, como católico e sujeito aos "contraditórios da vida humana", tenha cumprido pelo menos um longo estágio no purgatório, se é que um dia atingiu o paraíso.[27]

As posições anticlericais que notabilizaram Everardo Dias nas duas primeiras décadas do século XX devem ter pesado para o ódio que lhe devotavam certos católicos no poder, como Bernardes. Interlocutores amigos chegaram a comentar que, ao tentar interceder por ele no Ministério da Justiça, receberam como resposta que o presidente teria "tanta prevenção contra esse homem que, se seu nome aparecesse numa lista de presos, para serem postos em liberdade, só o fato de figurar tal nome iria prejudicar todos os demais da lista" (Dias, 1927, p.263). Não obstante, o trecho evidencia também que Everardo ainda tinha amigos bem-relacionados, a ponto de frequentarem ministérios.

Ao enumerar todos os atos que não cometera contra Arthur Bernardes, Everardo explicitou tudo que se fazia e dizia contra o presidente.[28] Mas jurava não ter participado de nada daquilo. Revoltava-se por seus algozes não apresentarem uma acusação explícita contra ele, da qual pudesse tomar conhecimento para se defender. Parece que se irritava em especial com a acusação velada de participar de atentados a bomba. Num documento já citado, de 1924, Astrojildo Pereira afirma que Everardo e outros camaradas foram presos injustamente, sob pretexto de terem "jogado uma bomba num general governador" (In: Hall; Pinheiro, 1979, p.270).

Ele devia estar se referindo ao general cearense Tertuliano de Albuquerque Potyguara, repressor da Revolta da Vacina em 1904, da Guerra do Contestado nos anos 1910 e do movimento de sublevação de São Paulo em 1924. O general sofreu na época um atentado ao receber uma bomba de dinamite pelo correio, que lhe custou um braço. Everardo faz breve menção ao ocorrido (Dias, 1927, p.262). Em vários momentos do livro, critica aqueles com os quais odiava ser confundido, "autênticos conspiradores e protervos petardeiros, passam pela cadeia em branca nuvem, gozando logo a liberdade e flanando despreocupa-

---

27 Para uma interpretação inteiramente positiva da trajetória de Arthur Bernardes, ver: Magalhães, 1973.

28 "Eu não chamara o sr. Arthur Bernardes de assassino, corruptor e ladrão; não denunciara seu velho apelido de Rolinha", e por aí vão duas páginas que resumem tudo que os opositores pensavam do odiado Presidente (Dias, 1927, p.261-2).

damente pela cidade", por terem se mancomunado com o diretor (Dias, 1927, p.114-15). Criticava os "conspiradores, muitos dinamiteiros", que recorriam a expedientes desmoralizantes para sair logo da cadeia, o que acabavam conseguindo, embora "implicados mais séria e verdadeiramente no movimento sedicioso do que quase todos os denunciados na famosa conspiração Protógenes!...", como ele mesmo, pode-se entender implicitamente (Dias, 1927, p.277).

As prisões de Everardo Dias tiveram algo de paradoxal: a de 1919 por aproximar-se dos anarquistas, quando era sobretudo um livre pensador; e as de 1923 e 1924 por aderir à revolução dos tenentes, quando já era comunista. Sem contar a que viria a enfrentar em 1935, por possível apoio ao levante vermelho, num momento em que estava afastado do PCB, expulso. É como se a polícia soubesse que ali estava um homem perigoso, sem saber bem como, nem por quê. Daí nunca ter apresentado provas consistentes contra ele que, não vendo explicitado de que era acusado, não tinha como se defender. Os donos do poder só sabiam com certeza que era um indesejável, e ele pagou caro por isso. Já se viu que, muitos anos depois, Everardo esclareceu sua participação nos acontecimentos políticos da época em *Histórias das lutas sociais no Brasil* (Dias, 1962). Não havia por que fazê-lo na ocasião dos acontecimentos.

SAINDO DAS BASTILHAS

No mês de março de 1927, assim que terminou de escrever *Bastilhas modernas*, Everardo escrevia ao camarada Astrojildo Pereira, em tom autocrítico:

> Não estranhes a linguagem do livro. Resenha que era para um público pequeno-burguês e patrista. Eu queria, com ele, ganhar uns cobres para equilibrar os primeiros meses de cadeia. Fui infeliz. Paciência. Modifica tudo que aches que não deve sair. O interesse nosso, agora, é denunciar os crimes.[29]

Esse trecho revela a preocupação comum aos membros do PCB – uma organização que se pretendia internacionalista e proletária – de renegar o que pudesse haver de nacionalista e pequeno-burguês em sua trajetória anterior. E também certa submissão da vaidade de escritor às necessidades do partido. Everardo deixa nas mãos do amigo e secretário-geral realizar as mudanças que achasse necessárias na obra. Não se sabe se o fez; possivelmente não, a julgar

---

29 DIAS, E. *Carta a Astrojildo Pereira*. São Paulo, 17 mar. 1927.

BRASILIDADE REVOLUCIONÁRIA

pelo teor das cartas, comparado à edição do livro. O tom de *mea culpa* podia ser uma resposta a eventuais críticas formuladas por companheiros, como Astrojildo, talvez por correspondência, hoje provavelmente perdida.

Para além do ceticismo da obra, já apontado, pode-se conjecturar que os problemas detectados no livro pelos comunistas tenham relação com o fato de que a apresentação de *Bastilhas modernas* era assinada por Maurício de Lacerda, deputado que tivera seu mandato cassado em 1921, amigo de Everardo e também ele vítima de cerca de dois anos de prisão na mesma época, como relata em suas memórias do período, publicadas em 1927 (Lacerda, 1980).

No começo de 1927, o PCB estava às turras com Maurício de Lacerda, que se recusara a apoiar o Bloco Operário, como se pode ler em matérias sucessivas nas páginas do diário comunista *A Nação*. Maurício era acusado de ter traído seu passado, tornando-se "aliado dos opressores", contraposto ao candidato a deputado federal que aceitou se ligar ao Bloco Operário, Azevedo Lima, "aliado dos oprimidos", que seria eleito.[30] A briga tinha um aspecto familiar, já que Maurício de Lacerda fora editor de *A Nação* antes de o periódico tornar-se inequivocamente comunista, enquanto seus irmãos Paulo e Fernando estavam do lado do Bloco Operário, opondo-se a Maurício.

Everardo, colaborador e divulgador de *A Nação* em São Paulo, acusava o público de seu próprio livro de "patrista" e, ademais, "pequeno-burguês". Ele, que admitira em outra carta que a inserção do PCB na classe operária paulista era quase nula: "Aqui há um trabalho gigantesco a realizar e não há gente... Somos meia dúzia, bem contada!"[31] E numa terceira missiva constatava que "os sindicatos estão passando por uma aguda crise e o proletariado não está interessado pelo jornal: faremos, ainda assim, o que for sendo possível".[32]

Era preciso exorcizar não só o que houvesse de pequeno-burguês e nacionalista na trajetória dos militantes, mas também o passado anarquista de muitos deles. Em março de 1927, Everardo dizia, ao fim de uma carta a Astrojildo: "A sarna ideológica dos anarcoides incomoda ainda muito".[33] Reclamava em tom parecido ao que já expressara em janeiro, pouco depois de se estabelecer em São Paulo, assim que deixou a prisão: "Aqui há muito pouco-caso, grande indiferença e muita ruína anárquica a entulhar o caminho. Veremos o que se pode fazer".[34]

---

30 *A Nação*. Rio de Janeiro, 25 jan. 1927.
31 DIAS, E. *Carta a Astrojildo Pereira*. São Paulo, 27 jan. 1927.
32 DIAS, E. *Carta a Astrojildo Pereira*. São Paulo, 26 mar. 1927.
33 DIAS, E. *Carta a Astrojildo Pereira*. São Paulo, 17 mar. 1927.
34 DIAS, E. *Carta a Astrojildo Pereira*. São Paulo, 27 jan. 1927.

Também há o aspecto da necessidade de "ganhar uns cobres", que indica a dificuldade dos militantes para conseguir o pão de cada dia. Algo presente também em outra missiva, que revela ainda a dificuldade de inserção na classe operária e o ânimo incomum para a tarefa hercúlea de mobilizar o proletariado:

> Sobre *A Nação*, acho-a cada vez melhor. É uma pena, uma angustiosa pena, ver tão bons artigos lidos por tão poucos trabalhadores! Eu faço sempre a distribuição dos encalhes por fábricas e oficinas. O jornal não é *ignorado*. Aos poucos, dará fruto. Mas, o caso é que no momento precisamos viver – e esse é o problema gravíssimo que se nos apresenta [...] Saúde e persistência leonina! Vocês infundem coragem, vocês animam![35]

Nessa época, parece que Everardo estava afastado da maçonaria, mas dava indícios de que mantinha contato com seus velhos amigos anticlericais, ao dizer numa carta que buscava "angariar fundos para *A Nação* entre os anticlericais (espíritas, protestantes etc)".[36] O jornal era muito politizado, mas tinha sua seção de esportes e revelava alguma afinidade com a moral dominante na época, por exemplo, nas páginas policiais, em que se publicavam matérias sensacionalistas sobre crimes comuns, geralmente com fotos dos mortos, como em "Um homem degolado"[37] e "O desprezo deu causa ao crime", com o subtítulo "e o ciúme levou-o ao crime", constando abaixo: "matando a infiel e o traidor, fugiu conduzindo ao colo a filhinha de três meses". O corpo da matéria vinha depois, com fotos dos assassinados em caixões simples de madeira.[38] O jornal seria obrigado a encerrar as atividades, junto com outros órgãos da imprensa operária, após a entrada em vigor de nova legislação repressiva aprovada pelo Congresso, em agosto de 1927, particularmente o já referido decreto n. 5.221, a principal "lei celerada".

A Nação circulou diariamente de 3 de janeiro a 11 de agosto de 1927, datas que correspondem ao breve período em que o PCB teve vida legal após a suspensão do estado de sítio (Pereira, 1979, p.101-108; Konder, 2009, p.190-92). O jornal testemunhava a aposta do nascente PCB na possibilidade eleitoral, por intermédio do Bloco Operário, logo denominado Bloco Operário e Camponês (BOC), que passou a ser a fachada legal do partido. Apesar da volta à ilegalidade, de todas as restrições de votação para os pobres, do voto de cabresto nos currais eleitorais do coronelismo, das notórias fraudes eleitorais, da coerção

---

35 DIAS, E. *Carta a Astrojildo Pereira*. São Paulo, 19 jul. 1927. Grifo do autor.
36 DIAS, E. *Carta a Astrojildo Pereira*. São Paulo, 26 mar. 1927.
37 *A Nação*. Rio de Janeiro, 8 fev. 1927.
38 *A Nação*. Rio de Janeiro, 25 jan. 1927.

policial e outros entraves, o PCB participava das eleições por meio de uma organização política de "frente única" para fazer propaganda, denúncia e agitação política. Assim, por exemplo, em outubro de 1928, Everardo Dias foi candidato derrotado em São Paulo, mas o BOC conseguiu eleger Minervino de Oliveira e Octavio Brandão para o Conselho Municipal do Rio de Janeiro. A audácia chegou a ponto de lançar Minervino à Presidência da República pelo BOC em 1930 (Karepovs, 2006; Rodrigues, 1981, p.263-443).

Everardo continuaria atuante na oposição: deu apoio crítico à Aliança Liberal e depois ao "movimento revolucionário de 1930". Com Maurício de Lacerda, em nome de uma Frente Unida das Esquerdas, chegou a elaborar um "programa de ação" levado a uma conferência entre os chefes militares imigrados e delegados de grupos de oposição, em março de 1929. No ano seguinte, recebeu a visita clandestina do líder militar Siqueira Campos, que procurava acordo com outras forças de oposição, até mesmo o PCB, do qual Everardo era um dos dirigentes em São Paulo. Ele pretendia iniciar logo a revolução, mas o plano foi abortado com a morte de Siqueira Campos num desastre aéreo em maio de 1930 (Dias, 1977, p.147-170).

Everardo seria expulso do PCB no começo dos anos 1930, formalmente desligado em 1932, numa das ondas de obreirismo que atingiam periodicamente a trajetória do partido, levando ao expurgo de intelectuais. Nem mesmo o fundador e ex-secretário-geral, Astrojildo Pereira, escapou daquela onda. Mas Everardo continuou atuando na política, já fora do partido. Descontente com os rumos do governo após o êxito do movimento de 1930, envolveu-se com a rebelião paulista: "A Revolução de 1932 colheu-o à testa da redação do *Diário Nacional*, cuja ação foi importantíssima na preparação desse movimento cívico" (Castellani, op. cit.).

Tratava-se do jornal do Partido Democrático (PD), com o qual Everardo tinha relações desde o final dos anos 1920, quando ainda era do PCB. Naquela época, o partido havia se aproximado do PD, onde se agrupava, segundo o autor, "a maioria da pequena-burguesia nacional descontente e mais ou menos independente de injunções partidárias, mas inclinada a uma transformação de sentido político-social" (Dias, 1977, p.156). Suas afinidades com o PD por certo também passavam pelos contatos conseguidos na maçonaria.

Nesse tempo todo, antes e depois de 1930, Everardo continuava sendo "vigiado pela polícia, que o detinha por qualquer motivo e invadia, constantemente, a sua casa" (Castellani, op. cit.). Uma nova temporada mais longa nas bastilhas seria questão de tempo.

NOVAS BASTILHAS E O EMPENHO NO REGISTRO DA MEMÓRIA

A experiência relatada em *Bastilhas modernas* não encerraria as prisões a que seu autor seria submetido. Foi preso após o levante comunista de 1935, talvez por sua história pregressa, já que estava então afastado do PCB. Ironicamente, Everardo Dias pegaria mais um bom tempo de cadeia, de 30 de novembro de 1935 a 27 de fevereiro de 1937, acusado sem provas de cumplicidade com aqueles que já não o queriam em suas fileiras. Tanto que acabaria absolvido.[39] Já não caberia a Everardo narrar os dramas das bastilhas dos anos 1930: eles seriam imortalizados pela pena de Graciliano Ramos, em *Memórias do cárcere*, editadas apenas após sua morte (Ramos, 1953).

Ao sair da prisão, Everardo estreitou os laços com a maçonaria, onde atuou com destaque até morrer, em 1966. Mas nunca abandonou suas convicções socialistas. Nos anos 1950, praticamente já não era mais perseguido pela polícia. Tornou-se um dos principais colaboradores da *Revista Brasiliense*, de Caio Prado Jr., Elias Chaves Neto e outros comunistas, cujas propostas eram marginais dentro do PCB. Também escreviam na revista comunistas independentes ou simpatizantes do marxismo, e ainda sociólogos da Universidade de São Paulo (USP). Everardo assinaria nada menos do que 22 artigos, sendo o quinto autor mais presente nas páginas da *Brasiliense* ao longo dos anos, conforme levantamento de Fernando Limongi (1987). Todos eles eram textos de memória das lutas sociais que viveu, centradas mais no passado do que no presente, em que tinha pouca participação política.

Esses artigos dariam base à *História das lutas sociais no Brasil* (Dias, 1977). Seu empenho era memorialístico, consciente da necessidade de compreender as lutas do passado para construir o presente e o futuro, como se evidencia no prefácio do livro, escrito em maio de 1961. Ali se revelava um homem maduro, com lucidez política, que advertia para o perigo do golpe de Estado, que só viria a se efetivar em 1964. Pedia união de trabalhistas, socialistas e comunistas em defesa de "uma democracia orientada com firmeza para o socialismo". Sua experiência ensinara que

> A liberdade não é uma palavra oca, nem mesmo quando se refere à liberdade burguesa, embora muitas vezes houvéssemos zombado dela. A gente sabe o que vale quando essa liberdade desa-

---

39 Essas informações integram o referido Prontuário n. 136 do DOPS de São Paulo. Nele se encontram dados sobre Everardo Dias, especialmente a partir de 1931, algumas vezes remetendo a suas atividades passadas e documentos policiais referentes a elas, cujos originais não estão no prontuário, até porque o DOPS foi organizado em 1924.

pareceu dos Códigos por um estado de sítio perpétuo, foi riscada por um governo totalitário ou abolida por um ditador. A desgraça proporciona muitas lições e quando somos atirados ao calabouço de um presídio e lá ficamos sepultados entre quatro sólidas paredes e grades de ferro ou então tangidos como feras para barracões cercados por fios eletrificados nos campos de concentração; quando se anda peregrinando pelo mundo, perdida a família, lar e pátria, como tem acontecido a muitos de nós e ainda está acontecendo em diversas regiões da Terra – é que se dá valor a essa grande, imensa felicidade, representada pela faculdade de falar, opinar, escrever, viajar livremente, sem ter quem nos interrompa, nos interrogue, espione, acompanhe, siga nossos passos, anote com quem trocamos algumas palavras de cortesia – um olho procaz e maldito, que nos persegue até no recesso de nossa habitação... (Dias, 1977, p.23-24)

Mas o "olho procaz e maldito" continuava aberto e atento, embora escondido. Assim, em julho de 1963, um espião da polícia relatava a seu superior que o "octogenário anarquista, sr. Everardo Dias" ministrou a conferência de abertura do I Ciclo de Estudos Sindicais, promovido em sua sede social pelo Sindicato dos Metalúrgicos de São Paulo e pelo Centro Acadêmico XI de Agosto, da Faculdade de Direito da USP. O zeloso burocrata relatava, passo a passo, a reconstituição histórica do movimento sindical brasileiro que o conferencista expunha às novas gerações. Everardo continuava o mesmo, aquele sobre quem outro espia dissera, em sua ficha policial dos anos 1930, usando linguagem que seria pitoresca se não fosse trágica:

Anarquista. Comunista. Tem tido contínuo contato com a polícia, por efeito de suas ideias avançadas a cuja propaganda tem se dedicado com muito carinho. Tem prestado sua atividade intelectual a uma intensa propaganda comunista. [...] Seus discursos sempre foram contra os poderes constituídos. [...] É um propagandista ativo e perigoso.[40]

Nas *Memórias de um exilado*, o leitor encontra um Everardo Dias jovial e esperançoso, apesar das adversidades. Tinha 37 anos ao escrever o livro, em 1920. Em *Bastilhas modernas*, aparece um autor mais maduro, igualmente indignado, com um travo de amargor, após os cinco anos trágicos de 1922 a 1926. Os livros mostram com quanta luta, sangue, crueldade e sofrimento se fez a parte da história do Brasil que coube a Everardo viver. Bem como permitem avaliar alcances e limites de suas lutas, num tempo marcado pela "derrota da dialética", na expressão de Leandro Konder (2009).[41]

Ele já era um senhor de 78 anos ao escrever a introdução de *História das lutas sociais no Brasil*, em 1961. A obra reconstituía seu passado e advertia para

---

40 Prontuário n. 136 do DOPS de São Paulo.
41 Ver também Ferreira, 1999.

o perigo de que "tal estado de monstruosos destroços volte" (Dias, 1977, p.27). Em vão! A partir do final da década de 1970, surgiria uma vasta literatura sobre as bastilhas do regime militar e civil instalado em 1964, produzida pelos sobreviventes do combate à ditadura.[42] Esse período será retomado adiante. Antes, no próximo capítulo, vale a pena pensar a relação entre os intelectuais e o PCB nos anos 1950, sem a qual seria impossível compreender o florescimento cultural e político da década seguinte.

---

42 A maior parte dessa literatura é revisitada em Marcelo Ridenti. "Esquerdas armadas urbanas: 1964-1974". In: Reis; Ridenti, 2007, p.105-151. Ver ainda o posfácio de Ridenti, 1993 [2010].

ARTISTAS E INTELECTUAIS COMUNISTAS NO AUGE DA GUERRA FRIA[1]

> *O artista e as empresas nacionais do ramo, se não se defendessem, seriam tragados pelo poder econômico dos grupos estrangeiros; era preciso defender a música brasileira, e isso só seria possível com a defesa do mercado industrial do disco e da música no país. Não bastava ser um profissional consequente; acredito que isso tem a ver, de alguma maneira, com a opção política que abracei.*
> (Goulart, apud Lenharo, 1995, p.223)

Neste capítulo, pretende-se analisar aspectos da relação de artistas e intelectuais com o Partido Comunista (PCB),[2] no contexto da modernização da sociedade brasileira na década de 1950. Essa relação não caberia numa equação simples, como a que supõe que a militância comunista de intelectuais e artistas fazia parte de um desejo de transformar seu saber em poder. Tampouco seria adequado, no outro extremo, supor que houvesse mera manipulação dos intelectuais pelos dirigentes do PCB. Não se trata essencialmente de uso indevido e despótico da arte e do pensamento social para fins que lhes seriam alheios, mas de uma relação intrincada com custos e benefícios para todos os agentes envolvidos, implicando ainda uma dimensão utópica que não se reduz ao cálculo racional.

Ao que tudo indica, a organização comunista foi fundamental para as lutas nos meios artísticos e intelectuais do período, de onde surgiram obras significativas, sendo assim um expressivo elemento constituinte da cultura brasileira,

---

1 Versão anterior deste capítulo foi publicada com o título "Brasilidade vermelha: artistas e intelectuais comunistas nos anos 1950". In: Botelho et al, 2008, p.169-209.

2 Fundado em 1922 com a denominação Partido Comunista do Brasil, conhecido pela sigla PCB. Mudaria de nome em 1961 para Partido Comunista Brasileiro, numa tentativa de adequar-se à legislação nacional para ser legalizado, o que não conseguiu na época. O antigo nome foi retomado pela dissidência que, em 1962, fundou aquele que ficou conhecido como PCdoB, existente até hoje, que reivindica a origem histórica em 1922. Aqui a referência ao partido nos anos 1950 será feita pela sigla PCB.

que não pode ser pensada sem considerar as ações e as ideias dos comunistas e de outras correntes de esquerda ao menos da década de 1930 à de 1980, particularmente nos anos 1950.

Busca-se contribuir ainda para a compreensão do desenvolvimento dos campos específicos de atuação de artistas e intelectuais que ajudaram a construir certa utopia da brasilidade libertadora no cinema, no teatro, nas artes plásticas, na arquitetura, na literatura, no ensaio e na imprensa, esboçando a possibilidade de uma modernidade alternativa à que viria a se instalar após o golpe e o movimento de 1964.

O PARTIDO COMUNISTA NA DÉCADA DE 1950

O PCB revelava força política e eleitoral significativa após o final do Estado Novo, como se pode comprovar pela bancada que elegeu para compor a Assembleia Constituinte de 1946 (14 deputados e um senador). Sua plataforma política era então bastante moderada, no contexto da democratização e do fim da Segunda Guerra Mundial. Mas logo o partido seria colocado na ilegalidade, em maio de 1947, por uma decisão do Tribunal Superior Eleitoral que cassou seu registro, alegando que não se tratava de um partido nacional, como exigia a Constituição. Obrigado inesperadamente a voltar à clandestinidade, num contexto internacional em que começava a Guerra Fria, o PCB passou a classificar o governo Dutra como de traição nacional, subserviente ao imperialismo norte--americano, e a impor-se a tarefa de derrubá-lo.

Em 1950, a direção do partido lançaria o célebre *Manifesto de agosto*, que propunha a constituição de uma Frente Democrática de Libertação Nacional, a constituição de um "governo democrático e popular" que deveria se posicionar contra o imperialismo dos Estados Unidos e pela paz no contexto internacional em que se detectava a ameaça de uma guerra imperialista. Buscava ainda a melhora nas condições de vida do povo, incluindo uma reforma agrária, a constituição de um exército popular de libertação nacional, entre outras medidas. O PCB apostava também na possibilidade de criar um sindicalismo autônomo, paralelo ao oficial – posição rapidamente superada por uma resolução de julho de 1952, precursora de uma série de mudanças que culminariam na virada política do Partido no fim da década.[3]

---

3 A atuação sindical do PCB e de seus militantes ao longo da história, particularmente na década de 1950, está muito bem sintetizada em Santana, 2001.

De 1948 à primeira metade dos anos 1950, o PCB perderia muito da influência e inserção social que tivera no período imediatamente anterior, seja pela condição de ilegalidade, seja pela nova política adotada – considerada esquerdista e sectária pelos críticos que, mais tarde, viriam a tornar-se hegemônicos no partido –, seja pela dificuldade de implementar na prática as diretrizes propostas, ou por outros fatores.[4]

Todavia, essa perda de força social esteve longe de colocar o PCB fora de combate, ao contrário. No período, militantes organizaram um movimento pela paz e contra o envio de brasileiros à guerra da Coreia, participaram ativamente de greves – como a dos "trezentos mil" em São Paulo, em março de 1953[5] – e de lutas no campo, como a dos posseiros de Porecatu, no Paraná, em 1950-51, e a de Trombas e Formoso, em Goiás, que durou vários anos (Cf. Cunha, 2007). Conseguiu alguma inserção nas Forças Armadas e participou também, com os nacionalistas, da campanha "O petróleo é nosso", que culminou na criação da Petrobras, em outubro de 1953. Entretanto, manteve-se em oposição ferrenha ao governo de Getúlio Vargas, eleito em outubro de 1950 – posição sustentada até seu suicídio, em agosto de 1954. Por isso, logo depois da morte de Vargas, o PCB sentiu na pele a ira popular contra as forças antigetulistas, que eram de direita na sua maioria.

No mês de novembro de 1954, em São Paulo, na clandestinidade, o PCB realizou seu IV Congresso, cuja linha política seguiu a trilha do *Manifesto de agosto*, colocando como objetivo fundamental "a derrubada do governo de latifundiários e grandes capitalistas", no processo da revolução democrático-popular num país considerado semicolonial e semifeudal.[6] Mantinha-se o principal núcleo dirigente: Luiz Carlos Prestes, Diógenes Arruda Câmara, João Amazonas, Carlos Marighella, Maurício Grabois, entre outros.

Na prática, contudo, aos poucos, o programa ia-se tornando letra morta: o PCB cada vez mais se alinhava às forças nacionalistas que se constituíam

---

4 Ver a respeito da história do PCB e seus dilemas políticos no período, entre outros: Chilcote, 1982; Brandão, 1997; Segatto, 1995; Santos, 2003; Reis, 2002; Ferreira, 2002. Em geral, a bibliografia é majoritariamente crítica às posições do *Manifesto de agosto*, cuja linha política entretanto encontra defensores como Mazzeo (1999, p.74-83), que vê nela acertos teórico-analíticos que se teriam perdido por inabilidade política e outros motivos. Sobre o forte anticomunismo na sociedade brasileira, ver Motta, 2002.

5 Entretanto, o PCB foi levado de roldão pela marcha dos acontecimentos, que não desencadeou. Os principais líderes comunistas de São Paulo estariam numa reunião clandestina do Comitê Central, realizada em local próximo do Rio de Janeiro, quando souberam pelo rádio que fora deflagrada a greve geral, inesperada, que os forçou a retornar às pressas para São Paulo, como relatou em suas memórias do período Osvaldo Peralva (1960, p.22). Há controvérsias sobre o papel dirigente do Partido nessa greve, em que sua presença foi significativa (ver, por exemplo, Brandão, op. cit., p.178 e seq.).

6 O *Manifesto de agosto* de 1950 foi publicado em *Fundamentos*, ano III, n.17, jan. 1951.

durante o rápido processo de modernização, com o crescimento da urbanização e da industrialização, que vinha acompanhado de lutas por direitos e reformas sociais. Abandonando a posição assumida nas eleições de 1950, de voto em branco no pleito presidencial, o PCB apoiou em 1955 a candidatura de Juscelino Kubitschek pela chapa do Partido Social Democrático e do Partido Trabalhista Brasileiro, que elegeu também João Goulart como vice-presidente. Juscelino acabaria eleito por pequena margem de votos, o que faz supor que o apoio comunista tenha sido decisivo. No governo de Juscelino, os comunistas não recuperariam a legalidade, mas a perseguição diminuiu muito e sua atuação aberta passou a ser tolerada, situação que perduraria até o golpe de 1964.

O devir dos acontecimentos da política nacional, como a dificuldade para a posse de Juscelino e a ameaça de golpe de direita que rondava seu governo, a ascensão das reivindicações populares e sindicais que uniam pela base os militantes comunistas e trabalhistas, e ainda o clima de nacionalismo desenvolvimentista que tomava conta do país, entre outros fatores, iam tornando datadas as posições partidárias formalmente aprovadas no Congresso de 1954. Entretanto, a pá de cal sobre elas, que redundaria em mudanças expressivas na direção partidária, só viria após as denúncias de Kruschov sobre os crimes de Stalin, durante o XX Congresso do PC da União Soviética, de 1956. O PCB viveu um acirrado debate interno que levou ao afastamento de militantes e dirigentes expressivos, bem como a uma virada na orientação política, delineada na *Declaração de março* de 1958 e, depois, consolidada no V Congresso, realizado em agosto e setembro de 1960, no Rio de Janeiro.

Perdiam espaço e postos diretivos antigos dirigentes identificados com o stalinismo, caso de Amazonas, Grabois e Arruda Câmara. Ocuparam seus lugares líderes como Giocondo Dias e Mário Alves. Antigos dirigentes – caso de Carlos Marighella e, especialmente, do secretário-geral Luiz Carlos Prestes – reviram suas posições e aderiram à mudança de rota partidária, passando a capitaneá-la junto com os novos membros da Comissão Executiva do Comitê Central do PCB, contando ainda com o apoio dos dirigentes soviéticos.

O PCB continuava a considerar – na tradição analítica que vinha do Congresso da Internacional Comunista de 1928 e sempre se mantivera no partido – que a sociedade brasileira tinha fortes resquícios feudais no campo e que, portanto, a revolução estaria na etapa democrático-burguesa. Ela não seria ainda socialista, mas sim anti-imperialista e antifeudal, nacional e democrática. Contudo, diferentemente do que se propunha até então, a revolução poderia ser pacífica, com ênfase na consolidação e ampliação da legalidade e das liberdades democráticas, em aliança com outras forças progressistas. Iniciava-se um período de inserção

BRASILIDADE REVOLUCIONÁRIA

significativa do Partido nas lutas populares, que teria sua fase áurea do início dos anos 1960 até o golpe de 1964. Mas aqui já se rompe o limite cronológico da década de 1950.

ARTISTAS E INTELECTUAIS NO CÍRCULO DO PCB

São inúmeros os depoimentos de artistas e intelectuais ligados ao PCB atestando a condição "ornamental" a que eram relegados no interior do partido, que teria com eles uma relação "instrumental", ou seja, faria deles instrumentos para fins políticos – quer para angariar prestígio, quer para divulgar sua linha política, pelo menos até o encerramento do período stalinista, no fim da década de 1950. Sem contar o despotismo da direção, pronta a vigiar o imaginário dos militantes.

Passados mais de cinquenta anos do final do período stalinista, mais de vinte da desintegração da União Soviética e do próprio PCB – embora um pequeno grupo tenha herdado a sigla e permaneça até hoje, assim como o PCdoB –, é pertinente reavaliar com mais distanciamento a relação de artistas e intelectuais com o partido. Certamente, ela não foi de mão única. Ao que tudo indica, de fato, o partido tinha uma linha política estreita e dogmática, dava pouco espaço a seus intelectuais, quase não contribuía para pensar a especificidade da sociedade brasileira, era marcado pelo centralismo e por relações autoritárias. Contudo, é preciso analisar esses aspectos no contexto da década 1950, no auge da Guerra Fria, considerando a condição de ilegalidade a que fora lançado a partir de 1947, após um breve e intenso período de atuação institucional.

Mais importante ainda, cabe realçar outro lado da questão: para além da condição "ornamental" a que eram submetidos, havia contrapartidas que mantinham intelectuais e artistas na órbita partidária, apesar de tudo. Em suma, não se deve caricaturar a ação cultural do partido nos anos 1950, significativa em áreas como o teatro, o cinema, as artes plásticas, a arquitetura, a imprensa, a literatura, o ensaísmo, a educação popular etc. As mudanças no PCB dos anos 1960 – que contribuíram para o florescimento cultural e político brasileiro na época – vinham sendo lentamente maturadas no período em que ainda prevalecia o stalinismo.

Em parte, eram razões políticas mais amplas que levavam os intelectuais e artistas ao círculo do PCB na década de 1950, pois muitos viam no partido – que reconhecidamente tinha bases operárias e apoio sólido da então União Soviética (URSS) – o caminho viável para contestar a ordem social extremamente desigual e a condição de subdesenvolvimento da sociedade brasileira, que mantinha a maioria da população na miséria, em particular no campo, e não oferecia um lugar institucional seguro para os intelectuais, quer os que vinham da aristocracia decadente, quer os que ascendiam na escala social, originários especialmente de famílias de imigrantes estrangeiros ou de migrantes nacionais.

No imaginário da época, o mundo parecia caminhar para o socialismo, em especial após a vitória da revolução chinesa em 1949, que colocava praticamente um terço dos habitantes do globo na esfera socialista, considerando também a URSS e o Leste Europeu. Integrar-se ao PCB – mesmo com seus problemas, que se esperava deveriam ser superados no processo da revolução brasileira – parecia a muitos o único caminho político consequente para os críticos da ordem estabelecida. Ademais, em circunstâncias de polarização na política mais abrangente, a tendência era que, em cada meio específico, surgissem forças rivais que se alinhariam com um lado ou outro das forças hegemônicas no tempo da Guerra Fria.

Sem mistificação, Leandro Konder declarou que, naquele tempo, considerava

[...] aqueles métodos dos stalinistas chatíssimos, mas pensava que provavelmente eram necessários, eu não tinha nenhum distanciamento; achava aquilo parte da atividade revolucionária. Na verdade, não tinha uma visão crítica do stalinismo, só vim a ter depois.[7]

Em sintonia com essa declaração de Konder, que fora um militante bem jovem, de importância secundária nos anos 1950, está o depoimento do artista comunista mais famoso de então, o escritor baiano Jorge Amado:

O stalinismo dominava o movimento comunista em todo o mundo e os intelectuais, todos nós, éramos stalinistas. Essa é a verdade e a verdade deve ser dita. Stalin para nós era um super-homem, era um guia, um sábio, um deus, quase. Imbecilidade, mas era assim que nós pensávamos.[8]

---

7 Leandro Konder, entrevista a Marcelo Ridenti. Rio de Janeiro, 25 jan. 1996. Privilegia-se aqui o uso de depoimentos que já haviam sido fonte fundamental para meu livro sobre as afinidades eletivas de artistas e intelectuais com as esquerdas brasileiras a partir dos anos 1960. São depoimentos que – vistos agora de outro ângulo, centrado na década de 1950 – ajudam a lançar luz sobre aspectos que não foram desenvolvidos naquela pesquisa (Ridenti, 2000).

8 Jorge Amado, entrevista a Antônio Albino Canelas Rubim no Rio de Janeiro, durante a pesquisa realizada para sua tese de doutorado (Rubim, 1986). Uso aqui essa e outras entrevistas de intelectuais comunistas concedidas a Rubim, provavelmente no início dos anos 1980, a partir de transcrições das fitas que ele gentilmente cedeu.

BRASILIDADE REVOLUCIONÁRIA 63

Além das razões políticas mais abrangentes, havia aquelas específicas aos meios intelectuais e artísticos, que ajudam a compreender a adesão ao PCB: a organização no partido dava legitimidade a certos grupos e indivíduos que buscavam marcar posição e ganhar (ou evitar perder) prestígio em suas atividades, lutando por um lugar de destaque e – no limite – pela hegemonia em cada campo, não só de seu grupo, mas também das ideias comunistas.

Assim, por exemplo, um escritor como Jorge Amado teve sua capacidade e seu talento potencializados pela adesão ao PCB, cuja rede de contatos internacionais facilitou a publicação de seus romances em países dos quatro cantos do mundo e lhe deu acesso a uma ampla gama de relações com artistas de todos os países, também simpatizantes ou militantes comunistas, de Neruda a Aragon, de Siqueiros a Picasso, sem contar os artistas soviéticos e do Leste Europeu. As portas também se abriam para uma série de premiações internacionais, notadamente nos países comunistas, como o então prestigioso Prêmio Stalin Internacional da Paz, que Amado ganhou em 1951.

Por sua vez, Jorge Amado emprestava seu prestígio de escritor ao PCB – tanto que foi eleito deputado pelo partido na Constituinte de 1946. Nos maus momentos que se seguiram à proibição do PCB, no fim da década de 1940, Amado encontraria abrigo no exílio, onde a rede de relações comunistas o acolheu por cerca de cinco anos.[9] Ao voltar ao Brasil, publicaria o livro *Subterrâneos da liberdade*, sobre a luta do PCB durante o Estado Novo, que a crítica tem considerado o exemplo brasileiro mais acabado do realismo socialista de Jdanov – que imperava na URSS e por ela era difundido.[10]

Os escritos de Jorge Amado na imprensa comunista do período citavam "com frequência Jdanov e Gorki, demonstrando uma concordância irrestrita

---

9 Em seu exílio, Amado percorreu vários países europeus, enfronhando-se na rede internacional de artistas e intelectuais comunistas, o que lhe teria proporcionado uma experiência cosmopolita, "beneficiando-se do contato com diversos produtores intelectuais consagrados e suas teorias. [...] debatendo com inúmeros intelectuais de diferentes tendências, como: Jean-Paul Sartre, Aragon, Eluard, Ilya Erenburg, Ana Seghers, Picassso, Fadeev, Michael Gold, Howard Fast, Rosselini, Zavatini, Vasco Pratolini", entre outros (Almeida, 1979, p.213-4). Sobre Jorge Amado, ver também Rossi, 2009.

10 Uma síntese do jdanovismo na União Soviética encontra-se em Strada, 1987. Sua presença no Brasil – forte sobretudo na primeira metade dos anos 1950 – é analisada por Moraes, 1994. O realismo socialista de Jdanov envolvia uma arte inteiramente comprometida com a propaganda ideológica do Partido Comunista e da URSS, pedagógica, com a construção de heróis positivos e a exaltação de feitos revolucionários, em contraste com a cultura burguesa decadente e pessimista, expressa no formalismo, por exemplo. Em sintonia com esse ideário, Jorge Amado escrevia na época que era preciso "colocar o conteúdo numa forma simples e pura, mais próxima e acessível à grande massa, ávida de cultura" (Amado; Pomar; Neruda, 1946, p. 28).

com seus pontos de vista", como comprova Alfredo Almeida (1979, p.215). Amado diria a respeito:

> Eu próprio tenho um romance, *Subterrâneos da liberdade*, que é influenciado por esse... pelo stalinismo, mais do que pelo realismo socialista. [...] Eu escrevi o *Subterrâneos* porque achava que devia escrever um romance contra o Estado Novo. [...] Não sei se as visões eram as vigentes no PC. Eu acho que não, acho que eram besteiras mais minhas do que do PCB mesmo. Não houve nunca as linhas do PCB, foram ler o romance alguns anos depois, quando eu o concluí, quando eu voltei da Europa, mas não fizeram corte nenhum. Arruda Câmara fez um único comentário: que era um romance de muita putaria. Foi a única coisa que ele disse. E penso que gostou do romance, eu soube que ele leu, gostou dos originais e o livro foi publicado.[11]

O depoimento é explícito: o romance teria surgido da visão do próprio autor, então stalinista, e não teria sido encomendado ou imposto pelo PCB. Porém, admite que foi lido por Arruda, que não teria feito "corte algum" – Arruda na prática era o principal dirigente comunista, dado o rígido isolamento na clandestinidade a que estava submetido o secretário-geral, Luiz Carlos Prestes, por supostas razões de segurança. Mais adiante será retomado o tema da censura no PCB.

A militância comunista implicava riscos – como os de perseguição, de prisão e, em casos-limite, de morte –, além de exigir disciplina e obediência às ordens do PCB na clandestinidade, sem contar o preconceito socialmente disseminado contra o comunismo. Mas também oferecia uma rede de proteção e solidariedade entre os camaradas no Brasil e no exterior, o sentimento de pertencer a uma comunidade que se imaginava na vanguarda da revolução mundial e podia dar apoio e organização a artistas e intelectuais em luta por prestígio e poder, distinção e consagração em seus campos de atuação, para si e para o partido.

No livro *Cantores do rádio*, Alcir Lenharo retoma a trajetória de Nora Ney e Jorge Goulart, expoentes da "era do rádio" nos anos 1950 e conhecidos por sua militância comunista, embora poucas canções que gravavam fossem engajadas

---

11 Jorge Amado, entrevista citada a Antônio Albino Canelas Rubim. O dirigente comunista Arruda Câmara teria ficado com uma cópia da obra, ainda inconclusa, quando visitou Amado em seu exílio na Tchecoslováquia. Anotou várias observações à margem do texto, devolvido ao autor dois anos depois, já no Brasil. Amado obedeceu à determinação de não publicar a obra sem antes ouvir o parecer do Partido, mas ignorou as intervenções de Arruda, no que foi respaldado por outros dois leitores poderosos, Luiz Carlos Prestes e Giocondo Dias, segundo as memórias de Zélia Gattai (2009, p.121-123). Tanto pela temática do livro de Amado como pelo formato em três volumes, atípico em sua obra, é provável que o autor tenha se inspirado no célebre escritor e líder intelectual comunista Louis Aragon, com quem conviveu por quase dois anos em Paris, e na época lançava em seis volumes seu romance sobre a resistência dos comunistas franceses durante a Segunda Guerra Mundial (Aragon, 1949-1951).

politicamente. Depoimentos dos dois cantores são exemplo claro da fusão, típica da época, entre o ideário comunista e o nacionalista, como quando Goulart afirma que

> [...] o artista e as empresas nacionais do ramo, se não se defendessem, seriam tragados pelo poder econômico dos grupos estrangeiros; era preciso defender a música brasileira, e isso só seria possível com a defesa do mercado industrial do disco e da música no país. Não bastava ser um profissional consequente; acredito que isso tem a ver, de alguma maneira, com a opção política que abracei. (apud Lenharo, 1995, p.223)

São palavras reveladoras de que a militância comunista para Goulart estava estreitamente ligada à garantia de atuação profissional para os músicos brasileiros, que se viam ameaçados pela perda de espaço e emprego com a internacionalização cultural, particularmente os do rádio, como os que trabalhavam na Rádio Nacional. Eles chegavam a 350 músicos, 90 cantores, além de uma infinidade de radioatores e outros contratados (Lenharo, 1995, p.245). O engajamento fazia-se tanto mais necessário, quanto mais avançava o mercado do disco, da música popular e da televisão, acompanhado de forte internacionalização. Em pouco tempo, estaria selada a sorte da era dos cantores do rádio; entrava em cena uma nova geração de músicos brasileiros, a partir da bossa nova, também eles preocupados com ganhar espaço no campo musical e garantir a profissionalização dos artistas.

Nora Ney e Goulart relatam que, logo depois do golpe de 1964, no processo movido contra eles, um coronel perguntou por que eram comunistas se, afinal, ganhavam bem e eram famosos. A resposta dos dois passava pelo despojamento, pelo ideal que valeria qualquer sacrifício (Lenharo, 1995, p.248). Sem invalidar essa representação da própria biografia – afinal, foram perseguidos, especialmente depois do golpe –, a trajetória de ambos revela outros aspectos que ajudam a compreender a adesão de artistas ao PCB. Assim, por exemplo, de julho a outubro de 1958, junto com outros músicos – a maioria dos quais não era comunista – eles fizeram uma longa excursão de trabalho pelo mundo socialista, especialmente pela Rússia e pela China.

O PCB programara a viagem como parte do esforço de reaproximação diplomática do Brasil com os países comunistas, legitimando também sua atuação interna. Em contrapartida, os artistas tinham bons contratos, embora nada excepcionais – Nora Ney chegou a pagar a passagem do próprio bolso, ao aderir ao grupo de última hora. Além do ganho monetário, valia a experiência internacional, que dava a oportunidade tanto de conhecer novos países, públicos e artistas como de estabelecer laços profissionais no exterior. Assim, por exemplo, essa primeira excursão abriria mercado para Jorge Goulart como empresário e produtor de espetáculos.

Nora Ney e Goulart também se apresentaram em congressos mundiais da juventude no início dos anos 1960, em Viena e Helsinque, onde conheceram artistas comunistas, como o lendário cantor negro norte-americano Paul Robeson, perseguido durante o macarthismo (Lenharo, 1995, p.252). Eles fizeram bons contratos em excursões pelo exterior em 1960, 1962 e 1964. As ligações estabelecidas a partir da militância comunista também foram importantes para encontrarem trabalho no exterior após o golpe de 1964, até mesmo em Portugal, então sob a ditadura direitista de Salazar.

Já no início dos anos 1960, Nora Ney e Jorge Goulart viriam a aproximar-se dos artistas do Centro Popular de Cultura, no Rio de Janeiro, na maioria ligados ao PCB (Lenharo, 1995, p.343). Além da campanha de conscientização popular pela "revolução brasileira", centravam-se no esforço de defesa da cultura nacional e de garantia de mercado para os artistas brasileiros. Estabelecia-se, assim, na passagem do bastão, um elo entre os antigos artistas do rádio, como o velho Oduvaldo Viana, e a nova geração de seu filho, o ator e dramaturgo conhecido como Vianinha, que viria a trabalhar também na televisão. Ambas as gerações unidas em luta pela cultura nacional, uma para garantir um espaço de destaque que tivera e não mais retomaria, a outra para afirmar-se no meio artístico e conquistar a hegemonia que viria nos anos seguintes, paradoxalmente sob a ditadura militar.

Outro exemplo de inserção comunista na era do rádio foi a famosa base do PCB na Tupi de São Paulo, onde atuavam, por exemplo, Lima Duarte e Dias Gomes. Este último conta que, nos anos 1940, foi

> [...] trabalhar no rádio em São Paulo, lá conheci Oduvaldo Viana, que naquele momento estava organizando uma célula do Partido Comunista na rádio Tupi de São Paulo, por influência dele eu entrei no partido [...] nós todos éramos militantes mesmo, militantes de rua, de pichar muros etc. e tal.[12]

Também nos meios musicais o PCB alinhava-se às propostas nacionalistas, de valorização de uma sonoridade autenticamente brasileira, de raízes populares, expressa por exemplo nas composições de Camargo Guarnieri e Villa-Lobos, em contraposição à música dodecafônica e ao atonalismo, que seriam um elemento estranho a nossa música popular. Contou em suas fileiras com músicos de prestígio

---

12 Dias Gomes, entrevista a Marcelo Ridenti. Rio de Janeiro, 22 jan. 1996.

BRASILIDADE REVOLUCIONÁRIA

como Guerra Peixe, Cláudio Santoro e Arnaldo Estrela, muitos dos quais viriam a desligar-se ao longo do tempo. E ainda com jovens músicos, caso dos irmãos Duprat.[13] O PCB também tinha inserção no meio do samba e de outros tipos de música popular, cuja militância mais conhecida é a de Mário Lago, além dos citados Nora Ney e Jorge Goulart (Cf. Lago, 1997; Guimarães, 2009).

Vale para os músicos o que já foi dito a respeito de outros artistas: a militância no PCB podia lhes trazer, paradoxalmente, perseguição política mas também legitimidade e prestígio, até mesmo no exterior. A URSS e outros países comunistas, além dos aliados em países capitalistas, recebiam de braços e palcos abertos desde músicos clássicos como Santoro e Estrela, até populares como Nora Ney.

No campo da literatura, nos anos 1950, o PCB já perdera muito da inserção conseguida junto aos escritores no pós-guerra. O partido foi acusado por seus adversários de pretender controlar plenamente a Associação Brasileira de Escritores (ABDE), impondo-lhe uma direção sectária, o que levou a maioria dos escritores não comunistas a afastar-se da Associação depois de 1949. Mas manteve o controle da ABDE, transformada em União Brasileira dos Escritores, em 1962. Sua representatividade no meio literário foi maior ou menor, dependendo do período – mas não deixava de ser um lugar de disputa de prestígio e poder para seus artistas e intelectuais, até mesmo os novos e menos conhecidos. Ademais, o PCB seguiu contando com a militância de vários escritores, como Graciliano Ramos e Jorge Amado – o primeiro mais crítico do realismo socialista (Cf. Moraes, 1992).

No auge do realismo socialista, Jorge Amado dirigiu a coleção *Romances do povo*, publicada pela editora do PCB, Editorial Vitória. Em sua maioria, era composta por autores estrangeiros, especialmente soviéticos ou de outros países comunistas. Mas algumas obras de brasileiros saíram pela coleção ou foram publicadas pelo Editorial Vitória, tratando de lutas populares, como *A hora próxima*, de Alina Paim; *Os posseiros*, de Maria Alice Barroso; e *Linha do parque*, de Dalcídio Jurandir – livro escrito por encomenda do PCB, passado no Rio Grande do Sul, que destoa do restante de sua obra, composta de dez romances

---

13 Segundo Maurício Segall – que foi professor assistente da Faculdade de Ciências Econômicas da USP, de 1949 a 1957, e fazia parte da redação da revista *Fundamentos* –, a célula universitária de São Paulo do PCB, da qual foi secretário, era integrada por intelectuais como o físico Mário Schenberg, o arquiteto Vilanova Artigas e "o José Eduardo Fernandes, um médico que tocava a parte cultural do Partido. [...] Eu lidava com os irmãos Duprat, os músicos, que foram do Partido". Entrevista de Maurício Segall a Marcelo Ridenti, São Paulo, 2 jun. 1995. Rogério Duprat, já longe do Partido nos anos 1960, viria a integrar o movimento tropicalista.

que integram o "ciclo do extremo Norte".[14] Esses livros – que exaltam a brasilidade presente nas lutas do povo – em geral não passaram da primeira edição brasileira, mas foram traduzidos e publicados na União Soviética, atestando a força da rede internacional de escritores comunistas (Cf. Almeida, 1979, p.224-225).

Jorge Amado viria a afastar-se do PCB no final da década de 1950, após a crise gerada pela denúncia dos crimes de Stalin. Mas continuou a declarar--se socialista e nunca hostilizou o partido, que já fazia parte do passado em sua trajetória quando foi eleito para a Academia Brasileira de Letras, em 1961. Completava-se, assim, um itinerário que foi da "absoluta ilegitimação" de sua condição boêmia no fim dos anos 1920, passando em seguida por vínculos com "associações intelectuais pararreligiosas" num breve período, e depois por muitos anos de militância no PCB, até a "consagração máxima do campo", em 1961 (Almeida, 1979, p.271-272).[15] É uma trajetória exemplar de que as relações entre o PCB e os intelectuais não caberia em qualquer formulação simplificada.

É conhecida a relação histórica de arquitetos e de artistas plásticos com o PCB.[16] Por exemplo, nos anos 1950, artistas plásticos do partido, como Mário Gruber, Carlos Scliar e Vasco Prado – ao retornar de um autoexílio em Paris – destacaram-se pela criação de clubes da gravura em vários pontos do país, especialmente no Rio Grande do Sul. Nas palavras de Carlos Scliar, em depoimento a Helena Salem (1987, p.64), eles faziam

> […] reproduções a baixo preço, grande tiragem, formando um público interessado na arte, produzindo também cartazes, ilustrações para revistas de esquerda etc. […] Nós defendíamos muito essa posição do realismo socialista. Para nós, ela significava uma arte que realmente mexia com a cabeça das pessoas em função de uma realidade social, que só a pessoa tendo consciência podia tratar de modificar. Isso era uma coisa que a gente compreendia e colocava com bastante sectarismo em todos os meios, com o entusiasmo que nós tínhamos naquela época.[17]

---

14 A obra de Dalcídio vem sendo revalorizada, em especial no seu estado de origem. A amizade de Jorge Amado foi significativa para sua carreira. É um caso exemplar da importância do PCB para a afirmação de jovens artistas e intelectuais migrantes para os grandes centros, especialmente o Rio de Janeiro. Sobre a trajetória do escritor e jornalista Dalcídio Jurandir, do Pará ao Rio de Janeiro, ver Nunes; Pereira; Reolon, 2006.

15 Visões abrangentes e diferenciadas sobre a inteligência brasileira a partir dos anos 1930, para além do universo comunista, encontram-se em Martins (1979), Mota (1985), Pécaut (1990), Miceli (2001), Arruda (2001).

16 Um balanço sobre a "preocupação social na arte brasileira", de 1930 a 1970, encontra-se em conhecido livro, que destaca inúmeros artistas comunistas, com base especialmente numa série de depoimentos (Amaral, 1987).

17 Depoimento de Scliar a Helena Salem (1987, p.64).

BRASILIDADE REVOLUCIONÁRIA 69

Os clubes da gravura foram impulsionados pelo PCB e tiveram importância especialmente fora dos principais centros de arte, em cidades como Porto Alegre e Santos. É mais um exemplo de como o partido serviu-se da arte para agitação e propaganda, mas também tornou-se um meio para artistas ganharem prestígio e difusão em âmbito nacional, marcando posição em seu campo.

O partido contou também com a militância de outros pintores na década de 1950, os mais célebres dos quais foram Di Cavalcanti e Cândido Portinari – este teria sido dos poucos artistas comunistas de então que não deixou registrado qualquer apoio ao realismo socialista (Moraes, 1994, p.178). Sem contar a presença partidária dos arquitetos, como os célebres Oscar Niemeyer e Vilanova Artigas. Segundo Maurício Segall, Artigas "era um homem de partido, totalmente stalinista e tudo o mais".[18]

Os artistas e as publicações do PCB colocaram-se contra a I Bienal de Artes Plásticas de São Paulo, em 1951. Defendiam posições figurativistas contra o abstracionismo da Bienal, tido como burguês, decadente e imperialista. Paradoxalmente, o presidente da Bienal era comunista, segundo Jacob Gorender: "Eu me recordo também que a I Bienal de São Paulo [...] teve à frente de sua organização um comunista: Luís Saia [...] Assisti a várias reuniões em que se discutia a atitude dos comunistas, em sua maioria hostis à Bienal" (Gorender, 1997, p.187). Aqui também os artistas e críticos comunistas procuravam marcar posição num campo em expansão, com a realização da Bienal, na esteira da criação do Museu de Arte de São Paulo (Masp), em 1947, e do Museu de Arte Moderna (MAM), em 1948.

Em suma, se por um lado o partido buscava legitimar-se atraindo intelectuais e artistas que pouco ou nada influenciavam sua atuação política, impondo a eles tarefas e uma disciplina dura, por outro, eles faziam uso da capacidade organizacional e de prestígio do Partido para se firmarem em seus respectivos campos, muitos dos quais em processo de constituição numa sociedade ainda pouco desenvolvida, como foi nitidamente o caso do cinema brasileiro.

COMUNISTAS EM TELA

A trajetória do cineasta Nelson Pereira dos Santos nos anos 1940 e 1950 é exemplar da relação entre cultura e política no PCB da época. Ele fora formado pelo partido – desde a célula estudantil no colégio Roosevelt, depois na Facul-

---

18 Entrevista de Maurício Segall a Marcelo Ridenti. São Paulo, 2 jun. 1995.

dade de Direito da Universidade de São Paulo – para ser um quadro com carreira ligada às determinações e disciplina partidárias, de modo que o partido não aceitou sua proposta autônoma de filmar o primeiro longa-metragem, *Rio, 40 graus*, rodado em 1954-55, quando Nelson já havia se mudado para a então capital federal. A desobediência implicou como castigo seu deslocamento do comitê cultural para uma célula de bairro em Santa Tereza, no Rio de Janeiro. Um dirigente comunista teria dito: "Você está tendo uma ilusão pequeno-burguesa; porque o cinema, no Brasil, só depois da revolução".[19]

O episódio revela a estreiteza do dirigente, bem como o autoritarismo, a arbitrariedade e o desrespeito da direção do PCB no trato com artistas, intelectuais e militantes em geral que ousassem questionar ordens superiores ou mover-se com relativa autonomia. Mas isso não quer dizer que o partido fosse cego para o campo do cinema. Por exemplo, no início dos anos 1950, em São Paulo, todo o pessoal jovem do cinema "ou era do partido ou era próximo do partido", nas palavras do então militante Alex Viany.[20]

Havia uma base de jovens artistas e intelectuais do PC em São Paulo na época, ligados especialmente ao cinema, ao teatro e às artes plásticas: Bráulio Pedroso, Luis Ventura, Mário Gruber, Otávio Araújo, Ruy Santos, Pedro Mota Lima e outros. Era um grupo que mantinha contatos com o pintor Di Cavalcanti, o arquiteto Vilanova Artigas, o produtor cinematográfico Artur Neves, entre outros artistas comunistas (Salem, 1987, p.63).

No próprio caso de Nelson Pereira – além de a formação comunista ter influenciado sua iniciativa de colocar nas telas os dramas dos favelados no Rio de Janeiro, até então ausentes da filmografia nacional –, ele mesmo admite que o PCB viria a aderir à campanha contra a proibição de *Rio, 40 graus* pelo chefe de polícia do Distrito Federal, ainda que somente após sua deflagração.[21]

A biografia de Nelson Pereira dos Santos, escrita por Helena Salem (1987), é reveladora de sua relação ambígua com o PCB. O primeiro filme de Nelson foi o documentário *Juventude*, de 45 minutos, que tratava de jovens trabalhadores de São Paulo. Ele foi encomendado pelo partido para ser exibido no Festival da Juventude de Berlim, em 1950. Em seguida, o partido pediu a ele um documen-

---

19 Nelson Pereira dos Santos, entrevista a Marcelo Ridenti. Niterói, 26 jul. 1996.

20 Alex Viany, entrevista a Antonio Albino Canelas Rubim. O crítico e cineasta Alex Viany atuou no Partido desde o início dos anos 1950. Velhos comunistas do cinema, como Viany e o baiano Walter da Silveira, foram importantes na formação do pessoal do Cinema Novo. A trajetória do pensamento de Viany, estreitamente conectada a sua militância e experiência de vida, é analisada de forma lúcida e minuciosa por Autran (2003).

21 Nelson Pereira dos Santos, entrevista a Marcelo Ridenti, cit.

tário – que ficaria inacabado – sobre a Campanha da Paz que então mobilizava os comunistas de todo o mundo e chegou a ter repercussão no Brasil.

O PCB tampouco se opôs ao trabalho de Nelson como assistente de direção no filme *O saci*, de 1951, baseado em história infantil de Monteiro Lobato, com vários membros ou simpatizantes do partido envolvidos no projeto: o diretor Rodolfo Nanni, o diretor de produção Alex Viany, o fotógrafo Ruy Santos, o músico Cláudio Santoro e Artur Neves, coprodutor e argumentista. Nelson participou também sem problema como assistente de Alex Viany em *Agulha no palheiro*, de 1952. E, ainda, como assistente – quase diretor – do filme explicitamente comercial de Paulo Vanderley, *Balança, mas não cai*, de 1953, baseado no programa de rádio homônimo (Cf. Autran, 2003, p.81; Salem, op. cit.).

Ora, então o problema com *Rio, 40 graus* não teria sido com a cegueira do PCB sobre a importância do cinema, mas sim com o fato de Nelson realizar um filme à revelia das determinações do partido.

Mesmo durante as filmagens havia ambiguidade: se a direção partidária desautorizara a realização do filme, isso não impediu que uma "célula do filme" atuasse no próprio *set* de filmagem. Ela era composta por atores e técnicos comunistas, que aproveitavam a presença na favela para fazer panfletagem, reuniões políticas e colocar cartazes, num momento em que o PCB se empenhava decisivamente na eleição de Juscelino Kubitschek (Salem, op. cit., p.90-91).

Nelson Pereira dos Santos foi colaborador ativo daquela que é considerada uma das revistas comunistas mais típicas do período, a *Fundamentos*. Num de seus artigos, ele escreve: "O cinema [...] como disse Jdanov para a literatura, 'não está somente destinado a seguir o nível das necessidades do povo: muito mais, ele deve desenvolver seus gostos, elevar suas exigências, enriquecê-lo de ideias novas, levá-lo adiante'..." (apud Salem, 1987, p.73). Talvez seja um dos textos de que, conforme me declarou na entrevista citada, tem hoje vergonha de ter escrito, devido a seu teor stalinista.

Apesar dos percalços com o PCB, Nelson Pereira foi premiado por *Rio, 40 graus* como Jovem Realizador num festival na Tchecoslováquia em julho de 1956. "Jorge Amado, amigo de Joris Ivens e Pudovkin, mais uma vez contribuíra a favor do filme: 'Estive lá um pouco antes, preparei o terreno para o Nelson. Eu me dava bem com aquela gente, a começar pelos soviéticos" (Salem, 1987, p.122).

As palavras de Amado atestam bem a importância da rede de relações comunistas para a consagração de um autor. Eis mais um exemplo – tirado da trajetória do mesmo cineasta – da importância da rede partidária para a formação do artista e difusão de sua obra: em 1956, Nelson Pereira participou do Encontro Nacional de Criadores de Filmes, promovido em Paris pelo Partido

Comunista Francês, antes de seguir para a o festival da Tchecoslováquia, onde seria premiado. Trabalhou em Paris com Pierre Kast e Cesare Zavattini – que já admirava, pois no Brasil a influência do realismo socialista vinha mesclada no campo do cinema com uma experiência diferenciada, a do neorrealismo italiano, especialmente os roteiros de Zavattini, que era comunista como vários membros desse movimento cinematográfico italiano (Salem, 1987, p.129).

Não se trata de desmerecer o cineasta brasileiro clássico, nem seu filme, que sem dúvida tem grande valor cinematográfico e histórico. Contudo, a rede de relações construída pelos militantes comunistas – especialmente Jorge Amado – foi fundamental para liberar *Rio, 40 graus* da censura e para sua difusão internacional. Sem contar que o filme foi encampado também pela campanha presidencial de Juscelino. Ou seja, explicita-se que a relação dos artistas com a política não é apenas de uso indevido da arte para fins que lhe são supostamente alheios, mas um novelo intrincado com custos e benefícios para todos os agentes envolvidos, defensores e difusores de valores políticos, ideológicos e estéticos que não se reduzem a escolhas racionais.

No campo do cinema, nos anos 1950, os comunistas realizaram importante trabalho de base em cineclubes que difundiam filmes clássicos e outros que não chegavam ao circuito comercial, incluindo os originários dos países socialistas. Essa atividade contribuiria para formar cineastas e outros artistas e intelectuais em todas as regiões do país. Por exemplo, a cultura fílmica e política de Glauber Rocha, Geraldo Sarno, Orlando Senna, Paulo Gil Soares e outros na Bahia, em boa medida, é tributária da atividade cineclubística do comunista Walter da Silveira em Salvador.

Talvez a colaboração comunista mais visível ao cinema brasileiro no início dos anos 1950 tenha sido a realização de concorridos Congressos de Cinema. Em março de 1951, com forte presença de comunistas, foi criada a Associação Paulista de Cinema, que promoveria em abril o I Congresso Paulista de Cinema, com a participação de quarenta empresas produtoras de filmes. Procuravam-se rumos para viabilizar o cinema nacional e dar resposta à ideologia tida como imperialista da Companhia Cinematográfica Vera Cruz, inspirada nos padrões de Hollywood, e ao anteprojeto do Instituto Nacional de Cinema (INC) – iniciativa do governo Vargas, ao qual o PCB então se opunha visceralmente.

Em seguida, foram promovidos mais dois congressos nacionais: em setembro de 1952, no Rio de Janeiro, e em dezembro de 1953, em São Paulo. Assim, a força organizada e articulada dos comunistas era usada pelos jovens cineastas identificados com o partido para intervir no cinema brasileiro e ocupar um lugar de destaque e, se possível, dirigente no campo em constituição.

BRASILIDADE REVOLUCIONÁRIA   73

O eixo da crítica pesada dos jovens cineastas comunistas aos filmes da Vera Cruz – presente, por exemplo, nos artigos para a revista *Fundamentos* – estava na atuação de diretores estrangeiros que fariam uma caricatura do povo brasileiro em seus filmes. "Queríamos participar dela [Vera Cruz] – diz Nelson – justamente para mudar todo o sistema das coisas" (Salem, 1987, p.73-74). Ou seja, o grupo de jovens cineastas comunistas batalhava por um lugar ao sol no campo cinematográfico, em que acreditavam representar os verdadeiros interesses do povo brasileiro.

De certa forma, os cineastas comunistas prepararam o terreno para a hegemonia do Cinema Novo nos anos 1960 – que se colocava tarefas revolucionárias, mas já sem o didatismo e a submissão ao PCB, embora congregasse cineastas comunistas e ex-integrantes do partido. O Cinema Novo não seria possível sem a história anterior de disputas no campo fomentada pelos cineastas comunistas. Ou seja, cineastas formados nos anos 1950 sob influência do PCB viriam a ganhar hegemonia no cinema brasileiro na década de 1960.

Processo parecido ocorreria no âmbito do teatro a partir do final da década de 1950. Um artigo publicado em 1959 na revista *Brasiliense*, intitulado "O teatro como expressão da realidade nacional", é revelador da ideologia comunista no período. Ele foi escrito por Gianfrancesco Guarnieri, ex-dirigente da União da Juventude Comunista (UJC) em São Paulo. Na época do artigo, a peça de Guarnieri *Eles não usam black-tie* fazia sucesso no Teatro de Arena. Guarnieri propunha o fortalecimento da dramaturgia nacional e elogiava a "lei dos dois por um – obrigando a apresentação de um texto nacional após a montagem de dois textos estrangeiros – [que] veio estimular os autores brasileiros e obrigar as empresas a procurar furiosamente textos nacionais" (Guarnieri, 1959).

O texto é típico da produção comunista da época, não apenas por defender a cultura nacional, mas também pela exigência de engajamento político, cobrando dos autores mensagens politizadas e conscientizadoras, com um tom que pode ser interpretado como autoritário: "Não podemos admitir tergiversações". As peças teatrais deveriam tratar "dos problemas, lutas, anseios das grandes massas populares". Ademais, evidenciava-se a luta ideológica contra o cristianismo de esquerda, propagado por exemplo pela Juventude Universitária Católica (JUC), quando o texto recusava o "ponto de vista idealista", típico dos católicos, propondo uma "definição político-ideológica" informada pela "análise dialético--marxista dos fenômenos sociais" (Guarnieri, 1959).

O artigo expressa bem a cultura comunista nos anos 1950, num tempo em que a referida peça de Guarnieri constituía um marco na história do teatro brasileiro, ao levar para o palco os problemas das greves dos trabalhadores que viviam em favelas, dando início a uma considerável produção teatral de autores nacionais, muitos deles comunistas. O Teatro de Arena seria o principal dinamizador da produção de peças de dramaturgos brasileiros que tratavam dos problemas populares, com base nos famosos seminários de dramaturgia, levados a cabo a partir de abril de 1958.

O Arena contava com vários ex-integrantes do Teatro Paulista do Estudante, como Guarnieri, Oduvaldo Viana Filho e Vera Gertel, todos militantes, filhos de comunistas. Eles haviam começado a fazer teatro para ganhar presença política no movimento estudantil secundarista em meados da década de 1950, mas acabaram tomando gosto pelo palco. A busca da brasilidade e a estreita aproximação entre arte e política marcariam as experiências dramatúrgicas a partir do final dos anos 1950, um teatro participante e "autenticamente brasileiro", sintonizado com o momento político que se vivia, como foi o caso do Centro Popular de Cultura (CPC) e do Teatro Opinião que, assim como o Arena, teriam forte presença de artistas comunistas já na década de 1960.

O Teatro de Arena – e mais tarde o CPC e o Opinião – expressava a busca por um lugar no campo realizada por jovens artistas, quase todos de esquerda e mesmo comunistas. Para tanto, fez-se necessária uma ruptura crítica com o Teatro Brasileiro de Comédia (TBC), que dava o tom de qualidade teatral nos anos 1950, mas era acusado por seus adversários de ser distanciado do povo e dos problemas nacionais, concentrando-se na montagem de peças estrangeiras.[22]

Os dramaturgos, cineastas, escritores e demais artistas e intelectuais do PCB faziam parte de uma empreitada mais ampla da época, de popularizar a arte e a cultura brasileira, registrando a vida do povo, aproximando-se do que se supunha fossem seus interesses, comprometendo-se com sua educação, buscando ao mesmo tempo valorizar suas raízes e romper com o subdesenvolvimento – mesmo

---

22 A reconciliação entre os grupos viria especialmente por intermédio do Teatro Opinião do Rio de Janeiro no pós-1964, ao chamar o pessoal do TBC para suas peças. O momento de resistência à ditadura servia, de um lado, para unir forças políticas e, de outro, consolidava um rearranjo no campo teatral. O acerto era bom para os artistas emergentes, que já se faziam reconhecer e até mesmo ganhavam hegemonia no teatro, mas era compensador também para aqueles – como os ícones Paulo Autran e Cacilda Becker – que haviam perdido terreno no campo e agora, nos espetáculos e manifestações da "classe" teatral contra a ditadura, encontravam um modo de renovar seu prestígio, compondo-se com as forças teatrais emergentes, de inspiração direta ou indiretamente comunista. Uniam-se todos contra a ditadura e em defesa do teatro brasileiro – que se reenquadrava na luta pelo mercado, após sua fase épica, como propôs Iná C. Costa (1996). Um conjunto de comunistas ou próximos do PCB nos anos 1950 e início dos 1960 também viria a ter peso decisivo na teledramaturgia nas décadas seguintes, especialmente na TV Globo: Dias Gomes, Vianinha, Guarnieri, Chico de Assis, Ferreira Gullar, Lauro César Muniz, Manoel Carlos, Benedito Ruy Barbosa, Paulo José, Lima Duarte, Juca de Oliveira e outros tantos.

que, por vezes, incorressem em certa caricatura do popular e em práticas autoritárias e prepotentes que envolviam o mito do partido como intérprete qualificado das leis da História. Ou seja, artistas e intelectuais comunistas foram agentes fundamentais do que se pode denominar de brasilidade revolucionária.

Talvez o PCB – como esboço de "construção de uma (contra)elite de corte nacional"[23] – tenha constituído, nos anos 1950 e início da década de 1960, a ala esquerda de um movimento mais abrangente que apostava no desenvolvimento nacional com base na intervenção do Estado, modernizando a sociedade brasileira e tirando-a do "atraso", rompendo com o poder dos latifundiários e ampliando significativamente os direitos sociais.

No contexto de agitação e propaganda, a atuação dos artistas e intelectuais comunistas ligava-se à tarefa de educação e conscientização popular. Além do trabalho pedagógico por intermédio das artes, o PCB desenvolveu um projeto educacional específico, especialmente na primeira metade da década de 1950.

EDUCAÇÃO, IMPRENSA E CULTURA

Não faltam depoimentos que atestam a estreiteza teórica do PCB no período stalinista, que pode ser resumida numa frase sintética de Jorge Amado, tão mais surpreendente por ele ter sido o principal artista comunista durante muitos anos, afastando-se do partido sem alarde no final da década de 1950. Ele declarou com todas as letras: "eu nunca li Marx, não tenho saco para isso".[24]

O despreparo intelectual pode ser atestado também em outros depoimentos, como o de Nelson Pereira dos Santos:

> Todos nós, naquela época, nos chamávamos de marxistas. É uma mentira, porque ninguém lia [Marx...]. Em geral, não havia nas minhas relações alguém que fosse tão estudioso assim a ponto de ler Marx. [...] A gente lia uma revista do partido chamada *Problemas* [...], o *Manifesto Comunista*, além dos manuais de marxismo-leninismo soviéticos.[25]

Contudo, na mesma entrevista, Nelson revela que viria a estudar Marx, especialmente o livro *O Dezoito Brumário*, quando foi encarregado de dar um curso de formação política numa célula de bairro. Era uma atividade que provavelmente

---

23 Expressão de Gildo M. Brandão (op. cit., p.234).
24 Jorge Amado, entrevista citada a Antônio Albino Rubim.
25 Nelson Pereira dos Santos, entrevista citada a Marcelo Ridenti.

fazia parte do esforço educacional promovido pelo partido em âmbito nacional na primeira metade dos anos 1950. Notando sua perda de influência política, o Comitê Central do PCB buscava formar melhor seus quadros, tornando-os mais coesos e preparados, ainda que nos limites de seu horizonte teórico de então, que acompanhava a linha política do *Manifesto de agosto* de 1950 do PCB e as posições do PC soviético, com pouco espaço para a reflexão crítica.

O PCB montou escolas clandestinas em várias capitais, o que envolvia o emprego de pessoal e uma logística apropriada para transportar, esconder, hospedar e alimentar dezenas de militantes – em geral quadros de direção intermediários – que iam para a escola montada num "aparelho" cuja localização desconheciam, onde permaneciam geralmente de dois dias até cerca de um mês. Os professores eram dirigentes com algum preparo intelectual e político, todos "revolucionários profissionais", isto é, que recebiam salários para se dedicar integralmente às tarefas partidárias. A rotina de estudo era pesada, com atividades nos três períodos do dia, divididos em aulas expositivas, tempo para estudo individual e horário para debate.

Em suas memórias, Marco Antônio Coelho conta a experiência como professor no trabalho nacional de educação do PCB, o que o levou a estudar para dar aulas especialmente em São Paulo, depois em Recife, melhorando sua formação teórica. Antes de lecionar, fez o curso como aluno no Rio de Janeiro, curso que depois deveria reproduzir como mestre. Corria o ano de 1953 e o responsável pelo "curso Stalin" era nada menos que Diógenes Arruda Câmara, secretariado por Osvaldo Peralva. Davam-se lições de orientação política, ética comunista e construção do socialismo com base em manuais soviéticos. Nesse curso, "duas ou três aulas foram dadas por Jacob Gorender".[26]

Gorender foi um dos principais professores do PCB. Posteriormente viria a criticar a linha partidária e o horizonte intelectual de então. Mas, ao mesmo tempo, não renega a importância educativa do partido, para além de seus limites e equívocos. Segundo ele,

> Peralva escreveu um livro[27] – ao qual ele mesmo hoje faz restrições – em que esse curso é transformado em uma caricatura, mas para os operários aquilo não era uma caricatura. Para eles, era um acesso à cultura que não puderam ter de outra maneira, que a burguesia não lhes deu.[28]

---

26 Boa parte das informações sobre o trabalho nacional de educação do PCB aqui reproduzidas baseia-se em depoimentos gravados de Jacob Gorender, bem como no quinto capítulo das memórias de Marco Antônio Coelho (2000).

27 Trata-se do livro já referido de Peralva (1960).

28 Entrevista referida de Jacob Gorender a Antônio Albino Rubim.

No livro, Peralva cita dados de um balanço feito por Sabino Bahia (pseudônimo de Gorender), para o IV Congresso do PCB, em 1954. O balanço seria publicado no número 64 de *Problemas*, a revista teórica do PCB. De 1951 a 1954, teriam passado "pelos cursos elementares do Partido, de 4 a menos dias, 1.960 alunos; pelos cursos médios, de 6 a 15 dias, 1.492; e pelo curso superior do Comitê Central, 554 alunos" (Peralva, 1960, p.21).

Como se vê, também havia cursos clandestinos de dois a quatro dias, ministrados sobretudo para operários em vários pontos do país, que deveriam sintetizar o curso de um mês. Na prática, dada a formação precária de alguns alunos que não tinham sequer as noções mais elementares de geografia e história, esses cursos colaboravam para lhes dar informações básicas, "embora de pouca valia para a luta operária que impulsionavam", segundo Marco Antônio Coelho (op. cit., p.149).

Na outra ponta, eram ministrados cursos superiores de três meses para dirigentes no Rio de Janeiro – que recebiam também alunos convidados de partidos comunistas de outros países da América Latina (Coelho, 2000, p.137-162). Sem contar aqueles que eram enviados à Escola de Quadros na URSS. Para lá foi mandado, por exemplo, Jacob Gorender, em meados de 1955, integrando um grupo de cinquenta comunistas brasileiros, comandados por Maurício Grabois:

> Estudava-se materialismo dialético, teoria do Estado, economia, política, história do movimento operário mundial, história da União Soviética, história do Partido Comunista da União Soviética, além de noções de geografia e literatura russa. (Gorender, 1997, p.190)[29]

Assim, havia uma linha completa de educação, dos cursos rápidos de formação em todos os pontos do País até os realizados em Moscou. Além dos já citados, dirigentes nacionais como Mário Alves, Carlos Marighella, João Amazonas, entre outros, foram professores no Brasil, e muitos deles estiveram na União Soviética como alunos.

Bem ou mal, com bibliografia, linha política e instrumentos menos ou mais adequados, nos limites da propagação da linha oficial do partido, esse esforço de educação lançava sementes que poderiam transbordar os horizontes do PCB, contribuindo para a virada democratizante que o partido viveria no final da década, e também para o florescimento político e cultural que então se iniciava na sociedade brasileira. Tanto assim que alguns professores e alunos do curso viriam posteriormente a desenvolver atividades e carreiras intelectuais, dentro

---

29 Jacob Gorender (op. cit. p.190). Para uma descrição bastante crítica desses cursos, ver Peralva (op. cit).

ou fora do PCB. Mesmo intelectuais muito autocríticos de sua militância no período stalinista – como Gorender[30] e Coelho – ressaltam a importância para sua formação intelectual das atividades realizadas durante o trabalho nacional de educação do PCB, apesar do dogmatismo da época. Alguns chegam ao exagero – que entretanto expressa o significado intelectual dos comunistas – de afirmar, como o fez Fernando Pedreira num texto de 1964, que

> [...] a única grande escola de ciências sociais de que o país dispôs nas últimas décadas foi o próprio Partido Comunista. Ensinando, difundindo e divulgando o seu marxismo, aureolado pelo romantismo da ação revolucionária e rigidamente enquadrado nas contrafações do leninismo-stalinismo, o PC encontrou no Brasil, como obstáculo a sua obra doutrinadora, ou a simples repressão policial que lhe alimentava os encantos de 'verdade' proibida, ou os velhos e ultrapassados ensinamentos do velho saber jurídico, bases da formação das antigas elites dirigentes. (Apud Brandão, op. cit., p.232-233)

A afirmação talvez não seja tão exagerada, levando em conta que a própria universidade brasileira era incipiente nos anos 1950, com destaque sobretudo para a Universidade de São Paulo (USP), onde as ciências sociais começavam a se desenvolver. Não é por acaso que, no período, houve alguma aproximação e até militância de jovens intelectuais da USP no PCB, como foi o caso do posteriormente famoso sociólogo Fernando Henrique Cardoso[31] e outros que chegaram a colaborar em publicações do partido ou próximas dele, especialmente a *Revista Brasiliense*, editada bimestralmente em São Paulo, de 1955 até 1964, por Elias Chaves Neto e Caio Prado Jr. – prestigiado historiador comunista, embora marginalizado dentro do PCB, e proprietário da editora Brasiliense.

O partido veio a constituir um conjunto de revistas culturais bastante ativas na década de 1950: *Fundamentos* em São Paulo, *Para Todos* no Rio de Janeiro, *Horizonte* em Porto Alegre, *Seiva* em Salvador, entre outras. Os principais intelectuais e artistas comunistas colaboravam com elas no período áureo do realismo socialista. Sem contar uma infinidade de jornais e outras publicações por todo o território nacional, que fariam do PCB uma escola de formação de jorna-

---

30 Eis uma afirmação de Gorender durante crítica do passado: "dentro do PCB eu sempre me senti numa camisa de força, ou aquela imposta pela linha de política ou aquela que eu mesmo me impunha, porque não posso dizer que sempre foi uma imposição externa. Mas é que a imposição externa tinha sido interiorizada. Foi somente quando saí do PCB [em 1967] que me senti livre para produzir [...] que eu consegui pensar, sem barreiras e à maneira marxista" [...] "o incentivo à pesquisa simplesmente não existia [no PCB], fazia-se apenas para confirmar teses preestabelecidas". Entrevista referida de Gorender a Rubim.

31 A passagem de Cardoso pelo PCB foi breve, no início da década de 1950. Sobre sua trajetória política e acadêmica, ver, por exemplo, o artigo de Afrânio Garcia (2004).

listas, já que o partido era proibido, mas não sua imprensa. A mesma observação vale para grupos comunistas rivais, como os trotskistas: a velha lição leninista de criar jornais daria uma infinidade de quadros para a "imprensa burguesa", alguns atuantes até hoje, embora em geral distantes das ideias da juventude.

Numa época em que a universidade era restrita a poucos, em que as oportunidades de publicação, intercâmbio intelectual e comunicação eram escassas e difíceis, não era insignificante pertencer ao circuito intelectual do PCB, publicar artigos assinados em periódicos difundidos nacionalmente, como *Fundamentos* e, mais tarde, *Para Todos* e *Estudos Sociais*, ou próximos do partido, como a revista *Brasiliense* – sem contar a possibilidade de contatos no exterior, ao ingressar na rede dos partidos comunistas, que contava com artistas e intelectuais importantes no mundo todo. Apesar das perseguições, do pesado estigma de ser comunista e da disciplina dura do PCB, abria-se um caminho para aprimorar a formação, difundir ideias e obras e obter certa legitimidade intelectual.

A oportunidade de projeção intelectual – no círculo interno do PCB e também fora dele – era ainda mais importante para o número crescente dos que não tinham lugar nos estreitos círculos intelectuais e artísticos estabelecidos e consagrados, particularmente no eixo Rio-São Paulo, para onde afluíam intelectuais de todas as regiões. O partido era um dos meios de expressão de novos círculos intelectuais, que se ampliavam com a tendência ao aumento rápido da escolaridade da população, cada vez mais urbana. Especialmente após as mudanças no PCB ao final dos anos 1950, jovens artistas e intelectuais gozariam de autonomia inédita e desfrutariam "de uma notoriedade em boa parte devida à atuação subterrânea do partido" (Frederico, 1995, p.190).

Mas o meio intelectual começaria a mudar rapidamente, em especial a partir da segunda metade dos anos 1950, processo que se aceleraria na década seguinte, com o crescimento e o amadurecimento das universidades, sem esquecer o surgimento de iniciativas acadêmicas ligadas ao governo, como o Instituto Superior de Estudos Brasileiros (ISEB). Sentindo perder espaço, e tentando dialogar com a produção crescente nas ciências humanas fora do partido e do marxismo, o PCB viria a criar a revista *Estudos Sociais* e buscou inserir-se mais expressivamente no ISEB e na universidade, a partir do fim dos anos 1950 e início dos 1960.

Estudos Sociais teve 19 números, de maio de 1958 a fevereiro de 1964. Atuaram na revista o patriarca Astrojildo Pereira e alguns militantes mais maduros, como Armênio Guedes, Nelson Werneck Sodré, Mário Alves e Jacob Gorender, ao lado dos mais jovens Fausto Cupertino, Leandro Konder, Jorge Miglioli, Rui Facó, Carlos Nelson Coutinho, entre outros. Vale notar o corte geracional expresso nos depoimentos coletados por Arias (2005). Por exemplo, Gorender e Alves eram integrantes do Comitê Central relativamente jovens, considerados renovadores por terem ajudado decisivamente a elaborar a *Declaração de março de 1958* e a desbancar a velha direção stalinista do PCB; mas eram vistos como tradicionalistas pelos militantes ainda mais jovens (embora coordenados pelo "veterano" Guedes), em busca de novas mudanças, o que lhes daria um lugar específico no partido, num processo que não deixava de trazer a eles distinção e prestígio no PCB e fora dele.

PCB: COERÇÃO E REALIZAÇÃO

Segundo Dias Gomes, seria preciso "acabar com a falácia de que no Comitê Central se discutiam e aprovavam ou reprovavam obras de membros ou não membros do Partido. Nunca tive uma peça ou romance analisado ou discutido no comitê cultural ou em qualquer organismo partidário" (Gomes, 1998, p. 179).

Há depoimentos na mesma direção, mas também há outros em sentido contrário. Ariovaldo Mattos relatou que foi levado a reescrever trechos de um romance por não ter um herói positivo (Rubim, 1986). Bráulio Pedroso conta que um dos romances de Rossini Camargo Guarnieri foi proibido pela cúpula partidária (Salem, op. cit., p.64).

No livro já várias vezes referido, que expressa o claro ressentimento de um jornalista de destaque, escrito logo que deixou o PCB, Osvaldo Peralva afirmava: "como ainda há pouco me dizia o poeta Rossini Camargo Guarnieri, [...] 'era a inteligência a serviço da burrice organizada'" (Peralva, op. cit., p.331). Sem entrar no mérito da questão da "burrice", a frase irônica talvez traga uma luz para entender a militância de artistas e intelectuais: a palavra *organizada*. A organização no partido seria vital para a afirmação de muitos artistas e intelectuais, como se tenta demonstrar.

Dênis de Moraes cita uma coleção de casos de censura e crítica a que foram submetidos escritores comunistas na década de 1950 – até mesmo os mais afinados com a linha partidária. Alguns exemplos são de censura prévia à publicação, outros de censura posterior em matérias que espinafravam seus livros nos periódicos comunistas, frequentemente escritas por seus pares. Moraes menciona os casos de Edison Carneiro, Alina Paim, Dalcídio Jurandir, Ibiapaba Martins, Milton Pedrosa, James Amado, Oswaldino Marques, Wilson Rocha, Permínio Asfora e Jacinta Passos, entre outros autores que geralmente aceitavam as críticas a supostos desvios do caminho do realismo socialista (Moraes, 1994, p.150 e seq.).

BRASILIDADE REVOLUCIONÁRIA   81

A longa lista de casos e nomes, hoje quase desconhecidos, revela a vigilância sobre a produção dos autores. Mas, ao mesmo tempo, indica o destaque que as publicações do PCB davam a uma série de escritores medianos que, por vezes, também eram elogiados pelos críticos-juízes do partido nas páginas de suas revistas, com as quais muitos dos artistas criticados colaboravam – o que ajuda a entender a contemporização com as críticas e até a subserviência a elas. O mesmo vale para os vários casos de críticas a pintores, dramaturgos e outros artistas. Enfim, o enquadramento tinha contrapartidas. Por exemplo, autores como Alina Paim e Dalcídio Jurandir foram censurados pela direção, mas tiveram romances difundidos na União Soviética.[32]

Há várias referências nos depoimentos e na bibliografia acerca das incursões de Arruda Câmara como censor literário. Gorender afirmou que "a direção instituiu a censura à produção de seus intelectuais". Mas não havia um mecanismo institucionalizado para controlar ou censurar. Para esse objetivo, "não havia um departamento [...] Era a famosa gaveta do Diógenes Arruda, onde as coisas sumiam", quando não eram do agrado daquele que na prática era o dirigente máximo do PCB na primeira metade da década de 1950.[33] Há de se convir que toda a produção dos artistas e intelectuais comunistas não caberia na gaveta de Arruda. A tarefa talvez fosse exercida arbitrária e seletivamente por ele e também por dirigentes intermediários, mas provavelmente muita coisa escapava.

Outro aspecto a considerar é que os dirigentes sentiam-se mais à vontade para cobrar coerência e obediência dos intelectuais dependentes do PCB, notadamente os que empregava. Artistas e intelectuais com mais independência profissional, que constituíam carreira em grande parte autônoma – como Jorge Amado, Dias Gomes, Caio Prado Jr., Cândido Portinari, Oscar Niemeyer e outros – tiveram menos a reclamar do que os "revolucionários profissionais", empregados na imprensa ou na burocracia partidária.[34]

Em suma, parece que havia vigilância e censura da direção do PCB sobre a produção de seus artistas e intelectuais no período stalinista, mas ela era seletiva e relativamente desorganizada, não necessariamente toda obra era inspecionada antes ou depois de tornada pública, difundida frequentemente com ajuda do

---

32 Casos de censura e humilhação aos romancistas Alina Paim e Dalcídio Jurandir e ao historiador Édison Carneiro foram relatados por Peralva (op. cit., p.331-2). Sobre Dalcídio, ver ainda Nunes et al (op. cit.).

33 Ver a referida entrevista de Gorender a Antônio Albino Rubin.

34 Por exemplo, Peralva (op. cit., p.315) mostra a tensão e dependência em que viviam os profissionais do PCB, que ganhavam pouco, sem direitos e submetidos a atrasos salariais que nunca sabiam se eram devidos à falta efetiva de dinheiro ou usados como chantagem ou represália política.

Partido ou de sua rede de intelectuais e artistas, configurando uma ambiguidade que ajuda a entender sua presença nos círculos intelectualizados.

Osvaldo Peralva – conhecido como secretário de Arruda Câmara e redator de muitos textos assinados pelo dirigente – escreveu, após romper com o PCB, que Arruda "sempre invejou e detestou os intelectuais".[35] Entre os dirigentes comunistas e os intelectuais e artistas, sempre houve uma relação intrincada e contraditória de concorrência, admiração, inveja, medo, respeito e desrespeito, reconhecimento e ressentimento de lado a lado. Mas não se podiam separar, afinal, seguindo o velho preceito leninista, a revolução não se faz sem teoria. Oriundos em geral de camadas médias tradicionais ou de setores decadentes da oligarquia, sem uma formação intelectual sofisticada (Cf. Rodrigues, 1981), os principais dirigentes comunistas viam os intelectuais comunistas como uma sombra perigosa a seu poder dentro de uma organização que, afinal de contas, seria portadora do mais alto conhecimento científico, que permitiria desvendar as leis da História. Partiam desses dirigentes – que se consideravam operários – as acusações contra os "desvios pequeno-burgueses" da intelectualidade, bem como as sucessivas ondas obreiristas na história do PCB, que tampouco dava lugar de destaque em sua direção para os operários propriamente ditos.[36]

Por sua vez, apesar de tudo, a militância no PCB podia valer a pena para artistas e intelectuais, num contexto de projetos socialistas e de promessas da "revolução brasileira", além das vantagens relativas aos grupos em busca de uma posição de destaque em suas distintas esferas de atuação. A partir do final dos anos 1950, dirigentes e intelectuais encontrariam um modo de convivência melhor para ambas as partes: os intelectuais e artistas ganhavam autonomia quase plena para atuar em seus distintos campos, desde que não confrontassem a política mais ampla do PCB, como constata Carlos Nelson Coutinho.[37] Esse acerto permitiu o florescimento artístico e intelectual dos comunistas e de suas dissidências, cujo momento de glória teria os dias contados tanto pelo golpe de 1964 – seguido do aprofundamento da ditadura a partir de 1969 –, como pelo

---

35 Peralva (p.41) O mesmo autor revela a "máquina de difamação" do PCB contra os que rompiam com o partido (p.268), denuncia a perseguição aos intelectuais no PCB (p.325 e seq.), e casos de intelectuais humilhados nas escolas do partido (p.332).

36 Dias Gomes afirma que, quando ingressou no PCB, ainda nos anos 1940, "havia uma política de muita suspeição, vamos dizer assim. Não só com relação aos intelectuais como em relação à classe média de um modo geral. Nós éramos olhados como aliados muito suspeitos. Possíveis traidores, tanto que procurávamos até nos vestir da maneira mais simples possível; nas reuniões alguns até iam com camisas um pouco esfarrapadas para parecer mais proletários". Entrevista citada a Marcelo Ridenti.

37 Carlos Nelson Coutinho, entrevista a Marcelo Ridenti. Rio de Janeiro, 24 jan. 1996.

desenvolvimento das instituições no processo acelerado de modernização da sociedade brasileira: universidades, cinema, televisão, imprensa, propaganda, enfim, abriam-se campos profissionais os mais distintos, nos quais artistas e intelectuais encontrariam seu lugar dentro da ordem estabelecida, a maioria deixando a militância para trás.

Vários campos artísticos e intelectuais consolidados a partir da década de 1950 só são pensáveis a partir das lutas em seu interior, em que os comunistas desempenharam papel proeminente, por vezes levando integrantes do PCB ou ex-militantes às posições de maior reconhecimento e prestígio. Muitos deles mudaram de convicção política no percurso. A maioria fez uma autocrítica sobre a atuação dos anos 1950 – até mesmo os que continuaram se identificando como de esquerda ou sendo comunistas. Mas eles só puderam conquistar posições a partir do histórico de militância organizada que, assim, esteve longe de significar mera manipulação do PCB sobre seus artistas e intelectuais. Não raro, eles escondem ou renegam o passado, o que não pode mudar e expressa um paradoxo: a derrota política dos projetos comunistas não impediu a vitória pessoal e de grupo de muitos de seus artistas e intelectuais, que estiveram entre os principais criadores de obras nas quais se pode detectar a brasilidade revolucionária como estrutura de sentimento, tema do próximo capítulo.

BRASILIDADE REVOLUCIONÁRIA COMO ESTRUTURA DE SENTIMENTO: OS ANOS REBELDES E SUA HERANÇA[1]

Isso é que é, na verdade, a Revolução Brasileira. [...] ela ganha carne, densidade, penetra fundo na alma dos homens. O rio que vinha avolumando suas águas e aprofundando seu leito, até março de 1964, desapareceu de nossas vistas. Mas um rio não acaba assim. Ele continua seu curso, subterraneamente, e quem tem bom ouvido pode escutar-lhe o rumor debaixo da terra.
(Gullar, 1967, p.253)

A ESTRUTURA DE SENTIMENTO DA BRASILIDADE REVOLUCIONÁRIA

Partir das reflexões de Raymond Williams sobre as "estruturas de sentimento" constitui uma possibilidade de aproximação teórica para tratar, especialmente no que se refere às artes, do tema do surgimento de um imaginário crítico nos meios artísticos e intelectuais brasileiros na década de 1960 e depois sua transformação c (re)inserção institucional a partir dos anos 1970.

Há outro aspecto fascinante, que não será explorado aqui, que implicaria fazer o caminho inverso: em vez de partir dos anos 1960 para a atualidade, tomá-los em referência ao seu passado. Isso envolveria refletir mais demoradamente sobre o fato de que a utopia da brasilidade revolucionária tem raízes também na ideologia das representações da mistura do branco, do negro e do índio na constituição da brasilidade, tão caras, por exemplo, ao pensamento conservador de Gilberto Freyre.[2] Nos anos 1960, formulavam-se novas versões para essas representações, não mais no sentido de justificar a ordem social existente,

---

1 Este capítulo retoma, funde e reformula artigos publicados anteriormente, em especial: Ridenti, 2005, posteriormente publicado com o título "Artistas e política no Brasil pós-1960: itinerários da brasilidade". In: Bastos et al., 2006, p.229-261. E ainda o artigo "Artistas e intelectuales brasileños en las décadas de 1960 y 1970: cultura y revolución". In: Altamirano; Miceli, 2010.

2 Sobre esse autor, ver, por exemplo, Araujo (1994); Bastos (2006).

mas de questioná-la: o Brasil não seria ainda o país da integração entre as raças, da harmonia e da felicidade do povo, impedido pelo poder do latifúndio, do imperialismo e, no limite, do capital. Mas poderia vir a sê-lo como consequência da "revolução brasileira", pelo que se chegava a pensar numa "civilização brasileira", retomando à esquerda a utopia do período Vargas.

Talvez se possa falar na maturação, a partir do final dos anos 1950, de uma estrutura de sentimento presente nas obras e na imaginação de amplos setores artísticos e intelectuais brasileiros e de como ela se transformou ao longo do tempo. Williams reconhece que "o termo é difícil, mas *sentimento* é escolhido para ressaltar uma distinção dos conceitos mais formais de 'visão de mundo' ou 'ideologia'", os quais se referem a crenças mantidas de maneira formal e sistemática, ao passo que estrutura de sentimento daria conta de "significados e valores tal como são sentidos e vividos ativamente". A estrutura de sentimento não se contrapõe a pensamento, mas procura dar conta "do pensamento tal como sentido e do sentimento tal como pensado: a consciência prática de um tipo presente, numa continuidade viva e inter-relacionada", sendo por isso uma hipótese cultural de relevância especial para a arte e a literatura (Williams, 1979, p.134-35).

Segundo Maria Elisa Cevasco, o termo foi cunhado por Williams para

[...] descrever como nossas práticas sociais e hábitos mentais se coordenam com as formas de produção e de organização socioeconômica que as estruturam em termos do sentido que consignamos à experiência do vivido. (Cevasco, 2001, p.97)

Para essa autora,

[...] trata-se de descrever a presença de elementos comuns a várias obras de arte do mesmo período histórico que não podem ser descritos apenas formalmente, ou parafraseados como afirmativas sobre o mundo: a estrutura de sentimento é a articulação de uma resposta a mudanças determinadas na organização social. (Cevasco, 2001, p.153)

O caráter de experiência viva que o conceito de estrutura de sentimento tenta apreender faz com que essa estrutura nem sempre seja perceptível para os artistas no momento em que a constituem. Torna-se clara, no entanto, com a passagem do tempo que a consolida – e também ultrapassa, transforma e supera. Nas palavras de Williams,

[...] quando essa estrutura de sentimento tiver sido absorvida, são as conexões, as correspondências, e até mesmo as semelhanças de época que mais saltam à vista. O que era então

BRASILIDADE REVOLUCIONÁRIA   87

uma estrutura vivida é agora uma estrutura registrada, que pode ser examinada, identificada e até generalizada. (Williams, 1987, p.18-19)

Nesse sentido, hoje se pode identificar com clareza uma estrutura de sentimento que perpassou boa parte das obras de arte, em especial a partir do fim da década de 1950. Amadurecia o sentimento de pertença a uma comunidade imaginada, para usar o termo de Benedict Anderson (2008), sobretudo nos meios intelectuais e artísticos de esquerda ligados a projetos revolucionários. Compartilhavam-se ideias e sentimentos de que estava em curso a revolução brasileira, na qual artistas e intelectuais deveriam engajar-se.

Essa estrutura de sentimento poderia ser qualificada de diferentes modos – necessariamente limitadores, pois uma denominação sintética dificilmente seria capaz de dar conta da complexidade e diversidade do fenômeno. Pode-se propor, sem excluir outras possibilidades, que seja chamada de estrutura de sentimento da brasilidade (romântico) revolucionária.

Tal expressão leva a outro conceito, útil para compreender essa estrutura de sentimento: o de "romantismo", assim como formulado por Löwy e Sayre (1995). Para esses autores, o romantismo não seria apenas uma corrente artística nascida na Europa na época da Revolução Francesa e que não passou do século XIX. Muito mais que isso, seria uma visão de mundo ampla, "uma resposta a essa transformação mais lenta e profunda – de ordem econômica e social – que é o advento do capitalismo", e que se desenvolve em todas as partes do mundo até nossos dias (Löwy, 1995, p.33-36).

A crítica baseada em uma visão de mundo romântica incidiria sobre a modernidade como totalidade complexa, que envolveria as relações de produção (centradas no valor de troca e no dinheiro, sob o capitalismo), os meios de produção e o Estado. Seria uma "autocrítica da modernidade", uma reação formulada de dentro dela própria, e não do exterior, "caracterizada pela convicção dolorosa e melancólica de que o presente carece de certos valores humanos essenciais que foram alienados" no passado, os quais seria preciso recuperar (Löwy, 1995, p.38-40).

O romantismo seria então um fenômeno vasto, com diversas expressões artísticas e também políticas, o que permitiria constituir uma tipologia, "indo *grosso modo* da direita para a esquerda": romantismo restitucionista, conservador, fascista, resignado, reformador e revolucionário ou utópico. Este último visaria a

[...] instaurar um futuro novo, no qual a humanidade encontraria uma parte das qualidades e valores que tinha perdido com a modernidade: comunidade, gratuidade, doação, harmonia com a natureza, trabalho como arte, encantamento da vida. No entanto, tal situação implica o questionamento radical do sistema econômico baseado no valor de troca, lucro e mecanismo cego do mercado: o capitalismo. (Löwy, 1995, p.325)

Nesse caso, "a lembrança do passado serve como arma para lutar pelo futuro" (Löwy, 1995, p.44).

Retomando a hipótese exposta no livro *Em busca do povo brasileiro*, o florescimento cultural e político dos anos 1960 e início de 1970 na sociedade brasileira pode ser caracterizado como romântico-revolucionário (Ridenti, 2000). Valorizava-se acima de tudo a vontade de transformação, a ação para mudar a História e para construir o *homem novo*, como propunha Che Guevara, recuperando o jovem Marx. Mas o modelo para esse *homem novo* estava, paradoxalmente, no passado, na idealização de um autêntico homem do povo, com raízes rurais, do interior, do "coração do Brasil", supostamente não contaminado pela modernidade urbana capitalista.

Vislumbrava-se uma alternativa de modernização que não implicasse a submissão ao fetichismo da mercadoria e do dinheiro, gerador da desumanização. A questão da identidade nacional e política do povo brasileiro estava recolocada: buscava-se ao mesmo tempo recuperar suas raízes e romper com o subdesenvolvimento, o que não deixa de ser um desdobramento à esquerda da chamada era Vargas, propositora do desenvolvimento nacional com base na intervenção do Estado.

É polêmico caracterizar como romântico-revolucionárias a cultura e a política de parte significativa das esquerdas nos anos 1960, já que romantismo costuma ser associado a reação, não a revolução (cf. Romano, 1981). Mas o conceito não deixa de ser interessante justamente pela ambiguidade – que possivelmente tem paralelo com a do objeto em estudo. No contexto social, econômico, político e cultural brasileiro a partir do final dos anos 1950, recuperar o passado na contramão da modernidade era indissociável das utopias de construção do futuro, que vislumbravam o horizonte do socialismo. Por isso, devem ser relativizadas algumas análises, como a de Sérgio Paulo Rouanet, para quem o povo das esquerdas "dos anos 60 tinha muitas vezes uma semelhança inconfortável com o *Volk* do romantismo alemão [...]: a nação como individualidade única, representada pelo povo, como singularidade irredutível" (1988).

Ora, a semelhança não geraria desconforto, pois não se tratava da mesma coisa, embora ambos fossem parecidos em alguns aspectos, ao resgatar as ideias de povo e nação para colocar-se na contramão do capitalismo. Naquele contexto brasileiro, a valorização do *povo* não significava criar utopias anticapitalistas passadistas, mas progressistas; implicava o paradoxo de buscar no passado (nas

BRASILIDADE REVOLUCIONÁRIA   89

raízes populares nacionais) as bases para construir o futuro de uma revolução nacional modernizante que, ao final do processo, poderia romper as fronteiras do capitalismo.

Aqueles que criaram obras nas quais se pode detectar a brasilidade revolucionária como estrutura de sentimento tinham relação ambígua com a ordem estabelecida no pré-1964, principalmente com o governo Goulart, que contava com o apoio de vários artistas e intelectuais. Difundia-se na época o dualismo que apontava a sobreposição de um Brasil moderno a outro atrasado, que seria preciso superar. Mas a estrutura de sentimento não se confunde com nenhuma ideologia propagada na época por instituições como o Instituto Superior de Estudos Brasileiros (ISEB), ou pelo Partido Comunista, embora fosse influenciada diferencialmente por elas.[3]

Nesse sentido, a brasilidade revolucionária não nasceu do combate à ditadura, mas vinha de antes, forjada especialmente no período democrático entre 1946 e 1964, em particular no governo Goulart, quando diversos artistas e intelectuais acreditavam estar "na crista da onda" da revolução brasileira em curso. A quebra de expectativa com o golpe de 1964 – ademais, sem resistência – foi avassaladora também nos meios artísticos e intelectualizados, como atestam o artigo clássico de Roberto Schwarz, publicado pela primeira vez em 1970 na França (Schwarz, 1978, p.61-92), e o depoimento de Chico Buarque, em 1999:

> Nos anos 50 havia mesmo um projeto coletivo, ainda que difuso, de um Brasil possível, antes mesmo de haver a radicalização de esquerda dos anos 60. O Juscelino, que de esquerda não tinha nada, chamou o Oscar Niemeyer, que por acaso era comunista, e continua sendo, para construir Brasília. Isso é uma coisa fenomenal. [...] Ela foi construída sustentada numa ideia daquele Brasil que era visível para todos nós, que estávamos fazendo música, teatro etc. Aquele Brasil foi cortado evidentemente em 64. Além da tortura, de todos os horrores de que eu poderia falar, houve um emburrecimento do país. A perspectiva do país foi dissipada pelo golpe. (Buarque, 1999)[4]

São exemplos expressivos da estrutura de sentimento romântica e revolucionária – para amalgamar num único termo as propostas de Williams, Löwy e Sayre – desenvolvida no Brasil no início dos anos 1960: a) a trilogia clássica do início do

---

3 O próximo capítulo traz uma discussão sobre os vínculos da produção cultural do período com as visões ditas dualistas da sociedade brasileira.

4 Essas palavras trazem o eco da referida interpretação de Schwarz, para quem o país estava "irreconhecivelmente inteligente" no pré-1964. Ver, ainda, Schwarz, 1987; Candido, 1989.

Cinema Novo, todos filmes rodados em 1963 e exibidos já depois do golpe: *Vidas secas*, de Nelson Pereira dos Santos; *Deus e o Diabo na terra do sol*, de Glauber Rocha; e *Os fuzis*, de Ruy Guerra; b) a dramaturgia do Teatro de Arena de São Paulo (de autores como Gianfrancesco Guarnieri, Augusto Boal, Francisco de Assis e Oduvaldo Vianna Filho, o Vianinha), e também de teatrólogos como Dias Gomes; c) a canção engajada de Carlos Lyra e Sérgio Ricardo; d) o *agitprop*[5] dos Centros Populares de Cultura (CPCs) da União Nacional dos Estudantes, especialmente em teatro, música, cinema e literatura – como os três livros da coleção *Violão de rua* (Félix, 1962),[6] com o subtítulo revelador de *poemas para a liberdade*, cujo poeta mais destacado foi Ferreira Gullar, ou ainda o filme *Cinco vezes favela*, dirigido por jovens cineastas, entre eles Carlos Diegues, Leon Hirzman e Joaquim Pedro de Andrade.

Depois do golpe de 1964, a brasilidade revolucionária pode ser encontrada nas canções de Edu Lobo, Geraldo Vandré e outros; nos desdobramentos da dramaturgia do Teatro de Arena – como a peça *Arena conta Zumbi* e sua celebração da comunidade negra revoltosa –; e especialmente no romance *Quarup*, de Antonio Callado (1967), que exaltava a comunidade indígena e terminava apontando a via da revolução social,[7] e que foi chamado por Ferreira Gullar de "ensaio de deseducação para brasileiro virar gente". Gullar observa que

> [...] enquanto lia o romance, não podia deixar de pensar nos índios de Gonçalves Dias, em *Iracema* de Alencar, em *Macunaíma* de Mário de Andrade, em *Cobra Norato*, mesmo nos *Sertões*, de Euclides, em Guimarães Rosa. Pensava na abertura da Belém-Brasília, no Brasil, nesta vasta nebulosa de misto e verdade, de artesanato e eletrônica, de selva e cidade, que se elabora, que se indaga, que se vai definindo. (1967, p.253)

Essas palavras – e o conjunto da resenha em que se insere – resumem bem a brasilidade revolucionária.[8] As obras citadas buscam no passado uma cultura popular autêntica para construir uma nova nação, ao mesmo tempo moderna

---

5 *Agitprop*: do russo, contração de *agitatsiya* e *propaganda,* refere-se à estratégia de mobilizar e influenciar a opinião pública por meio de técnicas de agitação e propaganda. [N. E.]

6 Félix, v.1, 1962. O segundo volume saiu no mesmo ano e o terceiro, em 1963. Outros estavam sendo preparados quando veio o golpe militar e a coleção teve de ser interrompida, pois o CPC da UNE passou a ser considerado ilegal.

7 Callado, na época em que escreveu o livro, estava organicamente vinculado à guerrilha comandada por Leonel Brizola, conforme admite expressamente em longa entrevista a mim concedida sobre o tema e publicada quase na íntegra em "A guerrilha de Antonio Callado" (apud Kushnir, 2002, p.23-53).

8 Os próprios autores que compartilhavam da estrutura de sentimento da brasilidade revolucionária, que amadurecera no pré-1964, começaram a problematizá-la após o golpe. Tanto que, no tão almejado centro do Brasil que se procurava em *Quarup,* o que se encontrou foi um grande formigueiro.

BRASILIDADE REVOLUCIONÁRIA

e desalienada. Deixam transparecer certa evocação da liberdade no sentido da utopia romântica do povo-nação, regenerador e redentor da humanidade (cf. Saliba, 1991, p.53-67). Revelam a emoção e a solidariedade dos autores com o sofrimento do próximo, a denúncia das condições de vida subumanas nas grandes cidades e, sobretudo, no campo. Enfoca-se especialmente o drama dos retirantes nordestinos. A questão do latifúndio e da reforma agrária é recorrente, em geral associada à conclamação ao povo brasileiro para realizar sua revolução, em sintonia com as lutas de povos pobres da América Latina e do Terceiro Mundo.

Os artistas engajados das classes médias urbanas identificavam-se com os deserdados da terra, ainda no campo ou migrantes nas cidades, como principal personificação do caráter do povo brasileiro, a quem seria preciso ensinar a lutar politicamente. Propunha-se uma arte que colaborasse com a desalienação das consciências. Recusava-se a ordem social instituída por latifundiários, imperialistas e – no limite, em alguns casos – pelo capitalismo. Compartilhava-se certo mal-estar pela suposta perda da humanidade, acompanhado da nostalgia melancólica de uma comunidade mítica já não existente, mas esse sentimento não se dissociava da empolgação com a busca do que estava perdido, por intermédio da revolução brasileira. Pode-se mesmo dizer que predominava a empolgação com o "novo", com a possibilidade de construir naquele momento o "país do futuro", mesmo remetendo a tradições do passado.

Sem dúvida, essa estrutura de sentimento era portadora de uma idealização do homem do povo, especialmente do campo, pelas classes médias urbanas. Mas ela se ancorava numa base real: a insurgência dos movimentos de trabalhadores rurais no período. Era o tempo das Ligas Camponesas, celebradas em obras como *João Boa-Morte (cabra marcado para morrer)*, de Ferreira Gullar, ou no filme de Eduardo Coutinho, inacabado à época, que tomou emprestado o subtítulo do poema de Gullar.[9] Ademais, vivia-se o impacto de revoluções camponesas no exterior, especialmente em Cuba e no Vietnã. Também é preciso lembrar que a sociedade brasileira ainda era predominantemente agrária pelo menos até 1960; estava em andamento um dos processos de urbanização mais rápidos da história mundial: de 1950 a 1970, a população passou de majoritariamente rural para eminentemente urbana, com todos os problemas sociais e culturais de uma transformação tão acelerada.

---

9 Os operários também eram tematizados, como na peça pioneira de Guarnieri *Eles não usam black-tie*, encenada pelo Teatro de Arena em 1958, mas com menor intensidade que os trabalhadores rurais. Mas era a categoria de povo que, acima das classes, tendia a predominar nessa estrutura de sentimento: os pobres, seres humanos miseráveis, desumanizados, deserdados da terra.

Pode-se ver que a experiência viva da brasilidade revolucionária como estrutura de sentimento tem uma história peculiar ao devir das artes e da cultura no Brasil, ao mesmo tempo em que está sintonizada com o cenário cultural e político internacional. Polos contraditórios conviviam em diferentes intensidades e arrumações internas em diversos movimentos e obras de artistas específicos: brasilidade e internacionalização; passado e futuro; raízes culturais e modernidade.

BRASILIDADE-MUNDO

É esclarecedora a constatação de Carlos Diegues numa entrevista:

> [...] a minha geração foi a última safra de uma série de redescobridores do Brasil. O Brasil começa a se conhecer, sobretudo com o romantismo [...] aquele desejo de uma identidade [...]. Minha geração, do Cinema Novo, do tropicalismo, é a última representação desse esforço secular.[10]

A tradição cultural de busca da identidade nacional atravessou todo o século XX. Não por acaso, dois destacados artistas dos anos 1960 – o cineasta Carlos Diegues e o compositor Chico Buarque – são filhos respectivamente de dois pensadores da brasilidade: Manoel Diegues Jr. e Sérgio Buarque de Hollanda. Tampouco é acaso que Chico Buarque tenha feito a letra da canção *Bye, bye, Brasil* para o filme homônimo de Carlos Diegues, constatando o esvaziamento da estrutura de sentimento em que foram criados e que ajudaram a forjar – e que continua a pairar como um fantasma sobre suas obras.[11]

O modernismo nas artes brasileiras desenvolveu-se ao longo do século passado, indissociável do processo de instauração e consolidação da racionalidade capitalista moderna no Brasil – que autores como Florestan Fernandes chamariam de "revolução burguesa" (Fernandes, 1974). As ondas modernistas desde 1922 podem ser caracterizadas contraditória e simultaneamente como românticas e modernas, passadistas e futuristas. Tomar as supostas tradições da nação e do povo brasileiro (que são "inventadas" e construídas seletivamente por autores ou movimentos específicos) como base de sustentação da modernidade

---

10 Entrevista a Zuleika Bueno.
11 Procurei desenvolver essa ideia, no tocante a Chico Buarque, no texto "Visões do paraíso perdido" (cf. Ridenti, 2000, p.225-264).

BRASILIDADE REVOLUCIONÁRIA 93

foi característica dos mais diferentes movimentos estéticos a partir da Semana de Arte Moderna de 1922: Verde-Amarelismo e Escola da Anta (1926 e 1929, aproximados do integralismo de Plínio Salgado, no âmbito da política), seus adversários Pau-Brasil e Antropofagia (1926 e 1928, comandados por Oswald de Andrade), a incorporação do folclore proposta por Mário de Andrade ou por Villa-Lobos. A crítica da realidade brasileira, associada à celebração do caráter nacional do homem simples do povo, viria nos anos 1930 e 1940, por exemplo, na pintura de Portinari e nos romances regionalistas, até desaguar nas manifestações da década de 1960, herdeiras da brasilidade, agora indissociável da ideia de revolução social – fosse ela nacional e democrática ou já socialista, contando com o povo como agente, não mero portador de um projeto político.[12]

A brasilidade voluntarista consolidada nos anos 1960 como estrutura de sentimento não pode ser dissociada do cenário internacional. Até mesmo a afirmação da nacionalidade no período tem um componente internacional significativo. No contexto da Guerra Fria, surgiam esforços dos países "não alinhados" para organizar autonomamente o que então ficou conhecido como Terceiro Mundo, para além do Primeiro Mundo alinhado aos norte-americanos e do Segundo Mundo, na órbita soviética. Todo o globo vivia o clima do "terceiro-mundismo", da libertação nacional diante do colonialismo e do imperialismo, da solidariedade internacional com os povos subdesenvolvidos que se libertavam em Cuba, no Vietnã, na Argélia e em outros países.

Che Guevara – o médico argentino que lutou em Cuba, na África e na Bolívia, onde foi assassinado – tornou-se um ícone do terceiro-mundismo. É a referência internacional mais significativa do romantismo revolucionário que se difundia a partir da revolução em Cuba.

Cresciam as afinidades entre os artistas e a política em toda a América Latina. No campo literário, por exemplo, houve um processo de conversão dos escritores em intelectuais, no sentido de se tornarem homens públicos. Eles se valiam, por exemplo, de revistas político-culturais para difundir suas ideias para um público amplo. A produção literária encontraria seu parâmetro de legitimidade na política, "e o cenário público foi o cenário privilegiado onde se autorizou a voz do escritor, convertido assim em intelectual", segundo Claudia Gilman, ao analisar uma época marcada pelo "intenso interesse pela política e

---

12 Nas palavras de Ferreira Gullar, referindo-se ao romance *Quarup*, "a realização pessoal deságua no coletivo. Não se trata de apagar-se na massa, mas de entender que seu destino está ligado a ela" (Gullar, op. cit., p.256). Nos termos de Glauber Rocha, em sua "estética da fome", o "miserabilismo" na literatura e nas artes em geral no Brasil até os anos de 1960 era "escrito como denúncia social, hoje passou a ser discutido como problema político" (Rocha, 1996, p.127).

a convicção de que uma transformação radical, de toda ordem, era iminente" (Gilman, 2003, p.29, 39).

Deu-se algo muito parecido no Brasil – e não só no campo literário. Em todas as artes, pode-se constatar um esforço significativo para compreender e explicar a realidade brasileira e a inserção de cada arte dentro dela, contribuindo para transformá-la e para conscientizar o público da revolução que se acreditava em curso. Antes de 1964, revistas como a *Brasiliense* abriam-se para os artistas, mas foi depois do golpe, especialmente nas páginas da *Revista Civilização Brasileira* – publicação de esquerda em forma de livro que chegaria a mais de vinte mil exemplares de tiragem entre 1965 e 1968, quando foi proibida – que se difundiram debates de escritores, dramaturgos, cineastas e outros artistas.

Os compositores da música popular brasileira, notadamente, passaram a ganhar um lugar inédito e significativo nos debates intelectuais e artísticos. Desde então, tornou-se comum ouvir as opiniões de artistas como Chico Buarque e Caetano Veloso com o estatuto de intelectuais. Caetano Veloso (1997) parece sentir-se mais à vontade do que Chico Buarque nesse papel, tendo escrito suas memórias sobre os anos 1960-70, *Verdade tropical*, título que dá a medida de sua pretensão, talvez configurando um bom exemplo brasileiro para o que Beatriz Sarlo (2005) chamou na Argentina de "guinada subjetiva" de certa "cultura da memória".

Outros componentes internacionais constituintes da brasilidade revolucionária foram as sucessivas revoluções socialistas do século XX: a soviética, depois a chinesa, a cubana e outras. Elas teriam repercussão no Brasil, especialmente entre artistas e intelectuais, muitos dos quais foram militantes de esquerda. Ademais, essa estrutura de sentimento não se dissociava de traços do romantismo revolucionário em escala internacional nos anos 1960: a fusão entre vida pública e privada, a ânsia de viver o momento, a liberação sexual, a fruição da vida boêmia, o desejo de renovação, a aposta na ação em detrimento da teoria, os padrões irregulares de trabalho e a relativa pobreza de jovens artistas e intelectuais.

A influência da Revolução Cubana provavelmente foi a mais notável. No sentido simbólico, ela teve enorme impacto no Brasil desde sua eclosão, em 1959; afinal parecia provar que seria possível construir alternativas de desenvolvimento fora do modelo norte-americano. Mas, no sentido mais preciso que envolvia a adesão à luta armada e ao tipo de organização inspirado no exemplo dos guerrilheiros de Fidel Castro, teria impacto mais significativo somente após o golpe de 1964. No aspecto cultural, alguns intelectuais e artistas brasileiros visitaram a ilha e houve até quem tenha morado em Havana, como Glauber Rocha. Mas essa influência foi mais tênue, nem de longe comparável àquela existente

BRASILIDADE REVOLUCIONÁRIA

em vários países da América espanhola. Os brasileiros foram primos mais distantes no seio da "família intelectual latino-americana", que teve Havana como centro de congregação e irradiação. O dilema "entre a pluma e o fuzil" – na expressão de Claudia Gilman (op. cit.) para caracterizar os debates dos escritores revolucionários latino-americanos nas décadas de 1960 e 1970 – foi marcante no Brasil, especialmente nos anos que se seguiram ao golpe de 1964.

De qualquer maneira, não seria exagerado dizer que a experiência viva da brasilidade revolucionária foi uma variante nacional de um fenômeno que se espalhou mundo afora. Além das especificidades locais – no caso brasileiro, as lutas pelas reformas de base no pré-1964 e contra a ditadura após essa data –, o florescimento cultural e político na década de 1960 ligava-se a uma série de condições materiais comuns a diversas sociedades em todo o mundo: aumento quantitativo das classes médias; acesso crescente ao ensino superior; peso significativo dos jovens na composição etária da população, num cenário de crescente urbanização e consolidação de modos de vida cultural típicos das metrópoles, num tempo de recusa às guerras coloniais e imperialista. Isso, sem contar a incapacidade do poder constituído para representar sociedades que se renovavam e avançavam também em termos tecnológicos, por exemplo, com o acesso crescente a um modo de vida que incorporava ao cotidiano o uso de eletrodomésticos, especialmente a televisão. Essas condições materiais por si sós não explicam as ondas de rebeldia e revolução, nem as estruturas de sentimento que as acompanharam por toda parte. Mas foi em resposta às mudanças na organização social na época que se construíram certas estruturas de sentimento, como a da brasilidade revolucionária.

RELAÇÕES PERIGOSAS

As relações entre artistas e militantes políticos de esquerda multiplicaram-se por diversas vias, especialmente na segunda metade da década de 1960. Elas podem ser sintetizadas em quatro possibilidades:
1. Os artistas que deixaram a arte para fazer política – caso do artista plástico Carlos Zílio, que passou a se dedicar a uma organização guerrilheira oriunda do movimento estudantil, conhecida como Movimento Revolucionário 8 de outubro (MR-8, data considerada a da prisão e morte de Che Guevara na Bolívia) (Zílio, 1996);
2. Artistas que militavam em organizações de esquerda sem deixar o ofício, como vários integrantes do Teatro de Arena e do Teatro Opinião, estes mais ligados ao Partido Comunista, aqueles aos grupos de esquerda armada; ou

ainda escritores como Antonio Callado e Thiago de Mello, vinculados à guerrilha nacionalista liderada por Leonel Brizola em 1966 e 1967.

3. Militantes que se identificavam com os artistas sem o serem propriamente, quem sabe fazendo de sua própria existência uma obra de arte; por exemplo, segundo Clóvis Moura, a dimensão poética de Carlos Marighella – poeta bissexto, antigo dirigente que rompera com o PCB e tornara-se o principal líder guerrilheiro, que viria a ser morto pela polícia em 1969 – estava "não apenas na sua ação política, a qual já era um ato de romantismo revolucionário, mas na sua atividade criadora como poeta", que teria deixado "um legado de beleza heroica" (apud Ridenti, 2000, p.169-170).[13]

Esse tipo de "beleza heroica" pode ser encontrado em obras de arte, como no caso do personagem Paulo Martins, jornalista e poeta no filme premonitório de Glauber Rocha *Terra em transe*, exibido em 1967, que termina com a morte do poeta com uma metralhadora na mão, afirmando que sua morte provava "o triunfo da beleza e da justiça". O personagem poderia constituir um caso do primeiro tipo mencionado: o do artista-intelectual que literalmente troca sua ocupação de origem pelas armas, sem perder a alma de artista. Também seria exemplar da estetização da política que marcou a época, em paralelo à politização da estética. Em outra formulação: "politiza-se a discussão sobre os intelectuais", ao mesmo tempo em que "se estetizara a prática política, resultando esta mais valiosa quanto mais gratuita", nos termos de Gilman (op. cit., p.166).

4. Artistas identificados com as esquerdas sem ser propriamente militantes – eles constituíam ampla maioria dos que produziam obras engajadas politicamente. Foi o caso de vários artistas mencionados neste capítulo, notadamente da música popular brasileira, como Chico Buarque. Eles acreditavam que a revolução estava em suas próprias obras e intervenções públicas, sem a necessidade de se tornarem militantes.

À parte afinidades e desentendimentos entre militantes, artistas e intelectuais, efetivava-se um rápido processo de modernização na sociedade brasileira que criava e consolidava um público – especialmente na juventude intelectualizada – suficientemente amplo para tornar-se produtor e consumidor de um florescimento político e cultural que teria também desdobramentos de mercado: criou-se a possibilidade efetiva de profissionalização e até mesmo de consagração de inúmeros artistas e intelectuais considerados rebeldes ou revolucionários na década de 1960.

---

13 Nessa obra (Ridenti, 2000), analisa-se a relação entre artistas e militantes, sintetizada aqui na proposição de quatro possibilidades.

BRASILIDADE REVOLUCIONÁRIA 97

ATRAÇÃO E AFASTAMENTO DA BRASILIDADE REVOLUCIONÁRIA

Evidentemente, nem todos os artistas e intelectuais compartilharam da brasilidade revolucionária como estrutura de sentimento nos anos 1960. Para tomar um exemplo significativo, o músico da bossa nova Roberto Menescal conta um caso pitoresco que merece ser reproduzido:

> Confesso que nós realmente éramos alienados totais. Eu sabia o que acontecia da Avenida Atlântica para o mar; passando da Barata Ribeiro já não sabia mais nada! [...] Teve um dia nessa época em que eu fui gravar no Campo de Santana [na gravadora CBS]. [...] Ia gravar com a orquestra, eram uns arranjos do Luisinho Eça, e quando nós chegamos no estúdio não tinha ninguém. [...] Ninguém chegava, e o técnico falou: "Vamos passando a guitarra e o baixo". E passamos, gravamos a música do Tom e Aloysio de Oliveira chamada *Inútil paisagem*. Depois de um tempo começamos a falar: "Bom, a orquestra não vem, será que a gente errou o dia?" [...] Aí deu umas 11 horas da manhã e resolvemos ir embora. Pegamos o carro e saímos. Quando fui passando ali em frente à Cinelândia, passaram uns soldados a cavalo e eu pensei: "O que está havendo, que coisa estranha...". Quando chegamos ali perto da UNE, estava um rolo danado. Vimos que havia acontecido alguma coisa a mais. Era simplesmente o dia da revolução [1º de abril de 1964] e a gente estava gravando *Inútil paisagem*. A gente até brincou que *Inútil paisagem* era o "melô" da revolução. Mas isso é para mostrar que a alienação era total! A gente gostava era de música e pescaria, o resto a gente não sabia. (Menescal, 2003, p.56-62)

O caso ilustra como um contingente significativo de artistas estava desligado dos acontecimentos políticos. Para ficar no campo da canção popular depois de 1964, todo o pessoal da Jovem Guarda nada teve a ver com a brasilidade revolucionária. Vale notar que o depoimento de Menescal, de um lado, incorpora o vocabulário de esquerda ("a alienação era total"), mas, de outro, refere-se ao golpe de 1964 como "revolução", expressão adotada e difundida pela direita.

Em contraste, vários bossa-novistas viriam a formular e compartilhar da brasilidade revolucionária, alguns de modo mais explícito e militante, como os pioneiros Carlos Lyra e Sérgio Ricardo, e logo em seguida Nara Leão, outros de modo mais distanciado, como Vinícius de Moraes, autor de poemas engajados no pré-1964 – publicados no *Violão de rua* do CPC (Félix, op. cit.) –, bem como da letra do *Hino da UNE*, em 1962, com música de Carlos Lyra, e ainda de *O morro não tem vez*, com Tom Jobim, em 1963, que dizia bem no espírito da época: "quando derem vez ao morro toda cidade vai cantar". Vinícius também compôs, com Edu Lobo, a canção vencedora do I Festival da TV Excelsior, em 1965. Trata-se de *Arrastão*, que exalta a comunidade popular de pescadores e seu trabalho. Também foi parceiro de Edu Lobo em canções como *Zumbi*, que celebra o líder negro revoltoso.

Mais tarde, Vinícius fez a maior parte da letra de *Gente humilde*, de Garoto, com a colaboração de Chico Buarque, que a gravou em 1970. Nessa canção, fica clara a idealização dos habitantes dos arrabaldes por parte de quem os vê pela janela do trem. Versos como "tem certos dias/ em que eu penso em minha gente/ e sinto assim/ todo meu peito se apertar" são típicos da estrutura de sentimento aqui referida, que envolve a identificação dos artistas com a gente simples do povo. Mas essa canção, em particular, afasta-se do romantismo revolucionário e está muito mais para o romantismo resignado a que se referem Löwy e Sayre (op. cit,. p.107-110). A resignação é evidente nos versos finais: "e aí me dá uma tristeza/ no meu peito/ feito um despeito/ de eu não ter como lutar/ e eu que não creio/ peço a Deus por minha gente/ é gente humilde/ que vontade de chorar".[14]

A força da brasilidade revolucionária também se revela na assimilação, voluntária ou não, por seus críticos. Assim, por exemplo, a poesia concreta dos irmãos Campos – que fazia um contraponto ao nacional-popular, valorizando a forma, e era crítica de qualquer apelo às supostas raízes autenticamente brasileiras, isto é, às origens pré-capitalistas – não passou incólume ao apelo à ação política: propôs em 1961 o "salto participante" em sua poesia, pelo qual se procurava afinação com os movimentos populares insurgentes, porém com uma linguagem também revolucionária (cf. Hollanda, 1981, p.41).

Especialmente depois de 1964, com a consolidação da indústria cultural no Brasil, surgiu um segmento de mercado ávido por produtos culturais de contestação à ditadura: livros, canções, peças de teatro, revistas, jornais, filmes etc. De modo que a brasilidade revolucionária, antimercantil e questionadora da reificação, encontrava contraditoriamente grande aceitação no mercado – como atesta por exemplo o êxito da *Revista Civilização Brasileira*, publicação de esquerda em forma de livro que chegava a tirar mais de vinte mil exemplares entre 1965 e 1968. Numa escala muito mais ampla, havia o enorme sucesso de canções engajadas, por exemplo, nos festivais musicais na televisão, analisados por Napolitano (2001). Eram sinais de mudanças na organização social brasileira sob a ditadura, que viriam a alterar a estrutura de sentimento constituída no pré-1964 e anunciar seu declínio e sua superação, como será exposto mais adiante.

---

14 Entretanto, nesse mesmo LP, Chico Buarque gravou sua canção utópica, *Rosa dos ventos*, que nada tinha de resignação; ao contrário, previa uma explosão revolucionária: "Numa festa amazônica/ numa explosão atlântica/ e a multidão vendo em pânico/ e a multidão vendo atônita/ ainda que tarde/ o seu despertar".

BRASILIDADE REVOLUCIONÁRIA   99

DIVERGÊNCIAS E RIVALIDADES

O fato de vários artistas do período terem contribuído para constituir uma brasilidade revolucionária não significa que havia total identidade entre eles, que por vezes eram mesmo rivais, nem que suas obras deixassem de ser diferenciadas, ainda que de algum modo expressassem essa estrutura de sentimento no sentido de "articulação de uma resposta a mudanças determinadas na organização social" (Cevasco, op. cit., p.153).

Nesse aspecto, talvez valha a pena incorporar ensinamentos de Pierre Bourdieu (1996, 2001), desde que a brasilidade revolucionária não seja reduzida a uma espécie de doença infantil dos campos artísticos e intelectuais ainda em processo de formação.[15] Eles podem servir como instrumento para afinar a análise das especificidades dos diferentes campos artísticos, incluindo artistas que constroem certa estrutura de sentimento.

Um exemplo: vistos depois de mais de trinta anos, fica claro que compartilham de uma mesma estrutura de sentimento filmes como O *grande momento*, dirigido por Roberto Santos em 1957; *Assalto ao trem pagador*, de Roberto Faria, em 1962; O *pagador de promessas*, de Anselmo Duarte, baseado na peça homônima de Dias Gomes, premiado em Cannes em 1963; e ainda outros, como *A hora e a vez de Augusto Matraga*, dirigido em 1965 por Roberto Santos, com base no conto de Guimarães Rosa. Todos eles valorizam a brasilidade arraigada no homem simples do povo (no campo ou habitante da periferia das grandes cidades), denunciam as desigualdades sociais, buscam desvendar "a realidade do Brasil",[16] entre outras características que permitem dizer que compartilhavam da mesma estrutura de sentimento dos filmes do Cinema Novo, criados por cineastas tão unidos, mas ao mesmo tempo tão diferentes como Glauber Rocha, Nelson Pereira dos Santos, Joaquim Pedro de Andrade, Cacá Diegues, Leon Hirszman, Ruy Guerra, Zelito Viana, Walter Lima Jr., Gustavo Dahl, Luiz Carlos Barreto, David Neves, Paulo César Saraceni, Eduardo Coutinho e Arnaldo Jabor. Entretanto, aqueles filmes não eram reconhecidos pelo grupo cinema-novista, que os acusava de seguir a estética hollywoodiana, de ser herdeiros da Vera Cruz, de apego à narrativa clássica, enfim, de ser representantes do

---

15 O recurso à obra de Bourdieu pode ser útil, embora, por exemplo, o próprio Williams dê conta com muita propriedade do grupo de Bloomsbury sem usar a noção de campo (cf. Williams, 1982, p.148-169).

16 Nelson Pereira dos Santos afirma: "Quanto ao conteúdo, meus filmes não diferem muito, [...] é o reconhecimento da realidade do Brasil" (Salem, 1987, p.274). E ainda: "Amo o povo e não renuncio a essa paixão" (Salem, 1987, p.326). Esse apego à "realidade brasileira" e a "paixão pelo povo" foram marcantes da estrutura de sentimento da brasilidade revolucionária.

velho cinema que se queria combater (Bernadet; Galvão, 1983, p.156). Também os cineastas radicados em São Paulo – como João Batista de Andrade, Renato Tapajós, Francisco Ramalho, Maurice Capovilla e Luiz Sérgio Person –, embora plenamente identificados com as propostas cinema-novistas, não eram reconhecidos por eles. Nas palavras de Renato Tapajós:

> [...] embora a gente estivesse aqui em São Paulo sob o total impacto do Cinema Novo – e todo mundo via o Cinema Novo como a redenção do cinema brasileiro –, na verdade São Paulo nunca esteve envolvida no Cinema Novo, quer dizer, depois comentava-se que o Cinema Novo era composto por aqueles que o Glauber achava que faziam parte do Cinema Novo. E como ele nunca achou que os paulistas fizessem parte do Cinema Novo, a gente corria um pouco à margem disso daí, embora fizesse todas as discussões e tentasse acompanhar todas as propostas".[17]

As divergências não são perceptíveis somente pelo recurso à noção de estrutura de sentimento; afinal, ela era, na essência, guardadas as distinções e peculiaridades de cada obra e autor, a mesma para todos esses cineastas. Talvez as divergências possam ser mais bem compreendidas ao se adentrar pela lógica da constituição do campo do cinema brasileiro, no qual o grupo do Cinema Novo buscava ganhar poder e prestígio, desbancando outros agrupamentos e evitando rivais.

Outro exemplo: o pessoal do Teatro Oficina teve, desde o início dos anos 1960, uma sólida ligação com o Teatro de Arena, particularmente com Augusto Boal. Todos compartilhavam da mesma estrutura de sentimento; no caso do Oficina, com uma influência forte também da dramaturgia e da filosofia existencialista de Sartre, que na época esteve no Brasil e, entre outras coisas, ajudou a difundir a simpatia pela revolução cubana, que incendiava o imaginário do pessoal – como conta Renato Borghi em sua peça autobiográfica exibida em São Paulo, em 2004, intitulada *Borghi em revista*. No livro *Oficina: do teatro ao te-ato*, Armando Sérgio da Silva observa que, em 1964, a encenação da peça do revolucionário russo Máximo Gorki, "*Pequenos burgueses*, bem como o golpe de Estado no país, foram um marco decisivo na história do Teatro Oficina. A partir de então a balança que oscilava entre o existencial e o social começou a pender para esse último" (Silva, 1981, p.132). Mas seria em 1967, com a encenação da peça de Oswald de Andrade, *O rei da vela*, que o Oficina viria a distinguir-se claramente da tradição do Teatro de Arena e provocar impacto artístico e político nacionalmente no campo teatral, propondo uma "revolu-

---

17 Renato Tapajós. Entrevista ao autor, Caxambu, 21 out. 1997.

BRASILIDADE REVOLUCIONÁRIA

ção ideológica e formal" que os aproximaria do nascente tropicalismo – o que remete a um último exemplo.

O tropicalismo possivelmente foi o movimento artístico mais expressivo das transformações por que passava a sociedade no final da década de 1960. Em 1967-68, destacou-se especialmente na música popular, com Caetano Veloso, Gilberto Gil, Tom Zé, Capinam, Gal Costa, Torquato Neto e ainda os maestros e arranjadores Rogério Duprat, Júlio Medaglia e Damiano Cozzella, a banda de rock Os Mutantes, entre outros. Envolveu também artistas de diversos campos, como Hélio Oiticica, Lygia Clark e Rogério Duarte nas artes plásticas; José Celso Martinez Corrêa e o grupo do Teatro Oficina; Glauber Rocha e outros herdeiros do Cinema Novo.

O movimento também é constituinte – talvez o derradeiro – da brasilidade revolucionária, ao mesmo tempo em que anuncia seu esgotamento e sua supera-ção, quem sabe antevendo uma nova estrutura de sentimento.[18] Mas tinha suas peculiaridades, tais como, de um lado, o acento na sintonia internacional e, de outro, a valorização e a recuperação de tradições populares do "Brasil profundo", esquecidas pela então dominante canção engajada, acusada de baratear as lin-guagens e de adular os desvalidos, nos termos do livro de memórias de Caetano Veloso.[19] Isso levaria os tropicalistas a brigar em família com o nacional-popular no campo da canção. Essas particularidades e lutas de indivíduos e grupos que compartem ou não a mesma estrutura de sentimento podem ser compreendidas lançando-se mão da ideia de *campo* como espaço de concorrência entre agentes em busca de legitimidade, prestígio e poder – ou seja, de capital social.

No caso dos tropicalistas baianos, eles vinham de fora do eixo dominante culturalmente; nunca privaram da intimidade do círculo de expoentes da bossa nova, como Tom Jobim e Vinícius de Moraes.[20] Sob a luz da formulação de "campo", é possível interpretar de modo inesperado um verso de *Miserere nobis*, parceria de Gilberto Gil e Capinam em 1968. Eles advertiam na canção que "já não somos como na chegada/ calados e magros, esperando o jantar" – como no tempo em que chegaram a São Paulo e fizeram o espetáculo engajado e de notoriedade secundária, intitulado *Arena canta Bahia*, sob direção de Augusto Boal, em 1965. Dois anos depois, eles já não se contentavam em ocupar posi-

---

18 Tratei do tema num capítulo sobre Caetano Veloso em Ridenti (op. cit, p.265-315), embora não tivesse recorrido então ao conceito de estrutura de sentimento, nem ao de campo.

19 Caetano (1997, p.504) propõe a "sensibilidade popular", diferenciada do "populismo, substituidor da aventura estética pela adulação dos desvalidos e barateador das linguagens".

20 Tom e Vinícius eram íntimos e parceiros do jovem Chico Buarque, atacado pelos tropicalistas a ponto de responder com um artigo no jornal *Última Hora* (Buarque, 1968).

ção subalterna no campo da música popular. Não mais esperariam as sobras na porta: os tropicalistas arrombaram-na para avançar sobre o banquete na sala de jantar. Mas isso vinha junto com o mesmo espírito socializante da brasilidade revolucionária, por exemplo, nos versos da mesma canção a evocar que "um dia seja/ para todos e sempre a mesma cerveja/ tomara que um dia de um dia não/ para todos e sempre metade do pão".

O tropicalismo não pretendia ser porta-voz da revolução social, mas revolucionar a linguagem e o comportamento na vida cotidiana, incorporar-se à sociedade de massa e aos mecanismos do mercado de produção cultural, sem deixar de criticar, de um lado, a ditadura e, de outro, uma estética de esquerda acusada de menosprezar a forma artística. Articulava aspectos modernos e arcaicos, buscando retomar criativamente a tradição cultural brasileira e ao mesmo tempo incorporar influências estrangeiras de forma "antropofágica", ideia recuperada da obra do modernista Oswald de Andrade (1890-1954), como se sabe. Assim, por exemplo, valorizava a introdução da guitarra na música popular e o influxo da contracultura, que seriam reinventados criativamente pelo jeito de ser tropical, brasileiro. Talvez tenha sido, simultaneamente, o precursor de uma sensibilidade dita pós-moderna, fragmentada, mas também o último suspiro da socialização da cultura esboçada nos anos 1960. Afinal, paradoxalmente, como sugere o próprio nome *tropicalismo* – que se refere à utopia de uma civilização livre nos trópicos –, sua preocupação básica continuava sendo a constituição de uma nação desenvolvida e de um povo autônomo, afinados com as mudanças no cenário internacional.

DECLÍNIO DE UMA ESTRUTURA DE SENTIMENTO

Tenho usado uma interpretação de Perry Anderson sobre modernismo e modernidade para compreender o florescimento cultural e político nos anos 1960 (Ridenti, 2000; 1993).[21] A brasilidade revolucionária construiu-se com base em coordenadas históricas que podem ser observadas nas sociedades que ingressam em definitivo na modernidade urbana capitalista: a "interseção de uma ordem dominante semiaristocrática, uma economia capitalista semi--industrializada e um movimento operário semi-insurgente". Vale dizer, historicamente, o modernismo caracteriza-se: 1) pela resistência ao academicismo nas artes, intimamente ligado a aspectos pré-capitalistas na cultura e na política, nas

---

21 A interpretação de Anderson (1986) será retomada, adiante, no capítulo final.

quais as classes aristocráticas e latifundiárias dariam o tom; 2) pelas invenções industriais de impacto na vida cotidiana, geradoras de esperanças libertárias no avanço tecnológico; e 3) pela "proximidade imaginativa da revolução social", fosse ela mais "genuína e radicalmente capitalista" ou socialista (Anderson, 1986, p.18-19). Essas coordenadas teriam desaparecido na Europa depois da Segunda Guerra Mundial, segundo o autor, mas ainda estariam presentes no Terceiro Mundo, que entretanto também tenderia a superá-las.

Parece que as coordenadas históricas do modernismo propostas por Anderson estavam presentes na sociedade brasileira, do final de 1950 até 1968: era significativa a luta contra o poder remanescente das oligarquias rurais e suas manifestações políticas e culturais; havia um otimismo modernizador com o salto na industrialização a partir do governo Kubitschek, sem contar o imaginário da revolução brasileira – fosse ela democrático-burguesa (de libertação nacional) ou socialista –, impulsionado pelos movimentos sociais de então.

O quadro mudaria após o fechamento político com a promulgação do Ato Institucional n. 5 (AI-5), de 13 de dezembro de 1968, seguido da derrota das esquerdas brasileiras, esmagadas pela ditadura – que, paralelamente à repressão, realizava o "milagre econômico" que consolidaria a modernização conservadora –, sem contar os rumos pouco favoráveis para os revolucionários dos eventos políticos internacionais nos anos 1970, especialmente em sua segunda metade. Com isso, desapareciam na sociedade brasileira as coordenadas históricas apontadas por Anderson: afastava-se a proximidade imaginativa da revolução, enquanto a sociedade se modernizava e urbanizava, permitindo constatar que a industrialização e as novas tecnologias não levaram à libertação, mas, ao contrário, conviviam bem com uma ditadura. Assim, dissolviam-se as bases históricas que deram vida ao florescimento cultural e político animado pela brasilidade revolucionária.

A ditadura, entretanto, tinha ambiguidades: com a mão direita punia duramente os opositores que julgava mais ameaçadores – até mesmo artistas e intelectuais –, e, com a outra, atribuía um lugar dentro da ordem não só aos que docilmente se dispunham a colaborar, mas também a intelectuais e artistas de oposição. Concomitantemente à censura e à repressão política, ficaria evidente na década de 1970 a existência de um projeto modernizador em comunicação e cultura, atuando diretamente por meio do Estado ou incentivando o desenvolvimento capitalista privado. A partir do governo Geisel (1975-1979), com a abertura política, especialmente por intermédio do Ministério da Educação e Cultura, que tinha à frente Ney Braga, o regime buscaria incorporar à ordem artistas de oposição.

Na década de 1970, instituições governamentais de incentivo à cultura ganharam vulto, caso da Embrafilme, do Serviço Nacional de Teatro, da Funarte, do Instituto Nacional do Livro e do Conselho Federal de Cultura. A criação do Ministério das Comunicações, da Embratel e outros investimentos governamentais em telecomunicações buscavam a integração e a segurança do território brasileiro, estimulando a criação de grandes redes de televisão nacionais, em especial a Globo, que nasceu, floresceu e se tornou uma potência na área à sombra da ditadura – que ajudava a legitimar em sua programação, especialmente nos telejornais. A Globo empregava também artistas da brasilidade revolucionária, como Vianinha e Dias Gomes.[22]

Intelectuais como Sérgio Paulo Rouanet e Renato Ortiz já salientaram que a indústria cultural brasileira dos anos 1980, Rede Globo à frente, seria uma herança caricatural, mas reveladora, das propostas nacionais e populares da década de 1960. Rouanet admite que o "nacional-popular do passado era crítico e mobilizador, o da indústria cultural é conformista e apolítico", mas seria um "espelho deformante" daquele, do qual tirou

> [...] a ideia de autenticidade que a mídia interpreta como defesa do mercado brasileiro contra os enlatados americanos e a preocupação com a identidade cultural, que a televisão procura resgatar, reservando um espaço para programações regionais, intercaladas entre programas de âmbito nacional. É dele, enfim, que vem seu traço mais típico, o antielitismo, concebido como repúdio à cultura "erudita" [...]. (Rouanet, 1988)

Assim, haveria "afinidades estruturais importantes entre a autolegitimação nacionalista e populista da indústria cultural brasileira [atual] e as antigas bandeiras nacionalistas e populares". (Rouanet, 1988)

Já Renato Ortiz (1988) ressalta a reabsorção despolitizante pelos meios de comunicação de massa de uma cultura nacional e popular que se pretendia revolucionária em sua origem.[23] Segundo ele – lançando mão da distinção entre ideologia e utopia nos termos de Karl Mannheim (1950) –, a utopia nacional-popular das décadas de 1940, 1950 e 1960 transformou-se na ideologia da indústria cultural brasileira dos anos 1970 e 1980, isto é, uma visão de mundo crítica foi transformada numa justificativa da ordem. Para usar um vocabulário inspirado em Raymond Williams, pode-se falar no declínio de uma estrutura de

---

22 Até o final da vida, apesar de ter-se tornado um ícone da ideologia nacional-popular de mercado da Globo com suas telenovelas, Dias Gomes identificava-se com o que se chama aqui de brasilidade revolucionária, tanto que deu a suas memórias o título *Apenas um subversivo* (1998).

23 Ver também os balanços de Ruben Oliven (2002) e de Esther Hamburger (2002).

sentimento que deixa de ser revolucionária, mas conserva aspectos de defesa da brasilidade que marcarão a indústria cultural nacional.

Sergio Miceli chegou a levantar a hipótese de que o sucesso de bens culturais brasileiros em âmbito nacional e também no mercado internacional – como no caso das telenovelas da Rede Globo – seria indissociável do

> [...] recrutamento de toda uma geração de técnicos, escritores e artistas comprometidos com a ética e com a estética de esquerda e, por essa razão, habilitados artesanal e ideologicamente à fabricação de bens culturais condizentes com as expectativas axiológicas e com os padrões estéticos de gosto dos públicos consumidores nos países metropolitanos. (Miceli, 1994, p.60)

Com apoio estatal, durante a ditadura, foi criada uma indústria cultural merecedora desse nome, não apenas televisiva, mas também editorial – que publicava livros e especialmente jornais, revistas, fascículos e outros produtos –, fonográfica, de agências de publicidade e assim por diante. Empregavam-se, frequentemente, artistas e intelectuais nas agências de publicidade, cujo crescimento vertiginoso acompanhou a modernização conservadora promovida pelo Estado, que se tornou ainda um anunciante fundamental para os meios de comunicação de massa, como expõe Maria Arminda Arruda (2004).

Os herdeiros do Cinema Novo constituem exemplo significativo do rearranjo pragmático dos artistas de esquerda com a ordem estabelecida na década de 1970 Como bem aponta José Mário Ortiz Ramos, referindo-se ao início do Cinema Novo, "o conceito de alienação se entrecruzava com o nacionalismo, costurando o tecido que sustentava, e de alguma forma unificava, a diversidade da produção cultural da época" (Ramos, 1983, p.75). O Cinema Novo em seus primórdios buscava um "enigmático homem brasileiro", em sua "ânsia de apreender a realidade brasileira" (Ramos, 1983, p.13). Pode-se dizer que essas palavras de Ramos expressam bem a brasilidade revolucionária, que dava resposta a certas transformações na organização social até 1964. Mas essa organização mudaria muito sob a ditadura, especialmente depois de 1968, e, portanto, a estrutura de sentimento correspondente não poderia passar incólume. Nesse sentido, Ramos observa com perspicácia a permanência para os herdeiros do Cinema Novo – e, pode-se acrescentar, para os herdeiros em geral da brasilidade revolucionária – da questão nacional, da identidade do cinema, da cultura e do homem brasileiro, mas mostra como essa questão vai ganhando novos contornos ao longo do tempo: "A preocupação com o 'homem brasileiro' é uma constante no Cinema Novo, mas o importante é acompanhar as transformações que sofre conforme as injunções políticas" (Ramos, 1983, p.78).

Essas injunções políticas tendiam a afastar a proximidade imaginativa da revolução social. Após as derrotas de 1964 e de 1968, a busca romântica da identidade nacional do homem brasileiro permaneceria, porém mudavam as características desse romantismo, que foi deixando de ser revolucionário para encontrar um lugar na nova ordem. Nos primeiros anos da ditadura, os herdeiros do Cinema Novo colocaram-se claramente na oposição, mas isso em parte mudou com a abertura política do presidente Geisel e a reorganização da Embrafilme, com a qual vários cineastas passaram a colaborar, especialmente na gestão do cineasta Roberto Farias, entre 1974 e 1979 (Soler Jorge, 2002). A posição do governo continuava ambígua: filmes financiados pela Embrafilme por vezes eram censurados; diferentes órgãos do Estado incentivavam e puniam uma dada produção.

Essa ambiguidade – em parte responsável pela longevidade da ditadura – marcaria todas as esferas artísticas e também intelectuais, como a própria universidade: o governo reprimia professores e estudantes considerados subversivos, mas o projeto de desenvolvimento exigia investimentos significativos em ciência e tecnologia, portanto, também na universidade. Ora, os debates e a crítica próprios da atividade acadêmica acabaram por gerar questionamentos crescentes à ditadura, que não deixava de oferecer uma alternativa de acomodação institucional a setores acadêmicos de oposição, como a criação de um sólido sistema nacional de pós-graduação e de apoio à pesquisa que perdura até hoje. A atuação educacional do regime implicou também a massificação do ensino público de primeiro e segundo graus, ainda que qualitativamente degradados, o incentivo ao ensino médio e superior privado e assim por diante. Buscava atender a sua maneira, dentro da nova ordem, às reivindicações de modernização que haviam levado os estudantes às ruas na década de 1960.

A sociedade brasileira foi ganhando nova feição; e artistas e intelectuais que construíram a brasilidade revolucionária como estrutura de sentimento aos poucos iam-se adaptando à ordem sob a ditadura. Chegaram a constituir um segmento de produção e consumo de mercadorias culturais consideradas críticas ao regime, que censurava seletivamente alguns desses produtos. O mercado oferecia ótimas oportunidades a profissionais qualificados – até mesmo aos artistas de esquerda, representantes da cultura viva do período anterior, que se esgotara em 1968. Eles não tinham muita dificuldade para encontrar bons empregos em redes de rádio e televisão, produtoras de teatro e cinema, empresas de jornalismo, agências de publicidade, universidades, fossem órgãos públicos ou privados – ainda que houvesse "listas negras" elaboradas pelo Serviço Nacional de Informações.

HERANÇAS

A partir de 1985, a redemocratização da sociedade brasileira levaria uma parcela significativa dos artistas e intelectuais de oposição a comprometer-se com a Nova República. Eram as "aves de arribação", a deixar a esfera de uma oposição mais consistente à ordem estabelecida, nos termos de um artigo de Francisco de Oliveira (1985). Já restava pouco da velha estrutura de sentimento da brasilidade revolucionária que – adaptada à nova organização social a que procurava responder – encontraria sobrevida em alguns setores, como os que viriam a constituir o Partido dos Trabalhadores (PT), que desde o início contou com a simpatia de vários artistas e intelectuais. Tanto que Mário Pedrosa, Antonio Candido e Lélia Abramo encabeçaram as assinaturas do Manifesto de Lançamento do PT, em 10 de fevereiro de 1980, em ato público realizado no Colégio Sion, em São Paulo. Contudo, sintomaticamente, os três sempre tiveram uma convivência problemática e contraditória com a brasilidade revolucionária, a que entretanto não eram alheios. Politicamente, Mário e Lélia tinham formação trotskista, e Candido integrava o Partido Socialista, todos adversários do trabalhismo, bem como do nacionalismo dos comunistas.[24]

Em 1980, as condições eram outras: a sociedade havia se modernizado e urbanizado, o nacionalismo terceiro-mundista era coisa do passado, o culto ao povo cedia lugar no imaginário do PT à constituição da classe trabalhadora, assim como se esgotava a noção de partido de vanguarda informada pelo marxismo- -leninismo. Não havia como a brasilidade revolucionária expressa nas obras artísticas dos anos 1960 permanecer. Contudo, os movimentos sociais insurgentes, o novo sindicalismo, as Comunidades Eclesiais de Base da Igreja informadas pela Teologia da Libertação, a luta contra a ditadura nos seus estertores, o surto da imprensa alternativa, o fim do AI-5 e da censura, a Anistia, a vitória da revolução na Nicarágua, em 1979, e outros fatores criavam em setores artísticos e intelectuais – identificados ou não com os primórdios do PT – a sensação de con

---

24 Não obstante, como no caso de Pedrosa, o impacto da brasilidade revolucionária no contexto da ditadura é perceptível em seu pensamento no período. Veja-se, por exemplo, o elogio do crítico – adepto da arte abstrata e impulsionador do concretismo nas artes plásticas brasileiras – ao engajamento da exposição *Opinião 65*, inspirada no show *Opinião*, um "teatro popular tão próximo, por sua própria natureza, ao clima social, à atmosfera política da época". Para ele, a canção *Carcará*, de João do Vale, seria um "verdadeiro hino da revolução camponesa nordestina [...] como a *Caramagnole* foi da plebe urbana e dos *sans-culottes* na Revolução Francesa, durante o Terror". *Carcará* e o filme *Deus e o Diabo na terra do sol*, de Glauber Rocha, teriam dado "para o Brasil o signo de uma espécie de criatividade coletiva" (In: Arantes, 1995, p.204-205). Ver, ainda, Pedrosa (1966).

tinuidade em relação à antiga estrutura de sentimento. Tanto que, por exemplo, no fim dos anos 1970, a Editora Civilização Brasileira tentou reeditar o sucesso da *Revista Civilização Brasileira* ao lançar *Encontros com a Civilização Brasileira* (que chegou a ter mais números que a antiga, mas seu impacto não foi nem sombra do da outra); a também tradicional Editora Brasiliense viveria tempos de glória após o êxito da *Coleção Primeiros Passos*, que atualizava a proposta de livros paradidáticos de bolso dos *Cadernos do povo brasileiro*, editados no início dos anos 1960 pela Civilização Brasileira,[25] e até a pequena Editora Kairós, dirigida por trotskistas, lançou a prestigiosa *Arte em Revista*, que republicou parte significativa dos debates político-estéticos dos anos 1960.

No decorrer da década de 1980, as lutas sindicais no Brasil, a campanha pelas diretas já, o fim da ditadura no início de 1985, a convocação da Assembleia Nacional Constituinte, a legalização dos partidos comunistas, o crescimento do PT e outros fatores ainda mobilizaram certo imaginário da revolta e da revolução, mesmo que já distinto daquele dos anos 1960: destacavam-se correntes de esquerda que buscavam contato com a realidade imediata das vidas cotidianas e com as lutas dos movimentos sociais por direitos de cidadania, contra a visão doutrinária fechada de certas vertentes do marxismo. Por sua vez, o cenário internacional desfavorável, com o avanço do neoliberalismo, o domínio conservador simbolizado na dupla Reagan-Thatcher e no pontificado de João Paulo II, a crise da revolução nicaraguense, a *glasnost* e a perestroica na União Soviética, que culminariam com o fim do socialismo no Leste Europeu, e internamente a derrota dos candidatos de esquerda Brizola e Lula, nas eleições de 1989, parecem ter selado a sorte da velha estrutura de sentimento.

DE SAPOS REVOLUCIONÁRIOS A PRÍNCIPES PÓS-MODERNOS

Esse processo evidentemente é longo, intrincado, e será objeto do último capítulo do livro. Agora se propõe apenas um comentário sobre um filme que não foi propriamente um sucesso de público nem de crítica, mas que expressa bem o deslocamento e o estranhamento em nossos dias do artista/intelectual formado na estrutura de sentimento da brasilidade revolucionária – e assim serve de pretexto para tratar do envelhecimento dessa estrutura. Trata-se de *O príncipe*, lan-

---

25 A Brasiliense também editou na época a coleção *O nacional e o popular na cultura brasileira*, que não deixava de ser um balanço crítico da estrutura de sentimento da brasilidade revolucionária. Cf. Novaes, 1983.

çado em 2002, escrito e dirigido por Ugo Giorgetti – cineasta nascido em 1942, diretor-roteirista de cinema publicitário desde 1966, também documentarista, que só se destacaria nos longas a partir de meados dos anos 1980. O personagem central do filme é Gustavo, um intelectual que deixou São Paulo no início dos anos 1980 e só volta ao Brasil vinte anos depois, quando reencontra os amigos e a cidade muito modificados, sentindo-se absolutamente deslocado.

Aqui é preciso dar um desconto à verossimilhança: afinal, em primeiro lugar, o homem que retorna não havia vivido em outro planeta, mas em Paris, ainda que trabalhando sem regularidade e recorrendo constantemente à ajuda da seguridade social, pelo seu ideal de estar à margem do sistema. Em segundo lugar, o personagem central seria mais plausível se pertencesse à geração do diretor, universitária nos anos 1960, plenamente identificada com a brasilidade revolucionária – mas Gustavo é mais jovem, formado na década de 1970, portanto deveria estar mais afinado com os ecos dos novos movimentos sociais que surgiram na época em São Paulo, analisados por Eder Sader (1988). Há uma breve menção a eles, durante uma fala que remete ao tempo da "Vila Euclides" – estádio de futebol onde se realizavam manifestações dos metalúrgicos do ABC do fim dos anos 1970 ao início dos 1980 –, ao passo que abundam as referências à década de 1960, por exemplo uma tomada na rua Maria Antônia, passando em frente à antiga Faculdade de Filosofia.

Após vinte anos de exílio voluntário, ao retornar de táxi do aeroporto à casa materna, na Vila Madalena – que na sua juventude era um bairro pacato e simples, onde viviam jovens estudantes e intelectuais, muitos dos quais frequentavam o *campus* vizinho da Universidade de São Paulo –, Gustavo mal reconhece o bairro, agitado, cheio de bares, movimento de pessoas e automóveis, sujeito à criminalidade e à banalidade da violência cotidiana da metrópole. Os antigos amigos de esquerda em geral estão bem situados dentro da ordem, com a qual convivem com graus variados de (des)conforto. Um deles tornou-se jornalista de prestígio – o "velho" do jornal que teria um profissional para agradar a cada segmento do mercado. Ele, paraplégico em razão de um acidente, vive bêbado e a tudo ironiza. Numa cena marcante, recita versos da *Divina comédia* no célebre trecho em que o poeta está às portas do inferno. A cena acontece de madrugada, em meio a uma infinidade de mendigos nas proximidades da outrora fulgurante Galeria Metrópole, atrás da decadente Biblioteca Municipal, diante da estátua de Dante na Praça Dom José Gaspar, onde ficava o Paribar, também evocado explicitamente numa tomada. Detalhe: todas essas referências remetem à São Paulo florescente dos anos 1950-60, tempo da juventude do autor do filme, e não do personagem da Vila Madalena na década de 1970.

A bela ex-namorada do protagonista tornou-se executiva bem-sucedida de uma grande empresa que investe em eventos artísticos e culturais, mas se confessa infeliz. Outros personagens aparecem brevemente, como a moça que fotografa mortos na violência da madrugada, um psicanalista da moda que será homenageado no desfile de uma escola de samba e um maestro que vira *pop star* – papel de Júlio Medaglia, que ironicamente interpreta um maestro engolfado no sistema.

Outro amigo prosperou com marketing gerencial e cultural. Sabendo do bom domínio de Gustavo da obra de Maquiavel, ele propõe ao velho companheiro empresariar seu futuro sucesso: palestras e um livro adaptando a obra *O príncipe* para autoajuda de interessados em triunfar rapidamente nos negócios.[26] Daí o título do filme, que se refere também à autodesignação de Gustavo como "o príncipe da Náusea", em referência ao romance de Sartre que – de novo o deslocamento temporal – empolgou muito mais a geração do diretor do filme que a de seu personagem. Sem contar a ironia envolvida no fato de que Antonio Gramsci – o revolucionário italiano que tanto influenciou intelectuais brasileiros, especialmente nos anos 1970 – imaginava que o Partido Comunista pudesse vir a ser o príncipe moderno.

Apenas dois personagens parecem manter a dignidade. O primeiro é um amigo de Gustavo que ajuda os pobres, trabalhando de graça em um albergue do bairro do Bom Retiro; leva uma vida modesta e recebe Gustavo para conversar numa pequena fábrica abandonada que herdou do pai, judeu. Esse personagem – mais que o niilista Gustavo – é o que melhor encarna o que restou da brasilidade revolucionária. Ele diz, numa cena: "existe um Brasil secreto, subterrâneo, escuro, enorme, é difícil chegar perto. E ao mesmo tempo ele está praticamente por toda parte". O segundo é o sobrinho do protagonista, um professor de História que está em tratamento mental numa clínica, após surtos sucessivos que não poupavam sequer suas aulas no colégio particular em que lecionava. Constatando a falta de

---

26 É significativa a longa fala, quase um monólogo, desse personagem cínico e arrivista, numa cena de cerca de cinco minutos que se passa numa academia de ginástica da moda, em que se recorre a outros símbolos dos novos-ricos, como telefone celular, terno e carro importado. Eis alguns trechos: "finalmente, cultura e erudição estão dando dinheiro. A modernidade inclui a cultura e os *culturati*. A modernidade necessita de charme. E quem é que pode fornecer essa matéria-prima tão rara? Nós! Finalmente nós estamos na moda. Há fenômenos acontecendo, megalivrarias sendo inauguradas, feiras de livros, o diabo. Não sei se alguém lê, mas compram, e isso é o que interessa para nós. [...] Os intelectuais cansaram de ser pobres. Eles acabaram aprendendo com os publicitários que ideiazinhas valem dinheiro. E, apesar de tudo, há muito dinheiro circulando por aí. Todos os nossos amigos estão colocados. [...] e todos estão nas colunas sociais. A gente acaba fazendo parte da grande fraternidade artístico-empresarial – e ganha dinheiro, porra!".

BRASILIDADE REVOLUCIONÁRIA 111

expressão da História do Brasil, ele ensinava aos alunos uma História grandiosa que inventava, atribuindo, por exemplo, aos militares brasileiros a libertação de Berlim no fim da Segunda Guerra Mundial. Ao final do filme, o professor não suportou a doença que chamara de "desabamento central da alma", constatou que "a luz desta cidade está se apagando" e jogou-se do alto do viaduto, sobre a Avenida Sumaré, enquanto o protagonista sai para o exterior, fugindo novamente (das ruínas) de São Paulo e do Brasil.

Não seria o caso de aprofundar aqui a análise do filme, que interessa por ilustrar o estranhamento de alguém que compartilhou da brasilidade revolucionária como estrutura de sentimento em relação à realidade de hoje, em que a hegemonia burguesa é tão difusa e consolidada que se torna difícil pensar numa alternativa a ela. Passaria a predominar o "senso de realidade experimentada" que supõe a reprodução eterna da sociabilidade capitalista.[27]

A brasilidade revolucionária deve ter herdeiros, mas pode-se arriscar a hipótese – seria melhor dizer intuição, pois ela é difícil de comprovar, uma vez que ainda não há o devido distanciamento no tempo – de que o lugar principal é agora ocupado pela individualidade pós-moderna como estrutura de sentimento, esboçada naqueles mesmos anos 1960, caracterizada pela valorização exacerbada do "eu", pela crença no fim das visões de mundo totalizantes, dado o caráter completamente fragmentado e ilógico da realidade, pela sobreposição eclética de estilos e referências artísticas e culturais de todos os tempos, pela valorização dos meios de comunicação de massa e do mercado, pela inviabilidade de qualquer utopia.

O profissional competente e competitivo no mercado, concentrado na carreira, veio substituir o antigo modelo de artista/intelectual indignado, dilacerado pelas contradições da sociedade capitalista periférica e subdesenvolvida. Esse tema será retomado no capítulo final. Por ora, vale a pena considerar aspectos da constituição social dos agentes formuladores da estrutura de sentimento a que se pode denominar *brasilidade revolucionária*.

---

27 Ao tratar do conceito de hegemonia, baseado em Gramsci, Williams (1979, p.113) observa que ele envolve "um conjunto de práticas e expectativas, sobre a totalidade da vida: nossos sentidos e distribuição de energia, nossa percepção de nós mesmos e nosso mundo. É um sistema vivido de significados e valores – constitutivo e constituidor – que, ao serem experimentados como práticas, parecem confirmar-se reciprocamente. Constitui assim um senso da realidade para a maioria das pessoas na sociedade, um senso de realidade absoluta, porque experimentada, e além da qual é muito difícil para a maioria dos membros da sociedade movimentar-se, na maioria das áreas de sua vida".

A INSERÇÃO SOCIAL DOS CRIADORES DA BRASILIDADE REVOLUCIONÁRIA

Há uma tradição analítica que tende a apontar na morfologia dos grupos artísticos e intelectuais – e também dos partidos e movimentos políticos brasileiros de esquerda – a forte presença de integrantes da aristocracia decadente, ou das camadas médias tradicionais. Segundo Sergio Miceli,

> [...] a maioria dos intelectuais desse período [1920-45] pertencia à família de "parentes pobres" da oligarquia ou, então, a famílias de longa data especializadas no desempenho dos encargos políticos e culturais de maior prestígio. (Miceli, 2001, p.81)

Para Leôncio Martins Rodrigues, os principais dirigentes comunistas nos anos 1930-40 eram "de famílias brasileiras tradicionais, do Nordeste e do estado do Rio, especialmente". O dirigente esquerdista típico seria "o jovem intelectualizado de família tradicional decadente dos Estados pobres" (Rodrigues, 1981, p.385). Esse traço também seria marcante da maioria dos intelectuais e artistas da época. Eles teriam em comum a experiência de ser desalojados da posição social ocupada até então pelos seus, o que lhes daria a possibilidade de enxergar a realidade de outros pontos de vista, em geral sem romper os laços com suas classes de origem – mas, em casos-limite, identificando-se com as classes dominadas.

Análises como as de Miceli e de Rodrigues – ainda que diferenciadas entre si, pois o primeiro busca compreender o chão social dos intelectuais, enquanto o segundo se preocupa essencialmente com desmistificar o discurso comunista, supostamente proletário, mostrando que seus dirigentes viriam de famílias tradicionais e decadentes de estados economicamente periféricos – remetem à primeira metade do século XX, mas poderiam ser estendidas para o período subsequente, até porque muitos intelectuais, artistas e militantes da primeira metade do século continuaram atuando na segunda. Contudo, no que se refere aos anos 1960, há uma série de dados quantitativos e qualitativos que – se não invalidam aquelas interpretações – apontam que eram igualmente ou até mais importantes, na composição de grupos políticos, artísticos ou intelectuais, novos setores sociais que se estabeleciam, com forte presença de descendentes de imigrantes e de pessoas vindas do interior para as capitais, que na sua maioria compunham a primeira geração familiar a atingir o ensino superior.

Vejam-se algumas estatísticas que mostram o aumento acelerado do acesso à universidade, o que aponta para mudanças expressivas na composição social

BRASILIDADE REVOLUCIONÁRIA

das camadas intelectualizadas. O número de vagas oferecidas ao ano no ensino superior brasileiro saltou de 35.900, em 1960 (número já bastante elevado, em comparação com as décadas anteriores), para 89.592, em 1968. Mesmo assim, não era suficiente para a procura, exacerbando o problema dos "excedentes", que obtinham média para serem aprovados, mas não entravam na universidade devido à escassez de vagas. De 1966 a 1968, o número de excedentes passou de 64.627 para 125.414 (Martins Filho, 1987, p.122-126).

Até 1964, implementava-se uma política de integração educacional pela escola pública, atendendo ao projeto de ascensão social pela educação. O regime militar viria a direcionar a questão especialmente para a expansão do ensino privado e a reforma universitária, mas, enquanto não definia uma política para o setor, via-se pressionado pela crescente reivindicação estudantil entre 1965 e 1968. Esse meio estudantil insubordinado constituía o público principal do teatro, do cinema, das artes plásticas, da literatura, das canções, dos ensaios, das revistas e dos jornais; enfim, da produção artística e intelectual mais expressiva do período – quando não era ele mesmo produtor. Estudantes e jovens intelectuais também seriam os principais integrantes dos grupos de oposição clandestina à ditadura.

Na composição social do conjunto dos grupos que pegaram em armas entre 1964 e 1974, predominaram os que poderiam ser classificados como de camadas sociais intelectualizadas – compostas por estudantes ou profissionais de formação superior – que compunham 57,8% do total de 2.112 processados pela Justiça Militar por ligação com as organizações armadas urbanas, cujos militantes eram jovens em sua maioria (51,8% até 25 anos de idade), do sexo masculino (81,7%), como expus no livro *O fantasma da revolução brasileira* (Ridenti, 1993), com base nos dados brutos coletados na pesquisa *Projeto Brasil: nunca mais* (Arns, 1988). Os dados referem-se ao número de processados, que é superior ao dos efetivamente envolvidos mais organicamente em ações armadas, que teriam sido cerca de oitocentos, no cálculo de Elio Gaspari (2002, p.352).

Já o número de mortos e desaparecidos por diversas atividades de oposição à ditadura, especialmente a armada, chega a 396 pessoas (Teles et al, 2009). Os atingidos pelas arbitrariedades da ditadura, entretanto, foram muitos mais – como se pode constatar, por exemplo, pelos números da Comissão de Anistia do Ministério da Justiça, criada em 2001 para indenizar os perseguidos políticos. Até maio de 2007, a Comissão analisou 29.079 pedidos, dos quais 55% foram atendidos, restando ainda outros 28.558 processos para serem analisados, conforme noticiado na *Folha de S.Paulo*.[28]

---

28 *Folha de S.Paulo*, 14 jun. 2007, p.A14.

Agentes sociais novos surgiam na cena política e cultural brasileira, para além dos membros de famílias tradicionais decadentes que compunham a maior parte da intelectualidade até os anos 1940. Outras estatísticas podem reforçar essa hipótese. Por exemplo, quando se toma o conjunto dos processados pelos tribunais militares entre 1964 e 1979, devido aos mais diversos motivos políticos, observa-se que uma ampla maioria (68,6%) residia em capitais; mas os números invertem-se quando são computados os dados de naturalidade: 64% dos processados nasceram no interior. Daí, pode-se concluir que uma parte significativa dos oposicionistas da ditadura é migrante para capitais, particularmente as da região Sudeste, como se pode deduzir ao serem tomados os números referentes a São Paulo, Rio de Janeiro e Belo Horizonte, as três principais metrópoles brasileiras, onde nasceram apenas 18,8 % dos processados, enquanto 43,4% residiam nelas ao responderem à Justiça Militar. Esses dados são compatíveis com a vertiginosa migração do campo para as cidades na sociedade brasileira da época.

A migração do campo para a cidade, ou do interior para as capitais ou centros mais desenvolvidos economicamente, no que se refere às camadas intelectualizadas, pode indicar a continuidade do antigo processo de seleção para as carreiras intelectuais de membros empobrecidos da aristocracia rural. Mas o número é de tal monta que – associado aos dados sobre o acesso ao ensino superior – permite supor que havia novos e importantes atores no cenário sociopolítico.

Conjugavam-se, então, ao menos dois expressivos contingentes nos meios intelectualizados, tanto setores que perderam prestígio e poder político, como aqueles que ascendiam e buscavam seu lugar social. Viriam desses meios os principais protagonistas do florescimento político e cultural que durou cerca de dez anos, a partir do final da década de 1950, os artistas e intelectuais a quem se pode atribuir a brasilidade revolucionária como estrutura de sentimento compartilhada. Tomem-se alguns exemplos qualitativos.

No teatro, ao menos dois grupos paulistanos marcaram a cena nos anos 1960, do ponto de vista dramatúrgico e também político: o Arena e o Oficina. No Teatro de Arena, atuavam jovens militantes, filhos de artistas comunistas de prestígio, como Gianfrancesco Guarnieri e Oduvaldo Viana Filho (Vianinha), e outros de diversas origens, caso do negro Milton Gonçalves, do descendente de italianos Flavio Migliaccio, e do filho de portugueses Augusto Boal (2000), que significativamente intitulou seu livro de memórias *Hamlet e o filho do padeiro*.

A trajetória mais comum do pessoal do teatro – mesmo daquele politicamente engajado – era migrar para a televisão, que se expandiria com vigor a partir de meados dos anos 1960. Contudo, houve casos de caminho inverso, no tempo em que a televisão ainda era acessível a poucos. Por exemplo, passaram pelo Teatro de Arena atores que haviam iniciado carreira na televisão – como Francisco de Assis e David José – ou no rádio, caso de Lima Duarte, que militara numa célebre célula comunista na Rádio Tupi.

Em geral, pessoas com trajetória social ascendente fizeram parte do Teatro de Arena – em contraste com alguns integrantes do Teatro Oficina, que surgira de um grupo amador da tradicional Faculdade de Direito do Largo São Francisco. O Oficina congregava alguns artistas originários de famílias "quatrocentonas", como Carlos Queiroz Telles, ou de famílias bem-postas e conservadoras do interior, como a do araraquarense José Celso Martinez Corrêa, descendente de imigrantes em ascensão, bem como outros membros da trupe, casos de Amir Hadad e Renato Borghi.

Na Universidade de São Paulo (USP), na área de Sociologia, estabelecia-se como principal liderança Florestan Fernandes, filho de empregada doméstica portuguesa – ao lado de um colega de família tradicional, que depois seguiria carreira na área de literatura, Antonio Candido. Os dois principais discípulos de Florestan foram o "italianinho" de Itu, Octavio Ianni, e Fernando Henrique Cardoso, filho de general, de família bem-situada. Fora da academia, vindos de gerações anteriores, marcavam a cena o historiador comunista Caio Prado Jr., de origem das mais nobres e muito rico, proprietário da editora Brasiliense, e o fundador do trotskismo no Brasil, Mário Pedrosa, que depois seria o maior crítico brasileiro de artes plásticas, oriundo de família oligárquica nordestina em decadência.

Também na USP, aconteceu o seminário de *O capital*, contando com expressivo conjunto de alunos e professores marxistas que fariam história na intelectualidade brasileira: além dos mencionados Cardoso e Ianni, também José Arthur Giannotti, Fernando Novais, Ruth Cardoso, Roberto Schwarz, Paul Singer, Michael Löwy, entre outros. Os sobrenomes indicam a presença de vários descendentes de imigrantes, especialmente italianos e judeus, atestando o processo que se iniciava, de relativa abertura do sistema educativo, que dava espaço para a ascensão social por intermédio do estudo na sociedade brasileira a partir dos anos 1950. Paradoxalmente, a ampliação e a abertura do ensino público também alimentavam o pensamento crítico em setores intelectualizados emergentes, não só na universidade, mas também na militância política. Muitos eram jovens da primeira geração familiar com acesso ao ensino superior, até mesmo médio; vários eram descendentes de imigrantes e/ou vindos do interior do país. Eles se encontravam na Universidade com a clientela habitual dos filhos das famílias com capital econômico ou cultural, gerando considerável renovação das elites intelectuais – que continuavam sendo restritas, tanto que uma das peças mais famosas do CPC no início da década de 1960 intitulava-se *Auto dos 99%*, referindo-se à porcentagem de brasileiros que não tinha acesso ao ensino superior.

Em seu conhecido estudo sobre Lukács, Michael Löwy atribui o anticapitalismo de intelectuais não só ao espírito crítico mais geral de setores da pequena burguesia, como especialmente à própria condição de intelectual, cuja evolução para visões de mundo socialistas passaria por mediações ético-culturais e político-morais. Löwy (1979) analisa, por exemplo, o traumatismo ético-cultural que em certa conjuntura revela o abismo entre as tradições humanistas da cultura clássica e a realidade concreta da sociedade burguesa e do mundo capitalista. No caso da geração de Lukács, o traumatismo foi a Primeira Guerra Mundial, que levou muitos a abraçar causas socialistas, especialmente depois que a vitória da revolução russa veio a fornecer um polo catalisador do anticapitalismo difuso e amorfo dos intelectuais, atraindo-os para o "lado do proletariado" (Löwy, 1979, p.9). Löwy dedica o capítulo final à radicalização dos intelectuais no período em que escreveu o livro, nos anos 1970, com especial atenção aos intelectuais do Terceiro Mundo, em que

> [...] na falta de um polo democrático-burguês real, a pequena burguesia e a *intelligentsia* jacobina, democrática e patriótica tendem a se radicalizar, a se tornarem anticapitalistas e até, algumas vezes, marxistas [...]. (idem, p.263)

No caso brasileiro, as gerações universitárias educadas na vigência da Constituição de 1946 não tinham enfrentado qualquer traumatismo claro na época de sua formação – até o advento do golpe de 1964. E só vieram a encontrar um polo catalisador de seu anti-imperialismo após o advento da revolução cubana de 1959. Os que chegaram à universidade nos anos 1950 e início dos 1960 foram criados em clima democrático e de esperança, apesar da Guerra Fria e das desigualdades sociais seculares da sociedade brasileira, com as quais se esperava romper por intermédio do desenvolvimento, fosse desencadeado por um capitalismo de massas ou – no limite – realizado numa sociedade socialista. Associado a eventos internacionais, como sucessivos golpes de Estado na América Latina e a barbárie capitalista na guerra do Vietnã, o golpe de 1964 foi decisivo para configurar o quadro de decadência ético-cultural e político-moral que nutria convicções anticapitalistas.

Tomando como referência a canção popular do início dos anos 1960, a bossa nova expressava a emergência de artistas tipicamente da zona sul carioca que iam do diplomata maduro e poeta renomado, Vinicius de Moraes, ao jovem migrante baiano de Juazeiro, João Gilberto, até então pouco conhecido, filho de negociante próspero mas pouco instruído, com alguma cultura musical. A bossa nova também teria seus desdobramentos politizados, cujo marco inaugural costuma ser considerado a canção *Zelão*, de Sérgio Ricardo, descendente de árabes vindo de Marília, no interior de São Paulo, e irmão mais velho do célebre fotógrafo do Cinema Novo, Dib Luft.

Na segunda metade da década de 1960, despontariam os dois compositores mais conhecidos: Chico Buarque de Hollanda, cujo pai – Sérgio – era professor da USP, intelectual consagrado, de família tradicional brasileira, e Caetano Veloso, de origem baiana mestiça, de classe média baixa, de Santo Amaro da Purificação. Caetano estudou filosofia em Salvador (foi contemporâneo, por exemplo, do intelectual comunista Carlos Nelson Coutinho),[29] onde conviveu com o chamado renascimento cultural baiano, diretamente ligado à Universidade e a seu reitor politicamente conservador Edgard Santos, nas Escolas de Música, Dança e Teatro, sem contar o clube de cinema do comunista Walter da Silveira, o Teatro dos Novos, as revistas como *Ângulos*, numa época de efervescência política e cultural em que se estabeleceram na cidade os músicos Koellreutter, Smetak e Widmer, a dançarina Yanka Rudzka, a arquiteta Lina Bo Bardi, entre outros, como relata Risério (1995). Mais tarde, Caetano Veloso iria para São Paulo junto com outros jovens baianos de origem social parecida que fariam a história do tropicalismo, como sua irmã, Maria Bethânia, o negro interiorano, filho de médico, Gilberto Gil, além de Tom Zé, Gal Costa, entre outros.

Na turma do Cinema Novo, instalada no Rio de Janeiro, conviviam o baiano de Vitória da Conquista Glauber Rocha, o mineiro de família tradicional Joaquim Pedro de Andrade (cujo pai fora funcionário proeminente do ministro Gustavo Capanema, responsável pela política cultural durante o Estado Novo), o judeu Leon Hirszman, o moçambicano branco Ruy Guerra, Carlos Diegues, filho do antropólogo Manoel Diegues, Arnaldo Jabor, descendente de árabes, e assim por diante. O mais velho era Nelson Pereira dos Santos, vindo de São Paulo, bacharel em Direito que fora preparado para ser quadro do Partido Comunista, mas trocou o partido e a carreira jurídica pelo cinema em meados dos anos 1950. Quase todo o pessoal do Cinema Novo – como de resto aconteceu com os principais movimentos artísticos do período – era próximo de organizações de esquerda, em especial o Partido Comunista, no qual alguns militaram.

---

29 Autor de diversas obras sobre política e cultura, como *Cultura e sociedade no Brasil* (Coutinho, 1990).

A ordem estabelecida na sociedade brasileira não estava estruturada para institucionalizar rapidamente os novos setores sociais que afloravam com a rápida modernização econômica, nem para acolher as mudanças nas camadas tradicionais. O golpe e o movimento de 1964 – aprofundados depois do AI-5 – não deixaram de ser expressão da tentativa de reacomodar interesses das camadas médias e altas, que os apoiaram ostensivamente. Mas tiraram perspectivas de outros setores sociais, minoritários, porém significativos, que conseguiam seu lugar institucional a duras penas no decorrer dos anos 1950 e início dos 1960.

Assim, talvez se abra uma pista para entender a radicalização de certos meios intelectualizados após 1964, que viram quebradas suas expectativas, até mesmo daqueles que não vinham de uma tradição marxista. Por exemplo, um grupo de jornalistas e escritores de prestígio no início dos anos 1960 – como Antonio Callado, Carlos Heitor Cony, Otto Maria Carpeaux, Thiago de Mello, Teresa Cesário Alvim, José Silveira, muitos dos quais de formação cristã – não hesitou em aderir ao esboço, logo frustrado, de conspiração guerrilheira nacionalista, comandado do exílio uruguaio por Leonel Brizola, com apoio de Cuba.

O golpe de 1964 frustrou planos e carreiras em curso, por exemplo, na Universidade de São Paulo. De um momento para o outro, nomes que poderiam ser indicados para chefiar ministérios passaram a ser perseguidos na academia e até aposentados à força, como Florestan Fernandes e Fernando Henrique Cardoso, depois do AI-5.

Isso aconteceu ainda em todos os escalões da burocracia de Estado, incluindo suas empresas, como a Petrobras. Constatação que abre uma possibilidade para compreender as leis do governo Fernando Henrique – complementadas e aplicadas pelo governo Lula – de indenização para perseguidos políticos durante a ditadura.[30] Elas parecem feitas de encomenda para contemplar funcionários de destaque no pré-1964, por vezes premiados com o direito a indenizações milionárias, independentemente de terem, em geral, conseguido sucesso profissional em outros empregos ainda durante o período da ditadura.

Setores do meio artístico e intelectual, que se imaginavam ou estavam de fato próximos do poder, viram rapidamente suas perspectivas ruírem depois do golpe. Formava-se assim um contingente disposto a enfrentar a ditadura, a que viria somar-se considerável massa de jovens que chegavam à universidade depois de 1964, ainda sem vislumbrar um lugar social definido para situar-se no futuro.

---

30 Estão surgindo trabalhos acadêmicos sobre o tema. Ver, por exemplo, Mezarobba (2008).

BRASILIDADE REVOLUCIONÁRIA

Ironicamente, conforme já se expôs, a própria ditadura promoveu a modernização autoritária que estabeleceria esse lugar, passado o terremoto dos anos rebeldes de 1960. Buscava atender – a sua maneira, dentro da nova ordem – às reivindicações de modernização que haviam, por exemplo, levado os estudantes às ruas na década de 1960. Abriam-se as mais variadas possibilidades de emprego nos meios intelectualizados, cuja principal fonte de recrutamento se encontrava justamente nos jovens universitários ou recém-formados que haviam se levantado contra a ditadura.

Essa reacomodação institucional, somada à dura repressão, tendeu a reintegrar os insubordinados à ordem. Aos poucos, a institucionalização de intelectuais e artistas neutralizaria eventuais sonhos revolucionários, que conviveriam com e cederiam espaço ao investimento na profissão, no qual prevaleceria a realidade cotidiana da burocratização e do emprego, levando muitos jovens contestadores dos anos 1960 a carreiras de sucesso individual nas artes, na universidade, na imprensa, na televisão, nos negócios e também no meio político profissional, apesar da derrota de seus projetos revolucionários – independentemente de terem ou não sido abandonados por eles, agora em outro contexto.

Nada disso quer dizer que o florescimento cultural e político dos anos 1960 redundaria necessariamente na atual realidade. Fossem outros os resultados políticos das ações, os desfechos poderiam ser diferentes. A institucionalização talvez fosse inevitável, mas poderia dar-se de outras formas, tivesse prevalecido o projeto de capitalismo de massas do pré-1964, ou qualquer outro alternativo, até mesmo a improvável vitória de um projeto socialista.

Antes de ir adiante na análise do processo de institucionalização de artistas e intelectuais, vale a pena insistir um pouco mais nos debates sobre cultura e política na década de 1960, fortemente marcados pelas concepções dualistas da sociedade brasileira e pela questão da terra, tema a ser tratado no próximo capítulo.

A QUESTÃO DA TERRA NO CINEMA E NA CANÇÃO: DUALISMO E BRASILIDADE REVOLUCIONÁRIA[1]

> *– Essa cova em que estás*
> *com palmos medida,*
> *é a conta menor*
> *que tiraste em vida*
> *– É de bom tamanho,*
> *nem largo nem fundo,*
> *é a parte que te cabe*
> *deste latifúndio*
> *– Não é cova grande*
> *é cova medida,*
> *é a terra que querias*
> *ver dividida.[2]*
> (Melo Neto, 1979, p.218)

> *Seu moço, tenha cuidado*
> *Com sua exploração*
> *Se não lhe dou de presente*
> *A sua cova no chão.[3]*
> (Gil, 1996, p.52)

CINEMA E IDEOLOGIA DESENVOLVIMENTISTA: A HIPÓTESE DE BERNARDET

Em um livro conhecido dos anos 1980, reeditado em 2003, intitulado *Cineastas e imagens do povo*, Jean-Claude Bernardet levanta uma hipótese interessante sobre o cinema do período imediatamente anterior ao golpe de 1964. Suas considerações – embora tratando especificamente do cinema, em particu-

---

1 Uma versão anterior deste capítulo, intitulada "O campo no imaginário do cinema e da música popular brasileira nos anos 1960", consta de Starling (2010) com base em seminário homônimo realizado na UFMG, em maio de 2008.

2 Trecho da canção *Funeral de um lavrador*, parte da peça baseada no auto de natal pernambucano *Morte e vida Severina*, escrito em 1954 e 1955 por João Cabral de Melo Neto (1979, p.218 e seq.). A peça foi encenada em 1965 pelo Teatro da Universidade Católica de São Paulo (TUCA), com música de Chico Buarque.

3 Trecho de *Roda*, canção de 1964, com música de Gilberto Gil e letra de João Augusto.

lar dos documentários – expressam bem toda uma crítica que vem sendo feita desde o final da década de 1970 ao conjunto da produção cultural brasileira da primeira metade dos anos 1960.[4] O cinema de então seria marcado pelas formulações do Instituto Superior de Estudos Brasileiros (ISEB):

> [...] o desenvolvimentismo é um projeto ideológico voltado para uma evolução industrial e capitalista do país, a ser promovido por uma burguesia nacionalista e anti-imperialista, cuja ação integraria à nação os que estão marginalizados da produção e do consumo. Esse projeto descreve as zonas rurais, principalmente o Nordeste e o latifúndio, como feudais, pois faz obstáculo à industrialização capitalista.

A produção cinematográfica teria feito um "pacto ideológico implícito e tácito" com as teses do ISEB, pois

> [...] não toca na burguesia, na indústria, na cidade, sede dessa burguesia, nem no proletariado urbano. Há como que um entendimento implícito que fez com que os temas que poderiam ser tidos como delicados por essa burguesia fossem afastados da temática cinematográfica. Essa é uma hipótese para compreender por que as obras principais do Cinema Novo tiveram uma problemática rural, em detrimento da temática urbana; que as movimentações operárias (atuação da CGT, as 152 greves de 1962 etc.) não foram abordadas pelo cinema documentário nem de ficção, e também que a organização dos camponeses foi rejeitada. No campo, interessava basicamente a crítica do latifúndio e a denúncia da miséria, pois a luta camponesa – forma de luta autônoma e projeto popular – poderia assustar essa mesma burguesia, por mais desenvolvimentista que fosse. (Bernardet, 1985, p.39)[5]

Ou seja, a ênfase estaria na "crítica do latifúndio e denúncia da miséria". A burguesia e o operariado não seriam abordados, para não atrapalhar o projeto de aliança de classes para modernizar o país. Só após o golpe de 1964 e a consequente decepção com a burguesia brasileira é que a temática urbana e industrial apareceria nas telas. Em outros termos, a análise de Bernardet indica a afinidade do cinema do período com as teses chamadas dualistas.

---

4 Destaca-se aqui uma corrente intelectual ligada ao surgimento do Partido dos Trabalhadores (PT), no fim dos anos 1970 e o início dos 1980. Ela contestava a noção comunista de vanguarda e apostava na autonomia da classe trabalhadora. No terreno da cultura, foi marcante, por exemplo, a reflexão crítica de um conjunto de artistas e intelectuais em torno do "nacional-popular" que se estabelecera sob hegemonia comunista nas décadas anteriores. Ver a coleção da editora Brasiliense *O nacional e o popular na cultura brasileira – seminários*, de que uma das principais animadoras foi Chauí (1982). Bernardet participou do grupo que elaborou essa coleção, ver: Bernardet; Galvão, 1983.

5 A segunda edição é da Companhia das Letras (2003, p.47-48). O livro trata especificamente de documentários, mas sua crítica ao "pacto ideológico" com as teses do ISEB pretendia-se válida para todo o Cinema Novo.

VISÕES DUALISTAS DO BRASIL

O dualismo ou a "razão dualista" – para usar o termo de Francisco de Oliveira (1972) – concebia a sociedade brasileira cindida em duas: a moderna, em franco desenvolvimento, conviveria com um Brasil atrasado e subdesenvolvido. O dualismo era disseminado de formas diferenciadas pelos teóricos do ISEB, pela Comissão Econômica para a América Latina (Cepal), organismo das Nações Unidas, e pelo Partido Comunista Brasileiro (PCB), cuja teoria das duas etapas da revolução brasileira era incorporada difusa e diversamente por importantes círculos de artistas e intelectuais.

As análises da Cepal apontavam o atraso da estrutura socioeconômica dos países da chamada "periferia", como os da América Latina, em relação ao "centro" econômico mundial, com a deteriorização dos termos da troca – relação de intercâmbio entre produtos primários e industrializados desfavorável para os produtos primários produzidos na periferia. Daí a incapacidade de o mercado desenvolver as economias periféricas e a necessidade do Estado como centro racionalizador da economia, quer pelo planejamento, quer pelo financiamento. O Estado seria o indutor de uma industrialização para o mercado interno, constituindo economias nacionais sólidas e autônomas, com apoio do capital estrangeiro disposto a industrializar a periferia, em oposição ao imperialismo comercial e financeiro, aumentando a renda e a produtividade. Esse tipo de análise implicaria o silêncio sobre as lutas de classes, sendo o subdesenvolvimento visto como ausência de capitalismo, não como seu resultado, segundo Guido Mantega (1985).

O ISEB, órgão ligado à Casa Civil da Presidência da República, foi um centro produtor de ideologias nacional-desenvolvimentistas diferenciadas, que tinham em comum apontar como contradição principal na sociedade brasileira o embate entre "nação" e "antinação". Elegia o "povo brasileiro" como principal agente da História – não qualquer classe em especial. Assim, um autor como Hélio Jaguaribe apostava no capitalismo autóctone na periferia ocidental. Alberto Guerreiro Ramos defendia que o pesquisador deve assumir o ponto de vista da nação, propondo uma ideologia do desenvolvimento e uma ideologia da sociologia nacional. Vieira Pinto apostava nas massas populares no comando do processo de desenvolvimento e dizia-se marxista, assim como alguns de seus jovens assessores. Por sua vez, o militar comunista Nelson Werneck Sodré não pretendia constituir ideologias nacionais, mas fazer ciência. Contudo, compreendia o nacionalismo como inscrito na realidade subdesenvolvida; nacionalismo seria "liberação", verdade histórica (cf. Toledo, 1977; 1998).

Na versão do PCB, haveria resquícios feudais ou semifeudais no campo, a serem removidos por uma revolução burguesa, nacional e democrática, que uniria todas as forças interessadas no progresso da nação e na ruptura com o subdesenvolvimento (a burguesia, o proletariado, setores das camadas médias e também os camponeses), contra as forças interessadas em manter o subdesenvolvimento brasileiro, a saber, o imperialismo e seus aliados internos, os latifundiários e setores das camadas médias próximos dos interesses multinacionais. A revolução socialista viria numa segunda etapa – bem próxima ou ainda muito distante, dependendo da interpretação de cada corrente partidária.

É conhecida a crítica de Caio Prado Jr. (1966) à posição do PCB herdada do VI Congresso da Internacional Comunista, realizado em Moscou em 1928, que propunha para os países coloniais e semicoloniais a revolução nacional e democrática, uma frente única anti-imperialista e antifeudal. No Congresso de 1960, o PCB reiterava a existência de duas contradições fundamentais que exigiam solução radical imediata, porém pacífica: 1) a nação contraposta ao imperialismo norte-americano e seus agentes internos; 2) as forças produtivas em desenvolvimento em contradição com o monopólio da terra (o que envolvia o conflito entre latifundiários e massas camponesas). O Brasil estaria, assim, na etapa da revolução anti-imperialista, antifeudal, nacional e democrática. O partido reconhecia a contradição entre capital e trabalho, mas entendia que ela "não exige solução radical e completa na atual etapa da revolução".[6]

UMA CULTURA REFÉM DA RAZÃO DUALISTA?

De fato, parece que não seria adequado analisar os primeiros filmes do Cinema Novo fora da chave das interpretações dualistas da sociedade brasileira que eram hegemônicas no período. Mas é preciso matizar leituras como a realizada por Bernardet, pois, em primeiro lugar, outras produções culturais afinadas com o dualismo do ISEB ou do PCB tematizaram os dramas populares urbanos, caso notório da peça *Eles não usam black tie*, do comunista Guarnieri, encenada pelo Teatro de Arena em 1958; ou das coletâneas de poemas engajados do Centro Popular de Cultura (CPC), intituladas *Violão de rua*.[7] Ademais, o cinema não deixou de tratar das Ligas Camponesas, que

---

6 Resolução Política do V Congresso do PCB, de 1960. In: *Documentos do PCB* (1976, p.9-42).

7 Ver nota 6 do capítulo 3.

foram o tema do filme inacabado à época de Eduardo Coutinho, intitulado *Cabra marcado para morrer*, financiado pelo CPC da União Nacional dos Estudantes (UNE).

Em segundo lugar, a ênfase nas contradições rurais podia significar também uma afinidade expressiva com a Revolução Cubana, que começou como uma revolução nacional e democrática a partir do campo, vitoriosa em 1959. Particularmente, o filme *Os fuzis* – dirigido por Ruy Guerra em 1963, exibido nos cinemas em 1964 – pode ser tratado como uma antevisão do que viria a ser a esquerda armada, atuante de 1967 a 1974 (a vida imitando a arte?): Gaúcho, a personagem que ousa tomar nas mãos um fuzil, tentando despertar os famintos de sua apatia – e acaba fuzilado pelos soldados – remete aos dilemas de uma classe média urbana intelectualizada de esquerda que viria a pegar em armas contra a ditadura. Veja-se, por exemplo, a resenha empolgada com o filme, escrita pelo crítico Roberto Schwarz em 1966, que concluía: "o nosso ocidente civilizado entrevê com medo, e horror de si mesmo, o eventual acesso dos esbulhados à razão" (Schwarz, 1978, p.33).

Resumindo o argumento do filme: um grupo de soldados vai a uma cidade do interior do Nordeste para garantir a segurança de um carregamento de alimentos. O filme todo se passa na atmosfera angustiante dos soldados, que se sentem ao mesmo tempo superiores aos camponeses, mas embaraçados com a situação de miséria ao redor, expressa pela falta de comida e de água, bem como pela multidão que só observa a situação, uma parte dela devota de um líder milenarista que cultua um boi santo. No final do filme, um camponês adentra a mercearia onde estão alguns soldados e pede um caixote velho para enterrar seu filho, uma criança que acabara de morrer de fome. Então, indignado, o personagem de nome Gaúcho, ex-soldado e motorista de caminhão, pega um fuzil e sai atirando para incentivar os camponeses a assaltar os caminhões, sem sucesso. Ele é perseguido pelos soldados que o cercam e matam a tiros de fuzil.

O filme profetiza de modo condensado a caçada que viria a executar, anos depois, o guerrilheiro e ex-capitão do Exército, Carlos Lamarca, no sertão da Bahia. Também ele morreu isolado socialmente, enquanto fugia desesperado de seus algozes militares. Mais impressionante ainda, a cena já referida – na qual um camponês vai pedir na mercearia um caixote sem uso para enterrar o filho – antecipa um acontecimento relatado no diário de Carlos Lamarca em agosto de 1971, pouco antes de ser assassinado: "Ontem morreu uma criança, a mãe deu graças a Deus publicamente – detalhe, hoje pariu outra. Temos, e vamos mudar isto, custe o que custar – não importa nada". (Diário de Carlos Lamarca, 1987, p.B-7).

A rebeldia da personagem Gaúcho expressa bem os dilemas ético-culturais e político-morais, o dilaceramento existencial que – sob o manto dos soldados tematizados – era de fato do intelectual engajado de classe média no período, que se via compelido ao desafio de pegar em armas em nome dos deserdados da terra. Nesse sentido, o filme *Os fuzis* antecipa o tema que seria central no cinema brasileiro, e nas artes em geral, nos anos imediatamente posteriores ao golpe de 1964: o do intelectual angustiado com sua condição num país de miseráveis que não se rebelam.[8]

Ou seja, como aponta Bernardet, a tônica não está na mobilização dos próprios camponeses, em sua luta autônoma, nem num projeto operário ou popular formulado de baixo para cima.[9] Mas, ao contrário do que ele afirma, isso não significou necessariamente que o cinema anterior a 1964 tenha se submetido ao "projeto ideológico voltado para uma evolução industrial e capitalista do país, a ser promovido por uma burguesia nacionalista e anti-imperialista, cuja ação integraria à nação os que estão marginalizados da produção e do consumo" (Bernardet, 1985, p.39). A aproximação com as teses dualistas difusas socialmente na época não levava necessariamente a um "pacto ideológico implícito e tácito" com as teses do ISEB. Poderiam implicar atitudes radicais contra a ordem estabelecida.

Assim, em terceiro lugar, evidencia-se outro aspecto que leva a problematizar as reflexões de Bernardet: em alguns dos primeiros filmes do Cinema Novo, notadamente no referido *Os fuzis* e também em *Deus e o Diabo na Terra do Sol*, de Glauber Rocha, o tema da violência aparece em parâmetros que – se não chegavam a romper com as leituras dualistas da sociedade brasileira – levavam à questão da violência revolucionária, então colocada pela insurgência do chamado "terceiro-mundismo". É um aspecto que contradiz a afirmação de Bernardet de que os temas delicados para a burguesia foram "afastados da temática cinematográfica" antes do golpe de 1964.

O cineasta Glauber Rocha provavelmente foi o adepto mais representativo do terceiro-mundismo na cultura brasileira – como evidencia em seu célebre

---

8   Ver sobre os dilemas dos intelectuais da época, por exemplo, os filmes *O desafio*, de Paulo César Saraceni (1965), *Terra em transe*, de Glauber Rocha (1966); os romances de 1967: *Quarup*, de Antonio Callado, e *Pessach – a travessia*, de Carlos Heitor Cony; peças do Teatro de Arena como *Arena conta Zumbi* (1965) e *Arena conta Tiradentes* (1967); inúmeras letras de canções engajadas da música popular brasileira do período; manifestações nas artes plásticas como as mostras *Opinião 65* e *Opinião 66*.

9   Essa valorização das bases passaria a ser o ideário predominante na esquerda brasileira no momento em que Bernardet redigiu seu livro, que coincide com os primórdios do Partido dos Trabalhadores (PT). Já com um distanciamento histórico de mais de 25 anos, esse ideário talvez mereça hoje um olhar crítico tão apurado como o que lançou contra as ideias de esquerda hegemônicas até então.

manifesto *Estética da fome*, de 1965 (In: Pierre, 1996, p.123-131; ver ainda Xavier, 1983). O documento foi influenciado pelo pensamento de Frantz Fanon, o médico negro das Antilhas que batalhou na Argélia contra o colonialismo francês, autor, em 1961, do célebre *Os condenados da terra* (Fanon, 1979). Também tem afinidade com as propostas de Che Guevara. A estética da fome expressava a experiência dos primeiros filmes do Cinema Novo, de antes de 1964 – que Bernardet qualificou como influenciados pela ideologia do ISEB. Mas ela ia além dessa ideologia, especialmente ao tratar do tema da violência revolucionária; veja-se o seguinte trecho do documento, inspirado em Fanon:

> [...] a mais nobre manifestação cultural da fome é a violência. [...] uma estética da violência antes de ser primitiva é revolucionária, eis aí o ponto inicial para que o colonizador compreenda a existência do colonizado [...]. Enquanto não ergue as armas o colonizado é um escravo: foi preciso um primeiro policial morto para que o francês percebesse o argelino. (Pierre, op. cit., p.128-9)

A questão da violência já estava posta em 1963 em *Os fuzis*: havia ali a violência latente da própria situação, em que um destacamento militar vigiava a carga de alimentos em meio a miseráveis famintos. Depois, a violência do personagem que tenta dar o exemplo ao povo, insurgindo-se de armas na mão e que acaba executado pelos soldados, sem lograr que sua proposta fosse aceita. No final, aparece a violência popular: cansada de cultuar o boi santo, a multidão de camponeses executa e esquarteja o animal. O filme acaba com cenas cruas do bicho sendo despedaçado.

Em suma, é preciso pensar melhor a relação de afinidade entre as obras de arte do período pré-1964 -- notadamente no cinema – e as ideologias dualistas do ISEB, da Cepal ou do PCB. Algo que já incomodava autores como o próprio Bernardet, ao reconhecer que suas considerações não implicavam "um envolvimento programático e preciso" entre o Cinema Novo e a ideologia do ISEB (Bernardet, 1985, p.39).

Como se expôs no capítulo anterior, parece mais adequado lançar mão do conceito de estrutura de sentimento do que tomar a ideologia do ISEB para compreender o cinema e as artes brasileiras no período. De uma perspectiva já distanciada no tempo, pode-se identificar uma estrutura de sentimento compartilhada por amplos setores de artistas e intelectuais brasileiros a partir do final dos anos 1950, que perpassou muitas obras de arte produzidas no período. Ela remete em particular ao problema dos retirantes nordestinos.

Certa idealização das lutas do homem do campo no Nordeste foi muito marcante do imaginário esquerdista da época, presente também nas obras de arte, em que se louvava até o banditismo social dos cangaceiros. Isso contrastava com certo silêncio acerca das figuras da gente do campo do Sul e do Sudeste, gaúchos ou caipiras, talvez porque estivessem bem mais próximos da experiência imediata de camadas médias da sociedade originárias dessas regiões, recentemente urbanizadas, e que constituíam a principal base social da agitação política e cultural do período. Era preferível mirar-se na representação do sertanejo – tido como "um forte" desde os tempos de Euclides da Cunha – que em estereótipos de submissão como o do Jeca Tatu de Monteiro Lobato. Só mais tarde, em outro contexto, depois da consolidação da vida urbana, é que a recusa das tradições caipiras ou gaúchas seria superada, sendo reinventadas e difundidas especialmente por setores das classes médias.

A brasilidade revolucionária como estrutura de sentimento foi elaborada em todas as artes no período. Para ir além do cinema,[10] vale a pena remeter à expressão cultural mais difundida e conhecida: a canção popular.

A BRASILIDADE REVOLUCIONÁRIA NA CANÇÃO POPULAR

Retomando o fio da meada: Bernardet apontava em seu livro que, após o golpe de 1964, e em decorrência da revisão de posições teóricas e políticas que ele gerava, a temática rural perderia espaço nas telas: o cinema brasileiro passaria cada vez mais a enfocar os dramas urbanos, dos operários às camadas médias. Se as imagens do rural predominaram na primeira fase do Cinema Novo, seu auge na música popular ocorreu num átimo temporal posterior, logo depois do golpe, quando a canção de protesto viveu seu momento de glória, justamente numa conjuntura em que as teses dualistas perdiam o chão e eram abertamente contestadas em todas as frentes. O prestígio intelectual do ISEB quase desaparecera, e o PCB passaria por uma luta interna que o esfacelaria e daria origem às esquerdas armadas, tema de livros como os de Gorender (1987) e Reis (1991). Como entender, então, o crescimento do tema do rural na canção popular? Seria manifestação tardia da ideologia do ISEB? Ou um sinal do crescimento da ideologia da revolução camponesa inspirada no exemplo cubano, em conformidade com a estrutura de sentimento que amadurecera no início dos anos 1960?

---

10 Para uma abordagem mais detida do problema da terra no cinema, ver: Tolentino (2001). Sobre a questão rural, ver obras como a de Martins (1998). Para um balanço da produção acadêmica a respeito: Garcia; Grynszpan (2002).

BRASILIDADE REVOLUCIONÁRIA

Diferentemente do que Bernardet detecta no cinema, a irrupção temática das classes médias na canção popular deu-se especialmente com a bossa nova a partir do final dos anos 1950. Foi de uma franja politizada desse movimento, em parte contrapondo-se a ele, que viria a nascer a canção popular engajada, cuja proposta de recuperação das raízes populares nacionais difundiria a sigla MPB, abreviação de *música popular brasileira* (Cf. Duarte; Naves, 2003).

Zelão, de Sérgio Ricardo – que gravou em 1960, no Rio de Janeiro, esse samba triste sobre um favelado que perdeu o barraco e o violão após um incêndio no morro –, costuma ser apontada como a canção pioneira de uma vertente que ganharia fôlego com Carlos Lyra e outros compositores envolvidos com o CPC, e viveria seu momento hegemônico no âmbito da música popular após 1964, notadamente nos festivais promovidos pelas emissoras de televisão. Contraditoriamente, as canções que buscavam as raízes populares para resistir à ditadura encontravam eco na indústria cultural que se expandia.[11]

Mas não eram somente os favelados, os migrantes para a cidade grande[12] e outros desvalidos urbanos os evocados nas canções. Elas também remetiam aos homens do campo, aos pescadores, a certa imagem de um mundo pré-industrial que parecia se perder. *Arrastão*, de Edu Lobo e Vinícius de Moraes, ganharia o I Festival de MPB da TV Excelsior, na voz de Elis Regina, louvando a vida de uma comunidade de pescadores.[13] Edu Lobo também compôs canções para o Teatro de Arena, como *Upa, neguinho*, e outras para *Arena conta Zumbi*, de Boal e Guarnieri, em que a resistência quilombola do tempo colonial servia de pano de fundo para expressar a resistência à ditadura vigente no tempo da peça, analisada por Cláudia Campos (1988). Seria possível seguir a argumentação a partir da obra de Edu Lobo, Geraldo Vandré ou tantos outros, como as intérpretes Nara Leão e Elis Regina. Mas, para não alongar o texto demais e trilhar um rumo menos evidente, serão comentadas algumas canções de Caetano Veloso e de Gilberto Gil daquela época.

---

11 Ver, por exemplo, Napolitano (2001) e Vasconcelos (1977).

12 Por exemplo, *Pau-de-arara*, de Carlos Lyra e Vinícius de Moraes, criada para a peça *Pobre menina rica*, de 1963, fez sucesso em gravação de Ari Toledo, de 1965. Ela contava a história de um migrante pobre nordestino que dançava xaxado para sobreviver na praia de Copacabana e depois passou a comer gilete para ganhar mais. A canção termina com os versos: "Vou-me embora pro meu Ceará / porque lá tenho um nome / e aqui não sou nada, sou um Zé-com-Fome". Na voz do comediante Ary Toledo, a canção ganhou um aspecto cômico adicional, e de certa forma seu êxito comercial expressa o lado exótico que se sobrepunha à denúncia política.

13 "*Arrastão* funcionou como uma espécie de divisor de águas entre a bossa nova e um tipo de música inicialmente chamada de 'música popular moderna', ou MPM. Esta sigla seria depois impropriamente trocada por MPB...". (Mello; Severiano, 1998, p.83)

É certo que Caetano – ao contrário de Gil – praticamente não fez canções significativas associadas ao ideário do CPC e seus desdobramentos. Mas há pelo menos uma que está plenamente identificada com a politização daquele tempo. Gravada em 1965, num compacto simples da RCA Victor, o primeiro disco de Caetano trazia, do lado A, a canção *Samba em paz*.[14] Diz a letra:

> O samba vai crescer/ quando o povo perceber/ que é o dono da jogada/ o samba vai vencer/ pelas ruas vai correr/ uma grande batucada// O samba não vai chorar mais/ toda gente vai cantar/ o mundo vai mudar/ e o povo vai cantar/ um grande samba em paz.

Encontra-se aqui a ideia da conscientização popular ("quando o povo perceber/ que é o dono da jogada"), que faria o mundo mudar. Insere-se na tradição da época que usava a metáfora do *samba*, *da batucada* e do *carnaval* para anunciar um novo porvir. Por exemplo, num sentido próximo, Gilberto Gil cantava em *Ensaio geral*, de 1966: "tá na hora vamos lá/ carnaval é pra valer/ Nossa turma é da verdade/ e a verdade vai vencer".

Um verso referido de Caetano dizia que "o samba não vai chorar mais", o que o aproxima da canção de Chico Buarque, que cantava em *Olê, Olá*, de 1965: "não chore ainda não/ que eu tenho a impressão/ que o samba vem aí/ e um samba tão imenso/ que eu às vezes penso/ que o próprio tempo/ vai parar pra ouvir". Nos dois casos, a redenção popular com a metáfora do samba poderia ser interpretada como consolo para os derrotados em 1964 ("o samba não vai chorar mais"; "não chore ainda não"). Deixa estar, que "o samba vem aí" e "o mundo vai mudar".[15]

Também ficou quase esquecida a trilha sonora de Caetano Veloso para o filme *Proezas de Satanás na Vila do Leva-e-Traz*, de 1967. Trata-se de um de seus primeiros trabalhos, colaborando com seu amigo baiano Paulo Gil Soares, então jovem cineasta ligado ao Partido Comunista.

Se canções como *Samba em paz* e a trilha sonora para o filme de Paulo Gil Soares foram atípicas, mesmo no início da carreira de Caetano, o mesmo não se pode dizer de Gilberto Gil. Ele já cantava em *Roda*, de 1964, com letra de João Augusto: "seu moço, tenha cuidado/ com sua exploração/ se não lhe dou de presente/ a sua cova no chão". Explicitava-se a violência revolucionária terceiromundista que tinha

---

14 A canção também está no LP de 1968 da mesma gravadora, *Velloso, Gil, Bethânia*, na terceira faixa do lado A.

15 Não é à toa que – na canção *Alegria, alegria*, em 1967 – Caetano cantaria (auto)criticamente os versos: "eu tomo uma Coca-Cola/ ela pensa em casamento/ e uma canção me consola". Por sua vez, embora gravada em 1965, provavelmente a canção *Samba em paz* tenha sido composta ainda antes do golpe de 1964, no tempo do CPC baiano.

BRASILIDADE REVOLUCIONÁRIA

um sentido próximo daquele dos versos de Geraldo Vandré em *Terra plana*, faixa que abre seu LP de 1968, *Canto geral,* verdadeira apologia à revolução camponesa: "apenas atiro certo/ na vida que é dirigida/ para minha vida tirar".

Gil tem outra canção clássica, de 1964, inspirada pelo mesmo sentimento. Trata-se de *Procissão*, gravada em compacto simples da RCA em 1965, que viria a ganhar o público especialmente após o sucesso das apresentações de Gil no programa *O fino da bossa*, na TV Record, em meados de 1966, relatado por Zuza Homem de Mello e Jairo Severiano (1998, p.101-102). Gil escreveu que seria uma "canção bem ao gosto do CPC, o Centro Popular de Cultura; solidária a uma interpretação marxista da religião, vista como ópio do povo e fator de alienação da realidade". Ele revela seu compromisso na época com "a situação de abandono do homem do campo do Nordeste, a área mais carente do país", de onde ele vinha, já que passara a infância em Ituaçu, no interior da Bahia, onde seu pai era médico e a mãe professora primária (Gil, 1996, p.56).[16] Duas outras canções de 1964, menos conhecidas, seguem na mesma linha de abordagem do sertão: *Coragem pra suportar*[17] e a inédita *Retirante*.[18]

Também estão na mesma sintonia a inédita *Me diga, moço* e *Roda* (com letra de João Augusto), ambas de 1964; *Viramundo* (com letra de Capinam), *Louvação* (com letra de Torquato Neto) e *Testamento do Padre Cícero* (com letra de Augusto Boal), todas de 1965 (Gil, 1996). Note-se especialmente a seguinte estrofe de *Louvação*: "Louvo quem canta e não canta/ porque não sabe cantar/ mas que cantará na certa/ quando enfim se apresentar/ o dia certo e preciso/ de

---

16 Diz a letra: "Olha lá vai passando a procissão/ Se arrastando que nem cobra pelo chão/ As pessoas que nela vão passando/ Acreditam nas coisas lá do céu/ As mulheres cantando tiram versos/ Os homens escutando tiram o chapéu/ Eles vivem penando aqui na terra/ Esperando o que Jesus prometeu// E Jesus prometeu vida melhor/ Pra quem vive nesse mundo sem amor/ Só depois de entregar o corpo ao chão/ Só depois de morrer neste sertão/ Eu também tô do lado de Jesus/ Só que acho que ele se esqueceu/ De dizer que na terra a gente tem/ De arranjar um jeitinho pra viver// Muita gente se arvora a ser Deus/ E promete tanta coisa pro sertão/ Que vai dar um vestido pra Maria/ E promete um roçado pro João/ Entra ano, sai ano, e nada vem/ Meu sertão continua ao deus-dará/ Mas se existe Jesus no firmamento/ Cá na terra isto tem que se acabar". (Gil, 1996, p.56)

17 Eis a letra: "Lá no sertão, quem tem/ Coragem pra suportar/ Tem que viver pra ter/ Coragem pra suportar/ E somente plantar/ Coragem pra suportar/ E somente colher/ Coragem pra suportar/ E mesmo quem não tem/ Coragem pra suportar/ Tem que arranjar também/ Coragem pra suportar/ Ou então/ Vai embora/ Vai pra longe/ E deixa tudo/ Tudo que é nada/ Nada pra viver/ Nada pra dar/ Coragem pra suportar". (Gil, 1996, p.56)

18 "Eu tenho que voltar/ Eu tenho que voltar/ Tenho que ver ainda o meu sertão/ Que um dia eu deixei por lá/ Eu tenho que voltar/ Eu tenho que voltar/ Pra ver se existe ainda/ A esperança, ainda/ Que eu deixei por lá// Eu tenho que voltar/ Eu tenho que voltar/ Tenho que ver se o tempo/ Já mandou o mato verde/ Que o sertão sempre esperou// Tanta esperança deram pro povo/ Triste do meu sertão/ Foi tanta oração, tanta procissão/ Foi tanta gente pra dizer/ Que dava de comer pro meu sertão// Mas eu não creio, não/ Mas eu não creio, não/ Do jeito que anda a vida/ A esperança ainda de lutar se vê/ Pro homem não morrer/ Meu homem do sertão". (Gil, op.cit., p 52)

toda a gente cantar". Eis os versos conclusivos de *Me diga, moço*: "Seu moço venha me dizer/ como é que eu faço pra terminar/ com esse castigo/ diga, que eu brigo, diga, que eu vou lutar". Já *Viramundo* termina afirmando que "ainda viro este mundo/ em festa, trabalho e pão".

Não é demais lembrar que trechos que se referiam à mobilização política (como "diga, que eu vou lutar"), conviviam e contrastavam com a espera passiva do "dia que virá" – como o referido "cantará na certa/ quando enfim se apresentar/ o dia certo e preciso/ de toda a gente cantar". Alusões ao "dia" constituíam metáforas típicas das canções do período, que remetiam à esperança de sair da "noite" escura a que a ditadura submetia os brasileiros, como já apontava criticamente à época Walnice Nogueira Galvão. Ela via – com algum exagero – a predominância do conformismo nas canções engajadas.[19] No entanto, certa ambiguidade estava presente: a espera passiva pelo "dia que virá" convivia com uma disposição invulgar para a luta que foi típica do romantismo revolucionário do período, em que muitos acreditavam que "a ação faz a vanguarda", na célebre formulação difundida pelo líder guerrilheiro Carlos Marighella.

AINDA A MPB: RUMO AO TROPICALISMO

Diferentemente de Gil, Chico Buarque quase não chegou a tratar da questão da terra em suas primeiras canções. Com exceção, talvez, das músicas que compôs para o auto de natal pernambucano, *Morte e vida Severina*, de João Cabral de Melo Neto, autor de versos que ficaram indissociáveis da música de Chico, por exemplo, em *Funeral de um lavrador*, que aparece no LP *Chico Buarque de Hollanda volume 3*, de 1968:

> Essa cova em que estás,/ com palmos medida,/ é a conta menor/ que tiraste em vida.// É de bom tamanho,/ nem largo nem fundo,/ é a parte que te cabe/ deste latifúndio// Não é cova grande,/ é cova medida,/ é a terra que querias/ ver dividida [...].

O lavrador morto gostaria de ver a terra dividida, mas só lhe coube a cova em que foi enterrado no latifúndio de um oligarca. O texto de Cabral é de 1955.

---

19 O artigo "MMPB: uma análise ideológica" seria publicado mais tarde em Galvão (1976, p.93-119). O texto cobrava dos compositores um chamado mais incisivo para a luta contra a ditadura. A crítica parece ter sido ouvida, pois várias canções passaram a ressaltar a necessidade de ação, a mais conhecida das quais é *Caminhando*, de Vandré, que será retomada adiante.

BRASILIDADE REVOLUCIONÁRIA   133

Isso mostra que o sentimento de brasilidade revolucionária não nasceu nos anos 1960, embora tenha ganho vulto inigualável naquele tempo, quando a denúncia social dos artistas parecia encontrar eco na ação das Ligas Camponesas e outras organizações da gente do campo. Lutas que também remontavam a outras, anteriores, como a dos posseiros de Porecatu e de Trombas e Formoso na década de 1950, já referidas no segundo capítulo deste livro.

Encenada em 1965 pelo Teatro da Universidade Católica de São Paulo (Tuca), a peça fez enorme sucesso em todo o país e no exterior, revelando Chico Buarque para o público. Havia nítida aproximação do compositor com as propostas de reforma agrária, não resta dúvida. Mas sua afinidade maior com o popular dava-se por outras vias, desde a identificação com o malandro carioca de um tempo que se extinguia, em canções como *Juca* e *Malandro quando morre*, de 1965, passando pela referência aos trabalhadores urbanos, como em *Pedro pedreiro*, do mesmo ano, pelo lirismo nostálgico presente em canções que remetiam a um tempo que não volta mais, como *A banda*, de 1966, *Realejo* e *A televisão*, ambas de 1967, até a utopia da conquista de dias melhores em *Olé, olá*, de 1965, e *Bom tempo*, de 1968, em contraste com a desolação diante da vitória do golpe, bem expressa em *Roda viva*, de 1967 (Meneses, 1982; Silva, 2004; Ridenti, 2000, p.229-264).

Por sua vez, o rumo de Gil mudaria especialmente a partir de 1967, com o movimento tropicalista. Isso não quer dizer que a temática popular e mesmo agrária tenha desaparecido da obra de Gil no auge do tropicalismo. Por exemplo, *Domingo no parque* – que ficou em segundo lugar no III Festival de MPB da TV Record, em 1967 – apresentava uma letra que abordava a disputa entre o pedreiro João e o feirante José pelo amor de Juliana, que termina tragicamente: José esfaqueia Juliana e João.[20] Como no período anterior, os dramas da gente

---

20 Eis a letra: "O rei da brincadeira–ê, José/ O rei da confusão–ê, João/ Um trabalhava na feira–ê, José/ Outro na construção–ê, João// A semana passada, no fim da semana/ João resolveu não brigar/ No domingo de tarde saiu apressado/ E não foi pra Ribeira jogar/ Capoeira/ Não foi pra lá pra Ribeira/ Foi namorar// O José como sempre no fim da semana/ Guardou a barraca e sumiu/ Foi fazer no domingo um passeio no parque/ Lá perto da Boca do Rio/ Foi no parque que ele avistou/ Juliana/ Foi que ele viu// Juliana na roda com João/ Uma rosa e um sorvete na mão/ Juliana, seu sonho, uma ilusão/ Juliana e o amigo João/ O espinho da rosa feriu Zé/ E o sorvete gelou seu coração// O sorvete e a rosa–ô, José/ A rosa e o sorvete–ô, José/ Oi, dançando no peito–ô, José/ Do José brincalhão–ô, José// O sorvete e a rosa–ô, José/ A rosa e o sorvete–ô, José/ Oi, girando na mente–ô, José/ Do José brincalhão–ô, José// Juliana girando–oi, girando/ Oi, na roda gigante–oi, girando/ Oi, na roda gigante–oi, girando/ O amigo João – João// O sorvete é morango–é vermelho/ Oi, girando, e a rosa–é vermelha/ Oi, girando, girando–é vermelha/ Oi, girando, girando–olha a faca!// Olha o sangue na mão–ê, José/ Juliana no chão–ê, José/ Outro corpo caído–ê, José/ Seu amigo, João–ê, José// Amanhã não tem feira–ê, José/ Não tem mais construção–ê, João/ Não tem mais brincadeira–ê, José/Não tem mais confusão–ê, João". (Gil, op.cit., p.80)

simples do povo seguem presentes, mas agora com outra conotação. O mais importante deixa de ser propriamente o conteúdo do protesto social, que passa a estar inteiramente imbricado na forma, que se pretende inovadora. No registro tropicalista, importava na essência a revolução da linguagem musical em particular e das artes em geral.

No caso específico de *Domingo no parque*, isso se dava não só pela incorporação da guitarra e do *rock* dos Mutantes a uma temática do cotidiano popular em ritmo de baião, inspirado inicialmente em Dorival Caymmi e "num toque de berimbau, de roda de capoeira, como numa cantiga folclórica" (Gil, op. cit., p.81). Estava também no arranjo inovador do maestro de música clássica Rogério Duprat, que misturava sons de orquestra, guitarra e barulho de parque de diversões, sem contar a construção de uma forma cinematográfica de narração que remete a "montagens eisensteinianas com seus *closes* e fusões", nos termos de Décio Pignatari (Campos, 1993; Mello; Severiano, op. cit., p.110-112), ao mesmo tempo em que na letra aparece o vermelho e "uma sugestão de sangue – bem filme americano", num contexto que remete também aos melodramas mexicanos, segundo o próprio Gil (op. cit., p.81).

Outro exemplo da virada tropicalista de Gilberto Gil foi a regravação de *Procissão* em 1968, agora incorporando as guitarras e o som estridente dos Mutantes, sob arranjo e regência de Rogério Duprat. O importante não seria apenas o protesto contra o latifúndio presente na letra da canção que, na gravação original de 1965, apresentava uma sonoridade mais tradicional. A nova interpretação impunha uma forma perturbadora da ordem musical estabelecida. Assim como em *Domingo no parque*, embaralhavam-se as fronteiras entre o popular, o erudito, o tradicional, a vanguarda, o *pop*, o regional nordestino, o nacional, o internacional, a arte, o convencional, a revolução e o mercado.

A afinidade anárquica e inventiva de Gil e dos tropicalistas com a agitação política do período revela-se, por exemplo, em *Soy loco por ti, América,* com letra de Capinam, que mescla português e espanhol e música em ritmo caribenho,[21] interpretada na versão original por Caetano Veloso em seu primeiro

---

21 Seria "um baião enxertado de ritmos latino-americanos", em que "o arranjo rumbado e o piano percussivo remetem a uma ambientação sonora – estilo *latin America* – dos filmes de Carmen Miranda, um dos símbolos do tropicalismo"(Mello; Severiano, op. cit., p.132).

BRASILIDADE REVOLUCIONÁRIA

LP, de 1968, com arranjo do maestro Júlio Medaglia. A canção homenageava Che Guevara, logo após a sua morte em outubro de 1967.[22]

Sustos, balas, precipícios, morte do herói apaixonado pelas mulheres, pela revolução e pela América Latina, em meio a referências explícitas ou veladas ao poeta José Martí, à modernidade, à revolução e a Che Guevara, cujo "nome de homem morto" a censura não permitiria dizer com todas as letras. Ele só poderia ser pronunciado quando o dia da libertação houvesse arrebentado, identificado com o próprio povo, na luta para evitar que a noite definitiva se espalhasse pela América Latina, sob ditaduras como a então estabelecida no Brasil. A canção explicita a utopia do assalto ao paraíso: o céu como bandeira para aqueles que faziam canções de guerra e de mar, conscientes do caráter passageiro de suas vidas, permanentemente em risco.

Não se trata aqui de avaliar a dimensão estética da proposta de Gil e dos tropicalistas em geral, mas importa registrar suas motivações, que os levavam a disputar com artistas da canção engajada para saber quem era de fato revolucionário. Seja como for, embora a questão da terra em particular, e da libertação do povo brasileiro em geral, continuassem presentes na MPB, elas já não ocupariam o mesmo espaço que antes do tropicalismo.

---

22 Segue a letra: "Soy loco por ti, América/ Yo voy traer una mujer playera/ Que su nombre sea Martí/ Que su nombre sea Martí/ Soy loco por ti de amores/ Tenga como colores la espuma blanca de Latinoamerica/ Y el cielo como bandera/ Y el cielo como bandera/ Soy loco por ti, América/ Soy loco por ti de amores/ Sorriso de quase nuvem/ Os rios, canções, o medo/ O corpo cheio de estrelas/ O corpo cheio de estrelas/ Como se chama a amante/ Desse país sem nome, esse tango, esse rancho, esse povo, dizei-me, arde/ O fogo de conhecê-la/ O fogo de conhecê-la/ Soy loco por ti, América/ Soy loco por ti de amores/ El nombre del hombre muerto/ Ya no se puede decirlo, quién sabe?/ Antes que o dia arrebente/ Antes que o dia arrebente/ El nombre del hombre muerto/ Antes que a definitiva noite se espalhe em Latinoamérica/ El nombre del hombre es pueblo/ El nombre del hombre es pueblo/ Soy loco por ti, América/ Soy loco por ti de amores/ Espero amanhã que cante/ El nombre del hombre muerto/ Não sejam palavras tristes/ Soy loco por ti de amores/ Um poema ainda existe/ Com palmeiras, com trincheiras, canções de guerra, quem sabe canções do mar/ Ai, hasta te comover/ Ai, hasta te comover/ Soy loco por ti, América/ Soy loco por ti de amores/ Estou aqui de passagem/ Sei que adiante um dia vou morrer/ De susto, de bala ou vício/ De susto de bala ou vício/ Num precipício de luzes/ Entre saudades, soluços, eu vou morrer de bruços nos braços, nos olhos/ Nos braços de uma mulher/ Nos braços de uma mulher/ Mais apaixonado ainda/ Dentro dos braços da camponesa/ guerrilheira, manequim, ai de mim/ Nos braços de quem me queira/ Nos braços de quem me queira/ Soy loco por ti, América/ Soy loco por ti de amores". (Gil. op. cit., p.91)

CANÇÕES DE CLASSE MÉDIA?

Trabalhos recentes têm chamado a atenção para o fato de que o engajamento político da época, presente também na produção cultural em todos os campos, em verdade dizia mais respeito a setores intelectualizados das classes médias do que de fato ao "povo", que estaria mais interessado, por exemplo, em outros tipos de música, em geral compostas por autores que não pertenciam às camadas intelectualizadas hegemônicas na MPB, mas produziam canções que não deixavam de ter um tônus crítico que levou muitas delas a serem censuradas, por razões políticas ou comportamentais (Araújo, 2002; Furtado, 2004, p.229-245).

Mas já na época havia, por exemplo, no âmbito da música popular, quem criticasse o protesto da MPB, devido à suposta falta de autenticidade ou até a certo oportunismo. Na letra de *A resposta* – gravada em 1965 no LP de Marcos Valle, *O compositor e o cantor* –, Marcos e Paulo Sérgio Valle literalmente respondiam aos que os acusavam de alienados, atacando os adeptos da canção engajada:

> Se alguém disser que teu samba não tem mais valor/ porque ele é feito somente de paz e de amor/ não ligue não que essa gente não sabe o que diz/ não pode entender quando o samba é feliz/ o samba pode ser feito de céu e de mar/ o samba bom é aquele que o povo cantar/ de fome basta o que o povo na vida já tem/ por que fazê-lo cantar isso também?// Mas é que é tempo de ser diferente/ e essa gente não quer mais saber de amor/ falar de terra na areia do Arpoador/ quem pelo pobre na vida não faz nem favor/ falar de morro morando de frente pro mar/ não vai fazer ninguém melhorar.

Os versos expressavam a recusa dos autores ao engajamento político. Também criticavam uma elite de esquerda que cantava o "povo" e o "morro", quando em seu cotidiano não teria nenhuma relação com eles. Parecem referir-se a canções como *O morro não tem vez*, de Tom Jobim e Vinícius de Moraes, que profetizavam em 1963: "quando derem vez ao morro toda cidade vai cantar" e, em especial, às mais explicitamente engajadas, como *O morro*, de Edu Lobo e Guarnieri, gravada por Nara Leão em 1964: "feio não é bonito/ o morro existe, mas pede pra se acabar/ [...]/ ama, o morro ama/ o amor aflito, o amor bonito que pede outra história".

Seguindo a letra de *A resposta*, tampouco caberia "falar de terra" (isto é, reforma agrária), enquanto se tomava sol "na areia do Arpoador", famosa praia carioca. A proposta dos irmãos Valle era fazer um samba feliz, "feito de céu e de mar" para "o povo cantar". Contudo, pela mesma época, eles compuseram o samba *Batucada surgiu*, gravado por Aracy de Almeida no LP *Samba é Aracy*

BRASILIDADE REVOLUCIONÁRIA   137

de Almeida, de 1966. A canção viria a ser uma das mais gravadas da dupla, no Brasil e no exterior, segundo Marcos Valle.[23] Eis a letra:

> Batucada surgiu/ Nem um branco ficou/ Pois ser branco é ter cor/ E pouco amor.../ Canta amor que é mais branco/ Que o sorriso do negro/ Que nasceu só sem cor/ Cheio de amor.../ E vai vivendo, vendo a vida terminar/ Chorando tanto por quem nunca pôde amar/ Mas a vida se vai/ E é preciso sambar/ Fazer samba é viver, e não morrer.../ A batucada surgiu nem um branco ficou/ A batucada surgiu nem um branco ficou.

Para serem coerentes com a crítica de *A resposta*, os irmãos brancos não poderiam arvorar-se a fazer música de negros pobres, nem falar em batucada. Parece, porém, que estavam mudando de opinião, o que não deixa de atestar a incorporação do sentimento da brasilidade revolucionária – mas também os ventos do público e do mercado, cujas aspirações eram logo percebidas pela dupla, que assim frequentava assiduamente as paradas de sucesso.

Particularmente em 1968, os irmãos Valle contagiaram-se com o clima de rebeldia e revolução: quase todas as letras do LP *Viola enluarada* expressam "preocupação social", nas palavras de Marcos Valle.[24] Nesse disco aparece, por exemplo, *Terra de ninguém*, típica canção de protesto da dupla, que fizera sucesso ainda em 1964, no LP *A bossa no Paramount*, na voz de Elis Regina, e de novo em 1965, no LP de Elis Regina e Jair Rodrigues *2 na bossa*, gravado ao vivo no Teatro Paramount em São Paulo:

> Segue, nessa marcha triste, seu caminho aflito/ leva só saudade e a injustiça/ que só lhe foi feita, desde que nasceu/ pelo mundo inteiro que nada lhe deu// Anda, teu caminho é longo, cheio de incerteza/ tudo é só pobreza, tudo é só tristeza/ tudo é terra morta, onde a terra é boa/ o senhor é dono, não deixa passar// Para, no final da tarde, tomba já cansado/ cai o nordestino, reza uma oração/ para voltar um dia e criar coragem/ pra poder lutar pelo que é seu// Mas, um dia vai chegar/ que o mundo vai saber, não se vive sem se dar/ quem trabalha é quem tem direito de viver/ pois a terra é de ninguém

É quase inacreditável que essa canção tenha sido interpretada por Elis Regina antes mesmo de Marcos Valle gravar *A resposta*. Se uma ironizava quem vinha "falar de terra na areia do Arpoador", *Terra de ninguém* protestava contra a injustiça do latifúndio, pedindo terra para quem nela trabalha. Essa

---

23 Ver o depoimento de Marcos Valle no encarte de seu CD duplo *Antologia* (EMI, 2004, p.9). A música tem tido vida longa, por exemplo, serviu como abertura do filme *Próxima parada, Wonderland* (*Next Stop Wonderland*), de Brad Anderson (EUA, 1998).

24 Idem, p.4.

canção congrega elementos essenciais do imaginário da arte engajada da época: o protesto contra a pobreza e a injustiça social, tomando como protagonista o nordestino do campo, que só encontraria consolo na religião, buscando tomar coragem para enfrentar o senhor enquanto aguardava o amanhã de sua redenção.

Por sua vez, a canção que dá título ao LP *Viola enluarada* viria a converter--se num clássico da canção engajada, ao louvar a identidade entre os artistas e o povo, chegando até ao combate armado à ditadura, se preciso:

> A mão que toca um violão/ se for preciso faz a guerra/ mata o mundo, fere a terra/ a voz que canta uma canção se for preciso canta um hino – louvo a morte/ viola em noite enluarada/ no sertão é como espada/ esperança de vingança/ O mesmo pé que dança um samba/ se preciso vai à luta/ capoeira/ quem tem de noite a companheira/ sabe que paz é passageira/ pra defendê-la se levanta e grita: eu vou/ Mão, violão, canção, espada/ e viola enluarada/ pelo campo e cidade/ porta-bandeira, capoeira/ desfilando vão cantando/ Liberdade!

Era "esperança de vingança" daqueles que sabem que "a paz é passageira" e iam desfilando e cantando em passeatas contra a ditadura, exigindo liberdade, mesmo que para isso tivessem de morrer. O artista não hesitaria em usar "a mão que toca o violão" para fazer a guerra, se fosse preciso. O empenho político da "mão que toca o violão" era uma constante nas canções da época, como em *Ponteio*, de Edu Lobo e Capinam, que venceu o célebre III Festival de MPB da TV Record em 1967.[25]

A sonoridade de *Viola enluarada* afasta-se da herança da bossa nova, típica dos irmãos Valle, e adere à tradicional viola do interior, sem contar as referências na letra ao sertão, à viola, à capoeira e à porta-bandeira – todos símbolos das raízes da cultura popular brasileira, evocadas pelos compositores responsáveis pela canção engajada de enorme sucesso na época, como Geraldo Vandré, Theo de Barros, Edu Lobo e outros cuja origem social assemelhava-se à dos Valle, todos das classes médias intelectualizadas.

Essa canção expressa como poucas a estrutura de sentimento da brasilidade revolucionária. Entretanto, logo depois, acompanhando as exigências do público e do mercado, as composições dos irmãos Valle voltariam ao seu leito habitual, muitas delas tornando-se sucessos em telenovelas da Rede Globo. Em parceria com Nelson Motta, eles responderam a seu modo às críticas da espera do "dia

---

25 Diziam seus versos finais: "Era um, era dois, era cem/ Era um dia, era claro, quase meio/ Encerrar meu cantar, já convém/ Prometendo um novo ponteio/ Certo dia que sei por inteiro/ Eu espero não vá demorar/ Esse dia estou certo que vem/ Digo logo o que vim pra buscar/ Correndo no meio do mundo/ Não deixo a viola de lado/ Vou ver o tempo mudado/ E um novo lugar pra cantar.../ Quem me dera agora/ Eu tivesse a viola pra cantar/ Ponteio!". A canção também é marcada pela já referida aposta "no dia que virá".

BRASILIDADE REVOLUCIONÁRIA 139

que virá", fazendo uma canção que se tornou quase um hino da Globo. Canta-
vam que já havia chegado o dia que tanto se aguardava... em plena época do
"milagre econômico" brasileiro no início dos anos 1970, que veio acompanhado
por violenta repressão aos opositores da ditadura. Até hoje a emissora veicula a
canção conhecida de todos:

> Hoje é um novo dia/ de um novo tempo que começou/ Nesses novos dias, as alegrias/ serão
> de todos, é só querer/ todos os nossos sonhos serão verdade/ o futuro já começou// Hoje a
> festa é sua, hoje a festa é nossa/ é de quem quiser, quem vier [bis].

Pouco tempo antes, em 1968, a Globo promovera o festival da canção que
difundiu e consagrou a famosa *Para não dizer que não falei das flores*, mais
conhecida como *Caminhando*, de Geraldo Vandré, que se tornaria um verdadeiro hino da resistência nos anos seguintes.[26] Ou seja, havia ambiguidades na
busca de artistas e intelectuais pela aproximação com o "homem simples", já
detectada, por exemplo, num balanço realizado por Octavio Ianni (1968)

Se, tanto no âmbito geral da política de esquerda como no mais estritamente
artístico e intelectual, o "ensaio geral de socialização da cultura" não se pôde
completar,[27] não deixaram de haver experiências significativas, como o *show* musical *Opinião*. Depois do golpe de 1964, os principais protagonistas do extinto CPC
organizaram o espetáculo que viria a dar o nome ao teatro onde era montado, no
Rio de Janeiro. Atuavam no palco um homem do campo nordestino, o compositor
maranhense João do Vale, um malandro urbano – o sambista Zé Keti – e a jovem
cantora de classe média, Nara Leão, posteriormente substituída pela ainda mais
jovem Maria Bethânia – que ficaria nacionalmente conhecida pela interpretação
de *Carcará,* dc João do Vale e José Candido, que remetia à vida seca no sertão
nordestino.[28]

As canções de João do Valle e de Zé Kéti – que não podem ser acusados de
pertencer às classes médias – são reveladoras de que se estava estabelecendo

---

26 Eis um trecho da letra: "Caminhando e cantando e seguindo a canção/ somos todos iguais braços dados
ou não/ nas escolas, nas ruas, campos, construções/ caminhando e cantando e seguindo a canção// Vem,
vamos embora, que esperar não é saber/ quem sabe faz a hora, não espera acontecer/[...] // Pelos campos
há fome em grandes plantações/ pelas ruas marchando indecisos cordões/ ainda fazem da flor seu mais
forte refrão/ e acreditam nas flores vencendo o canhão// [...] // Os amores na mente, as flores no chão/ a
certeza na frente, a história na mão/ caminhando e cantando e seguindo a canção/ aprendendo e ensinando
uma nova lição// ..."

27 A expressão é de Galvão (1994, p.185-195). Ver, ainda, Zan (1997).

28 Dizem os versos finais: "Carcará é malvado, é valentão/ É a águia de lá do meu sertão/ Os burrego
novinho num pode andá/ Ele puxa o umbigo inté matá/ Carcará/ Pega, mata e come/ Carcará/ Num vai
morrer de fome/ Carcará/ Mais coragem do que home/ Carcará/ Pega, mata e come".

um vínculo inédito na cultura brasileira, mesclando o erudito e o popular, uma interação entre artistas e intelectuais de diferentes origens sociais na construção de um projeto de brasilidade revolucionária que viria a se perder após o fechamento total da ditadura com a edição do Ato Institucional nº 5 (AI-5), em dezembro de 1968.

Além de *Carcará*, João do Valle compôs uma série de canções em sintonia com o imaginário de esquerda nos anos 1960, remetendo à vida dura do povo, como *O bom filho à casa torna* (com Eraldo Monteiro), *A voz do povo* (com Luiz Vieira),[29] e *Minha história* (com Raimundo Evangelista). Esta última é um baião melancólico, em que o autor relata a história de sua gente do sertão, despossuída e sem acesso ao estudo, de cuja sina escapou por saber cantar baião:

> Seu moço, quer saber, eu vou cantar num baião/ Minha história pra o senhor, seu moço, preste atenção// Eu vendia pirulito, arroz doce, mungunzá/ Enquanto eu ia vender doce, meus colegas iam estudar/ A minha mãe, tão pobrezinha, não podia me educar/ A minha mãe, tão pobrezinha, não podia me educar// E quando era de noitinha, a meninada ia brincar/ Vixe, como eu tinha inveja, de ver o Zezinho contar: / – O professor raiou comigo, porque eu não quis estudar/– O professor raiou comigo, porque eu não quis estudar// Hoje todo são "doutô", eu continuo joão ninguém/ Mas quem nasce pra pataca, nunca pode ser vintém/ Ver meus amigos "doutô", basta pra me sentir bem/ Ver meus amigos "doutô", basta pra me sentir bem// Mas todos eles quando ouvem, um baiãozinho que eu fiz,/ Ficam tudo satisfeito, batem palmas e pedem bis/ E dizem: – João foi meu colega, como eu me sinto feliz/ E dizem: – João foi meu colega, como eu me sinto feliz// Mas o negócio não é bem eu, é Mané, Pedro e Romão/ Que também foram meus colegas, e continuam no sertão/ Não puderam estudar, e nem sabem fazer baião.

Note-se a afinidade com outras canções engajadas do período, como a referência ao sertão, às desigualdades sociais e à aproximação entre o artista e os deserdados da terra. Mas há pelo menos um contraste com outras canções, como as citadas *Viola enluarada* e *Ponteio*: nestas, o artista busca aproximar-se do povo pela canção, enquanto em *Minha história* a canção foi responsável pela relativa ascensão social do autor, que lamenta a sina dos colegas que ficaram no sertão.

O outro artista popular do *Opinião*, Zé Kéti, compôs várias canções em afinidade com a produção cultural dos meios intelectualizados de esquerda,

---

29 Eis os versos mais conhecidos: "Meu samba é a voz do povo/ Se alguém gostou/ Eu posso cantar de novo// Eu fui pedir aumento ao patrão/ Fui piorar minha situação/ O meu nome foi pra lista/ Na mesma hora/ Dos que iam ser mandados embora".

BRASILIDADE REVOLUCIONÁRIA 141

presentes por exemplo em *Favelado, Acender as velas*[30] e *Opinião*. Esta última deu nome ao espetáculo coletivo e sintetizou o sentimento vigente nos setores derrotados em 1964 nos versos: "podem me prender/ podem me bater/ podem até deixar-me sem comer/ que eu não mudo de opinião".

Contudo, a origem popular não isentou Zé Kéti de contradições políticas, a exemplo de outros artistas engajados do período, que apresentavam ambiguidades semelhantes às apontadas na trajetória dos irmãos Valle. Paulo César de Araújo dedica um capítulo de seu livro *Eu não sou cachorro, não*, para mostrar como Zé Kéti, Luiz Vieira, Leci Brandão, Ivan Lins, Jorge Benjor, dentre outros artistas – alguns dos quais tidos como de esquerda – fizeram composições com referências bastante positivas aos governantes ou à vida cotidiana no tempo da ditadura (Araújo, 2002, p.213 e seq.).

O sucesso do *show Opinião* revelava haver disposição de resistência entre os derrotados de 1964, mas apontava também para a incorporação dos artistas de esquerda ao *show business*, como logo ficaria evidente com sua participação expressiva, por exemplo, no crescimento vertiginoso das gravadoras e das emissoras de televisão, que tinham de recorrer à mão de obra mais capacitada no âmbito da cultura e das artes, majoritariamente de esquerda. Consolidava-se uma indústria cultural no Brasil, que atenderia também a um segmento de mercado ávido por produtos culturais de contestação à ditadura: canções, filmes, peças de teatro, livros, revistas, jornais etc. De modo que a produção artística antimercantil e questionadora da ordem encontraria contraditoriamente grande aceitação no mercado.

Entretanto, é bom não exagerar na politização musical no período. Tome-se, por exemplo, a letra de Roberto e Erasmo Carlos para a canção *Jesus Cristo* – com música inspirada no ritmo *soul* de James Brown.[31] Ela evidencia que, nos meios artísticos, havia muita gente que não compartilhava das utopias revolucionárias dos anos 1960 e 1970. Constatando a presença de multidões nas ruas em 1968, Roberto Carlos cantava na época outra saída para os impasses da época, afinada com a sensibilidade religiosa da maioria da população: o apelo

---

30 Eis um trecho dessa canção que – como muitas da época – remete à vida sofrida nas favelas cariocas: "... Porque no morro/ Não tem automóvel pra subir/ Não tem telefone pra chamar/ E não tem beleza pra se ver/ E a gente morre sem querer morrer// Acender as velas já é profissão/ Quando não tem samba, tem desilusão".

31 Eis a letra: "Olho pro céu e vejo uma nuvem branca que vai passando/ Olho pra terra e vejo uma multidão que vai caminhando/ Como essa nuvem branca essa gente não sabe aonde vai/ Quem poderá dizer o caminho certo é você meu pai/ Toda essa multidão tem no peito amor e procura a paz/ E apesar de tudo a esperança não se desfaz/ Olhando a flor que nasce no chão daquele que tem amor/ Olho pro céu e sinto crescer a fé no meu Salvador/ Jesus Cristo, Jesus Cristo, Jesus Cristo, eu estou aqui".

à providência divina. As multidões que desfilavam pelas ruas pareciam tão perdidas quanto as nuvens no céu, e só Jesus poderia iluminar seu caminho. Os autores, contudo, jamais admitiram que a "multidão" mencionada na letra, composta no início de 1969, dissesse respeito às manifestações de rua de 1968 (Araújo, 2006). Possivelmente, a inspiração imediata e consciente tenha sido outra, mas a letra vinha a calhar naquele momento, logo depois das batalhas de rua em todo o planeta.

O CAMPO NO IMAGINÁRIO DOS ARTISTAS URBANOS

Como se viu, o imaginário sobre o rural na cultura dos anos 1960 – especialmente no cinema e na canção popular – mesclava-se à ideia de povo, num contexto de afirmação da nacionalidade, em que se imbricavam: a) as ideias de integrar os camponeses à nova ordem desenvolvimentista, como propunham teóricos do ISEB; b) a formulação do PCB sobre a etapa democrático--burguesa da revolução, pacífica, em que a reforma agrária teria peso decisivo no combate ao inimigo principal, os imperialistas e seus aliados internos, especialmente os latifundiários; c) as elaborações mais extremadas, inspiradas principalmente na revolução cubana, que propunham a mobilização popular, em especial no campo, no processo da revolução brasileira, fosse ela nacional--democrática ou até imediatamente socialista; d) a influência de um contexto internacional em que a questão da terra era central na afirmação do Terceiro Mundo e das lutas de libertação nacional, diante da polarização da Guerra Fria; e) a modernização e concomitante urbanização da sociedade brasileira, que envolviam, por exemplo, a consolidação de uma indústria cultural que, por um breve momento, alimentou-se contraditoriamente de um clima de contestação à ordem estabelecida.

Também se viu que seria pouco produtivo identificar sem mediações a produção cultural do período – na qual havia certa "hegemonia relativa" de esquerda – com cada um dos ideários políticos em voga, embora sem dúvida houvesse diálogos e afinidades com todos eles, que valorizavam, cada qual a seu modo, as ideias de nação, de povo e da importância de transformações no campo para o desenvolvimento econômico, social, político e cultural do país. Para compreender a forma difusa com que ideias e ações políticas apareciam nas obras de arte, especialmente do cinema e da canção popular, foi retomada a proposta do capítulo anterior, de ser possível identificar no período uma estrutura de sentimento que pode ser chamada de brasilidade revolucionária, característica de um florescimento cultural historicamente inédito, que se esvairia a partir do fim dos anos 1960.

Na análise de alguns filmes e canções, foram destacadas as afinidades eletivas de seus autores com a agitação política do momento, em particular no aspecto destacado neste capítulo: o imaginário sobre a questão da terra. Mas a aproximação de artistas e intelectuais – majoritariamente oriundos das classes médias – com o "homem simples", no campo ou na cidade, foi um processo interrompido pela modernização conservadora sob a ditadura, especialmente após a edição do AI-5 e o recrudescimento da repressão e da censura. A busca de ligação política do artista com seu público, num processo de transformação da realidade no sentido de ampliar os direitos dos deserdados da terra, tenderia a ser cada vez mais mediada pelo mercado. Assim, os aspectos questionadores iam-se diluindo diante da poderosa indústria cultural que se firmava, até mesmo criando um lucrativo mercado de contestação à ordem estabelecida.

Muitos dos cineastas, compositores da canção popular, atores, dramaturgos e outros artistas contestadores nos nos 1960 viriam a fazer sucesso, por exemplo, na maior instituição da indústria cultural brasileira atual: a Rede Globo de Televisão. Para encerrar o capítulo, vale tomar um caso apenas, significativo da reconotação que as obras dos anos 1960 viriam a ganhar: ouça-se a canção já referida de Gil e Capinam, *Soy loco por ti, América*. Em 2005, ela foi regravada para fazer a abertura da telenovela *América*, de Glória Perez, que tratava da vida difícil de imigrantes clandestinos brasileiros nos Estados Unidos. Todas as noites, os telespectadores – sem desconfiar que a canção fora originalmente composta em homenagem a Che Guevara – ouviam a música na novela de maior audiência, na voz de Ivete Sangalo, cantora baiana de *hits* locais de muito sucesso de público e pouco prestígio de crítica, sem nenhuma politização. No verso "que su nombre sea Martí", Sangalo troca o nome Martí por Marte, pois a referência ao poeta cubano José Martí andava mais longe do imaginário predominante do que aquele planeta. Ironia: o arranjo tropicalista transgressor da gravação original virou uma orquestração convencional, enquanto a América amada da canção passou a referir-se aos Estados Unidos, sonho de consumo ou até de sobrevivência para muitos latino-americanos. Das utopias anti-imperialistas dos anos 1960, de fazer do continente um território livre, América converteu-se em referência ao grande irmão do norte...

Enfim, houve uma guinada nos meios intelectuais e artísticos a partir da redemocratização dos anos 1980, tema que será abordado no próximo capítulo.

INTELECTUAIS NA (RE)DEMOCRATIZAÇÃO: MARSHALL BERMAN E SEU PÚBLICO BRASILEIRO[1]

Eu prefiro ser
Essa metamorfose ambulante
Do que ter aquela velha opinião
Formada sobre tudo
Do que ter aquela velha opinião
Formada sobre tudo
Eu quero dizer
Agora, o oposto do que eu disse antes
Eu prefiro ser
Essa metamorfose ambulante.[2]

O desafio proposto neste capítulo final é pensar os intelectuais na sociedade brasileira dos anos 1980 em diante, quando se foi esmaecendo a brasilidade revolucionária como estrutura de sentimento. O tema será abordado a partir da recepção excepcional no Brasil do livro de Marshall Berman, *Tudo que é sólido desmancha no ar, a aventura da modernidade*, publicado pela editora Companhia das Letras, em 1986. Analisar a repercussão desse livro é uma porta de entrada para pensar o entrelaçamento entre o campo intelectual e a indústria cultural no Brasil, bem como as relações entre o mercado e o pensamento de esquerda.

MODERNIDADE E INTELECTUAIS EM *TUDO QUE É SÓLIDO DESMANCHA NO AR*

O título do livro foi tirado de uma célebre formulação do *Manifesto do Partido Comunista*, escrito em 1848 por Marx e Engels (Marx; Engels, 1996). A citação não é gratuita: o *Manifesto* seria uma formulação genial e criativa sobre

---

1 Este capítulo resulta da reelaboração num único texto de dois artigos: "O sucesso no Brasil da leitura do Manifesto Comunista feita por Marshall Berman" (In: Reis, 1998, p.187-207) e "Intelectuais e modernidade: Marshall Berman e seu público brasileiro" (In: Reis, 2010).

2 Trecho de *Metamorfose ambulante*, de Raul Seixas, canção gravada pela primeira vez em 1973.

a modernidade, entendida como um emaranhado contraditório de experiências de vida compartilhadas pelas pessoas em todo o mundo contemporâneo:

> Ser moderno é encontrar-se em um ambiente que promete aventura, poder, alegrias, crescimento, autotransformação e transformação das coisas em redor – mas ao mesmo tempo ameaça destruir tudo o que temos, tudo o que sabemos, tudo o que somos. A experiência ambiental da modernidade anula todas as fronteiras geográficas e raciais, de classe e nacionalidade, de religião e ideologia: nesse sentido, pode-se dizer que a modernidade une a espécie humana. Porém, é uma unidade paradoxal, uma unidade de desunidade: ela nos despeja a todos num permanente turbilhão de desintegração e mudança, de luta e contradição, de ambiguidade e angústia. Ser moderno é fazer parte de um universo no qual, como disse Marx, "tudo o que é sólido desmancha no ar". (Berman, 1986, p.15)

No livro, "o *Fausto* de Goethe vem em primeiro lugar no sumário, mas o *Manifesto Comunista* vinha em primeiro lugar na minha cabeça", segundo o autor (Berman, 2001, p.114-115). Ele questiona a dualidade entre modernização e modernismo. A modernidade ocorreria simultaneamente na economia e na política, bem como nas artes, na cultura e na sensibilidade. O *Manifesto* seria "a primeira grande obra de arte modernista", arquétipo de todos os vários manifestos modernistas que viriam depois dele. Marx mostraria em sua obra

> [...] o desenvolvimento dos temas pelos quais o modernismo viria a se definir: a glória da energia e do dinamismo modernos, a inclemência da desintegração e o dinamismo modernos, a estranha intimidade entre eles; a sensação de estar aprisionado numa vertigem em que todos os fatos e valores sofrem sucessivamente um processo de emaranhamento, explosão, decomposição, recombinação; uma fundamental incerteza sobre o que é básico, o que é válido, até mesmo o que é real; a combustão das esperanças mais radicais, em meio a sua radical negação. (Berman, 1986, p.117)

Por trás da questão explícita da luta de classes, haveria no *Manifesto* um aspecto menos evidente, porém mais profundo e atual: "a tensão entre a visão 'sólida' e a visão 'diluidora' de Marx sobre a vida moderna" (Berman, 1986, p.89). O *Manifesto* mostra a emergência de um mercado mundial que cresce e se solidifica, ao mesmo tempo em que absorve e destrói os mercados locais e regionais com os quais entra em contato. O capital tende a concentrar-se em poucas mãos, arruinando artesãos, camponeses e pequenos proprietários. O capitalismo dilui rapidamente formações sociais sólidas, constituídas ao longo dos séculos, como na China e na Índia. Em seu lugar surge "uma construção móvel que se agita e muda de forma sob os pés dos atores" (Berman, 1986, p.90). O capitalismo envolve uma concorrência ininterrupta e selvagem, a racionalização do trabalho operário em fábricas cada vez mais automatizadas, em busca do avanço tecnológico que permita a produção de mais bens em menos tempo. Ele revoluciona constantemente os meios de produção, constrói a solidez do poderio dos capitalistas vencedores e a ruína dos derrotados, que não conseguem acompanhar o ritmo frenético de competição.

Nesse compasso de competitividade, de criação de novas forças produtivas e sucateamento do que fica ultrapassado tecnologicamente, o capitalismo libera o potencial produtivo da humanidade, colocando no horizonte a possibilidade da ruptura com a escassez. O *ativismo burguês* – que Marx e Engels celebraram no *Manifesto* "com um vigor e uma profundidade que os próprios burgueses não seriam capazes de expressar" (Berman, 1986, p.91) – vislumbra o desenvolvimento ilimitado da produção econômica e também cultural, liberando "a capacidade e o esforço humanos para o desenvolvimento: para a mudança permanente, para a perpétua sublevação e renovação de todos os modos de vida pessoal e social" (Berman, 1986, p.93).

Acontece que a sociedade burguesa não pode cumprir sua promessa de abundância para todos, pois os bens produzidos coletivamente são apropriados privadamente por poucos. Assim, sucedem-se as crises de superprodução de mercadorias que não encontram compradores, gerando as condições para que a aparente solidez da sociedade capitalista também se desmanche no ar.

Conforme a leitura de Berman, a burguesia proclama-se partidária da ordem e da estabilidade política e cultural; mas, em verdade, tem medo de reconhecer que erige uma ordem instável, baseada na perpétua *autodestruição inovadora*, na qual tudo

> [...] é construído para ser posto abaixo [...] para ser desfeito amanhã, despedaçado ou esfarrapado, pulverizado ou dissolvido, a fim de que possa ser reciclado ou substituído na semana seguinte e todo o processo possa seguir adiante, sempre adiante, talvez para sempre, sob formas cada vez mais lucrativas. (Berman, 1986, p.97)

Na formulação original do *Manifesto*, a burguesia "assemelha-se ao feiticeiro que já não pode controlar as potências infernais por ele postas em movimento" (Marx; Engels, 1996, p.71). Essas *potências infernais* só poderiam ser domadas pelo proletariado, a classe dos trabalhadores assalariados despossuídos. Unindo-se para fazer a revolução comunista, ele nada teria a perder, "a não ser suas cadeias", com "um mundo a ganhar", como escreveram Marx e Engels na conclusão do *Manifesto* (Marx; Engels, 1996, p.99).

Para Berman (1986), contudo, as crises no capitalismo não levariam necessariamente a sua destruição; nem haveria uma classe que pudesse controlar as "potências infernais" da modernidade, acionadas pelo capitalismo. As crises seriam inesperadas fontes de força e resistência do capitalismo, que se reproduziria numa espiral sem fim de destruição e recriação econômica, política e cultural. A perene autodestruição inovadora envolveria as pessoas na revolução permanente da modernidade:

> Para que as pessoas sobrevivam na sociedade moderna, qualquer que seja sua classe, suas personalidades necessitam assumir a fluidez e a forma aberta dessa sociedade. Homens e mulheres modernos precisam aprender a aspirar à mudança: não apenas estar aptos à mudança em sua vida pessoal e social, mas ir efetivamente em busca das mudanças, procurá-las de maneira ativa, levando-as adiante. Precisam aprender [...] a se deliciar na mobilidade, a se empenhar na renovação, a olhar sempre na direção de futuros desenvolvimentos em suas condições de vida e em suas relações com outros seres humanos. (Berman, 1986, p.94)

O eixo de *Tudo que é sólido desmancha no ar* é o desenvolvimento do indivíduo moderno e a modernidade como processo subjetivo de autodesenvolvimento ilimitado, que teriam sido abordados pela primeira vez no *Manifesto*. A contemporaneidade da obra de Marx estaria mais nas perguntas formuladas do que nas respostas apresentadas. Não seria o caso de indicar "um caminho que permita sair das contradições da vida moderna, mas sim um caminho mais seguro e mais profundo que nos coloque exatamente no cerne dessas contradições" (Berman, 1986, p.125). Caberia mergulhar na modernidade, sem a ilusão de que suas contradições seriam abolidas por uma revolução, que supostamente daria lugar à harmonia social: "Se a sociedade burguesa é realmente o turbilhão que Marx pensa que é, como pode ele esperar que todas as suas correntes fluam numa única direção, de harmonia e integração pacífica?" (Berman, 1986, p.111).

Uma eventual sociedade comunista só aprofundaria a experiência da modernidade, que seria reposta num fluxo perpétuo. Berman chega a falar em niilismo comunista, explorando a seu modo as clássicas formulações de Marx e Engels, para quem o contínuo revolucionamento da produção tende a perpetuar a incerteza e a agitação da época burguesa, na qual:

> Tudo o que é sólido e estável se volatiliza, tudo o que é sagrado é profanado, e os homens são finalmente obrigados a encarar com sobriedade e sem ilusões sua posição na vida, suas relações recíprocas. (Marx; Engels, 1996, p.69)

Por sua vez, o comunismo implicaria uma "associação na qual o livre desenvolvimento de cada um é a condição para o livre desenvolvimento de todos" (Marx; Engels, 1996, p.87). Nessa medida, conclui Berman, ao invés de uma

BRASILIDADE REVOLUCIONÁRIA

suposta harmonização, o comunismo aprofundaria a radicalidade do "impulso niilista do moderno desenvolvimento pessoal e social", não ficando claro para os seres humanos de nosso tempo "que fronteiras políticas o homem moderno pode criar" (Berman, 1986, p.124). Segundo ele:

> Um niilismo comunista pode vir a ser bem mais explosivo e desintegrador que seu antecedente burguês – embora também mais ousado e original –, pois, enquanto o capitalismo reduz as infinitas possibilidades da vida moderna a limites preestabelecidos, o comunismo de Marx pode lançar o ego liberado na direção de imensos espaços humanos desconhecidos, sem qualquer limite. (Berman, 1986, p.111)

A atualidade do *Manifesto* estaria em sua primeira parte, na qual emerge o homem moderno, *desacomodado* e *despido do halo* de qualquer ilusão metafísica, levado a viver as contradições do mundo assustador. Marx e Engels equacionariam

> [...] as polaridades que irão moldar e animar a cultura do modernismo do século seguinte: o tema dos desejos e impulsos insaciáveis, da revolução permanente, do desenvolvimento infinito, da perpétua criação e renovação em todas as esferas de vida; e sua antítese radical, o tema do niilismo, da destruição insaciável, do estilhaçamento e trituração da vida, do coração das trevas, do horror. (Berman, 1986, p.100)

Nenhum personagem literário caracterizaria melhor os dilemas da modernidade que o Fausto, de Goethe, confrontado com a "tragédia do desenvolvimento". Não é à toa que o primeiro capítulo de *Tudo que é sólido desmancha no ar* seja dedicado a esse personagem, portador de um desejo de desenvolvimento que envolve a "afinidade entre o ideal cultural do *auto*desenvolvimento e o efetivo movimento social na direção do desenvolvimento *econômico*". Desenvolvimento que ganharia cores trágicas, pois representaria um "altíssimo custo para o ser humano" (Berman, 1986, p.41-42).

Fausto viveria uma cisão existencial que marcaria os intelectuais ao longo dos séculos XIX e XX, especialmente os dos países subdesenvolvidos, como a Alemanha do tempo de Goethe, a Rússia do século XIX, depois os intelectuais do Terceiro Mundo no século XX. Eles seriam "portadores de cultura de vanguarda em sociedades atrasadas, experimentaram a cisão fáustica com invulgar intensidade". Esses intelectuais sofreriam de uma angústia interior que geraria ações e criações revolucionárias, mas também caminhos pelas "sombrias alamedas da futilidade e do desespero" (Berman, 1986, p.44-45).

Os intelectuais ganham então especial relevo na modernidade, encarnando-a talvez como nenhuma outra categoria social. Eis o elo para pensar a modernidade e os intelectuais na sociedade brasileira, particularmente a partir do momento em que o livro de Berman foi publicado no Brasil, no final de 1986, quando o país retomava o processo democrático, após 21 anos de regime militar. Naquele tempo, soava como algo verossímil falar em cisão fáustica nos meios intelectuais; o tema das aventuras na modernidade e no marxismo pareciam atuais e relevantes, embora já num contexto diferente dos anos imediatamente anteriores, de combate à ditadura. Os meios intelectualizados de esquerda brasileiros estavam abertos, por exemplo, para leituras inovadoras da obra de Marx, como a de Berman.

Feito esse esboço de aspectos centrais de *Tudo que é sólido desmancha no ar* – em especial os desenvolvidos no capítulo dedicado à leitura do *Manifesto* –, pode-se avançar no sentido de sua repercussão na intelectualidade brasileira.

A PRIMEIRA RECEPÇÃO: ECOS NO BRASIL DO DEBATE ENTRE ANDERSON E BERMAN

Ainda antes da publicação no Brasil de *Tudo que é sólido desmancha no ar*, a revista *Novos Estudos Cebrap* reproduziu a crítica de Perry Anderson ao livro, em junho de 1986.[3] A repercussão do debate indica que ainda eram fortes as tradições marxistas no meio intelectual, forjadas especialmente nos anos 1960 e 1970, quando leituras diversas do materialismo histórico chegaram a ser predominantes em certos círculos acadêmicos das ciências humanas, paradoxalmente, no período da ditadura militar e civil. A identidade marxista dava a certos intelectuais a sensação que ela significava uma forma de resistência. Ademais, algumas correntes intelectuais marxistas estavam em voga na Europa da época, em particular na França, que sempre influenciou culturalmente parte da intelectualidade brasileira.

Uma das correntes mais consistentes do pensamento marxista na academia surgira no final dos anos 1950, quando um grupo de jovens professores e estudantes da Universidade de São Paulo passou a reunir-se semanalmente para debater a obra de Marx. Dentre eles estavam Fernando Novais, Octavio Ianni, José Arthur Giannotti, Francisco Weffort, Fernando Henrique Cardoso, Ruth Cardoso, Paul Singer, Michael Löwy e Roberto Schwarz, já mencionados no capítulo anterior. O coletivo ficou conhecido como *Seminário Marx*, ou ainda

---

3 O debate entre Perry Anderson e Berman saiu nas páginas da prestigiosa *New Left Review*, em 1984. No Brasil, a crítica de Anderson foi publicada em *Novos Estudos Cebrap* (Anderson, 1986). A resposta de Berman foi reproduzida pela revista *Presença* (Berman, 1987) e reapareceu em Berman (2001, p.172-191).

grupo ou *Seminário d'O Capital*, com grande impacto no desenvolvimento posterior do pensamento marxista no Brasil – ainda que sua influência nos partidos e movimentos de esquerda tenha sido pouco significativa. Alguns dos ex-integrantes do *Seminário Marx*, afastados de suas funções na universidade pela ditadura, fundaram o Centro Brasileiro de Análise e Planejamento (Cebrap), no início dos anos 1970. As pesquisas e publicações do Cebrap continuaram a produzir e divulgar ideias críticas – marxistas ou não. Elas seriam difundidas, por exemplo, pelas revistas *Estudos Cebrap* e *Novos Estudos Cebrap*; nesta última saiu o artigo de Anderson, criticando a leitura de Berman do *Manifesto do Partido Comunista*.

Em 1986, quando foram publicados no Brasil os textos de Anderson e de Berman, a ditadura terminara há pouco e o materialismo histórico estava em baixa nos meios acadêmicos da França e de outros países desenvolvidos. As diversas correntes marxistas no meio intelectual brasileiro já não gozavam do mesmo prestígio de antes, mas o relativo destaque ao debate entre Berman e Anderson indica a relevância intelectual do marxismo na época. Integrantes do Cebrap, identificados com as posições de Anderson, publicaram seu artigo, revelando a força de uma tradição intelectual com raízes no *Seminário d'O Capital* – que interpreta Marx com destaque para categorias como classes sociais, trabalho e valor, as quais mereceram pouca atenção na leitura de Berman.[4]

A crítica de Anderson a Berman pode ser assim resumida e encadeada:

a) haveria um equívoco interpretativo de Berman sobre a concepção de Marx de tempo histórico – para Anderson, este não seria mera sucessão cronológica do velho e do novo, como na temporalidade do mercado, que acabaria sendo assumida por Berman, ao ver a modernização como um processo linear de desenvolvimento, o qual necessariamente traria consigo a renovação constante das fontes da arte modernista; assim, para Anderson, a história do capitalismo deve ser periodizada e sua trajetória reconstituída, o que seria obstruído pelo conceito de modernização, adotado por Berman;

b) as classes sociais e suas lutas praticamente não figurariam na explicação de Berman: o livro colocaria a economia de um lado e a psicologia do outro, com a cultura do modernismo fazendo a ligação entre ambas; a sociedade como tal estaria ausente;

---

4 Entretanto – como observaram Luiz Fernando da Silva (1995) e Emir Sader (1996) –, a centralidade das classes não passava pelas lutas de classes nos estudos dos integrantes do *Seminário d'O Capital*, no final dos anos 1950 e início dos 1960. Ver ainda os textos de Paul Singer (1988) e Paulo Arantes (2007).

c) haveria um equívoco na análise do modernismo sem nenhum princípio interno de variação, reproduzindo-se interminavelmente – na verdade, o modernismo seria diferencial no tempo e no espaço;

d) Berman não estabeleceria distinções entre tendências estéticas variadas no interior do modernismo;

e) ao encarar o capitalismo como uma *revolução permanente*, Berman desvalorizaria o termo revolução, analisado por Anderson como um processo pontual de ruptura com as estruturas, e não permanente;

f) Anderson critica a leitura de Berman da noção de modernidade em Marx, vista como processo subjetivo de autodesenvolvimento ilimitado, o que o levaria ao mesmo paradoxo encontrado na obra de Rousseau: "se o autodesenvolvimento é a meta de todos, como será possível a comunidade?" (Anderson, 1986, p.13). A partir desse paradoxo, Berman esboça seu conceito de niilismo comunista. Ora, argumenta Anderson, nada mais despropositado:

> Para Marx, o eu não é *anterior a*, mas sim *constituído por* suas relações com os outros, desde o início: mulheres e homens são indivíduos *sociais*, cuja sociabilidade não é subsequente, mas sim contemporânea à sua individualidade. [...] Se o desenvolvimento do eu está indissoluvelmente imbricado nas relações com os outros, seu desenvolvimento não poderia consistir numa dinâmica *ilimitada* no sentido monadológico evocado por Berman: pois a existência de outros sempre *constituiria um limite*, sem o qual *o próprio desenvolvimento não poderia ocorrer*. (Anderson, 1986, p.14)

Alternativamente ao que chama de perenialismo modernista de Berman, Anderson propõe analisar a temporalidade histórica diferencial em que o modernismo se insere. Como já se apontou anteriormente, Perry Anderson estabelece três coordenadas históricas que deram vida às correntes – diferentes entre si – do modernismo na primeira metade do século XX na Europa:

1. O combate ao academicismo altamente formalizado nas artes, correspondente a sobrevivências fortes de classes aristocráticas e latifundiárias, que ainda davam o tom político e cultural, especialmente antes da Primeira Guerra Mundial.

2. A emergência de novas tecnologias ou invenções-chave da segunda revolução industrial, gerando apostas modernistas no seu potencial libertário.

3. A proximidade imaginativa da revolução social.

Ao final da Segunda Guerra Mundial, essas três coordenadas históricas teriam desaparecido na Europa, que por isso não teria mais visto o surgimento de nenhum movimento modernista significativo nas artes. Assim, longe de beber na fonte da eterna juventude, o modernismo teria uma temporalidade histórica datada.

As três coordenadas históricas, entretanto, teriam uma sobrevida em países do Terceiro Mundo, onde "existiria uma espécie de configuração que, como uma sombra, reproduz algo do que antes prevalecia no Primeiro Mundo". Por isso, ainda haveria algumas grandes realizações modernistas, por exemplo, na literatura latino-americana. Porém, elas "não são expressões atemporais de um processo de modernização em constante expansão, mas surgem em constelações bem delimitadas, em sociedades que ainda se encontram em cruzamentos históricos definidos" (Anderson, 1986, p.12). Anderson conclui seu artigo com as seguintes palavras:

> Uma genuína cultura socialista seria aquela que não procuraria insaciavelmente pelo novo, definido simplesmente como aquilo que *vem depois*, para logo a seguir ser atirado entre os detritos do velho, mas, isto sim, uma cultura que multiplicaria o diferente, numa *variedade* de estilos e práticas correntes muito maior do que tudo o que existiu antes: uma diversidade fundada numa pluralidade e complexidade muito maiores de modos de vida possíveis que qualquer comunidades de iguais, não mais dividida em classes, raças ou gênero, iria criar. Noutras palavras, sob esse aspecto, os eixos da vida estética correriam horizontalmente e não na vertical. O calendário deixaria de tiranizar, ou organizar a consciência da arte. Nesse sentido, a vocação de uma revolução socialista não seria nem a de prolongar nem a de realizar a modernidade, mas sim a de aboli-la. (Anderson, 1986, p.15)

A resposta de Berman pode ser elucidativa da recepção que seu livro teve no Brasil de meados dos anos 1980, ao destacar as ideias de experiência cotidiana, de liberdade individual, de resgate das minorias na sociedade, de crítica à posição demasiadamente teoricista de certos intelectuais, de revolução vista como processo permanente e não pontual, entre outros aspectos que estavam sendo postos em pauta por setores intelectualizados da esquerda brasileira no período.

Berman reconhece na proposição de Anderson das três coordenadas históricas para a compreensão do modernismo "uma leitura fascinante, [...] ainda que existam igualmente, outras maneiras de se contar essa história (a minha própria daria mais ênfase nas experiências de grupos marginais como judeus e homossexuais)". Mas critica Anderson por identificar a perda de esperanças revolucionárias com a "ruína de toda vida cultural e espiritual ocidental". Indica que a criatividade humana sempre tem crescido, apesar dos desapontamentos (Berman, 1987, p.124).

Berman prefere não refutar ponto a ponto os questionamentos de Anderson, mas apenas fazer considerações gerais sobre o quanto as ideias de seu crítico estariam distantes dos "sinais da rua", da experiência cotidiana caótica das pessoas. Como muitos intelectuais, Anderson teria perdido "o contato com as coisas e com o fluxo da vida cotidiana". Berman conclui o artigo dizendo: "Ler *O capital* não será suficiente se não soubermos ler também os sinais da rua" (Berman, 1987, p.138). Sinais que ele procurou evidenciar no artigo-resposta, contando quatro casos de experiências cotidianas de indivíduos que vivenciam a modernidade, "a fusão entre vida pessoal e vida política", que constituiria um dos "romances mais ricos dos tempos modernos" (Berman, 1987, p.133). Seriam essas pessoas comuns que constituiriam o seu próprio horizonte, "muito mais extenso e mais aberto do que o horizonte vislumbrado por Perry Anderson", que só teria

> [...] olhos para as revoluções históricas mundiais na política e para as obras-primas mundiais da cultura; ele recorta seu terreno à altura da perfeição metafísica; e não faz concessões. [...] Seria mais proveitoso se [...] indagássemos se a modernidade pode ainda gerar fontes e espaços de significação, de liberdade, dignidade, beleza, prazer e solidariedade. Aí então, nós deveríamos confrontarmo-nos com a realidade caótica em que vivem homens, mulheres e crianças modernos. (Berman, 1987, p.137)

Esse confronto proporcionaria ao intelectual e ao artista a perda do halo: "a redução do artista moderno a um simples mortal pode ampliar o horizonte e conduzir a novos campos de força, através dos quais, tanto os artistas quanto o seu público possam crescer". Berman destaca, a seguir, que seus próprios trabalhos têm "tentado, cada vez mais, situar minha investigação sobre o 'eu' moderno no interior dos contextos sociais em que todos os 'eus' modernos surgem" (Berman, 1987, p.136-137).

A RECEPÇÃO DO MERCADO BRASILEIRO A *TUDO QUE É SÓLIDO DESMANCHA NO AR*

O livro de Marshall Berman foi publicado em Nova York, em 1982, e teve repercussão na intelectualidade de esquerda norte-americana e europeia, como atesta o referido debate entre o autor e Perry Anderson pelas páginas da *New Left Review*. A versão brasileira surgiu em 1986, lançada por uma editora criada na época, com grande ambição intelectual e mercadológica, a Companhia das Letras. Foi um sucesso não apenas de crítica, mas sobretudo de público.

Em menos de um ano, entre novembro de 1986 e setembro de 1987, foram publicados 34 mil exemplares. Até o fim dos anos 1990, chegou-se ao total de 58.500 exemplares em 16 reimpressões com tiragem média de dois mil exemplares.

Em 2000 e 2001 saíram a 17ª e a 18ª reimpressão, de 1.500 exemplares cada. A 19ª teve dois mil exemplares em 2003. Uma segunda edição veio em 2005, com uma reimpressão no ano seguinte, ambas de 1.500 exemplares. As vendas do livro revigoraram-se com a edição de bolso, de cinco mil exemplares, em 2007, mais mil na reimpressão de 2008. Ou seja, houve 16 mil cópias publicadas desde o ano 2000, o que atesta que o livro continua tendo público cativo na sociedade brasileira, após o estouro de vendas em seu primeiro ano de edição.[5]

Em suma, já circularam 74.500 exemplares dessa obra no Brasil, número por si só impressionante, ainda mais expressivo se considerarmos que, em geral, os livros de ciências humanas no País têm tiragens com dois mil exemplares e raramente são reimpressos ou reeditados.

Esses dados sobre a edição de *Tudo que é sólido desmancha no ar* remetem, antes de qualquer coisa, ao tema intrincado da relação entre o mercado e as ideias de esquerda. Berman expressa assim sua posição a respeito:

> [...] até mesmo as ideias mais subversivas precisam manifestar-se através dos meios disponíveis no mercado. Na medida em que atraiam e insuflem pessoas, essas ideias se expandirão e enriquecerão o mercado, colaborando, pois, para "incrementar o capital". Assim, se admitirmos que a visão de Marx é adequada e precisa, teremos todas as razões para acreditar que a sociedade burguesa gerará um mercado para ideias radicais. Esse sistema requer constante perturbação, distúrbio, agitação; precisa ser permanentemente empurrado e pressionado para manter a própria elasticidade e capacidade de recuperação, para assenhorear-se de novas energias e assimilá-las, para locomover-se na direção de novas alturas de atividade e crescimento. Isto quer dizer, porém, que todos os homens e movimentos que se proclamem inimigos do capitalismo talvez sejam exatamente a espécie de estimulantes que o capitalismo necessita. [...] Nesse clima, então, intelectuais radicais encontram obstáculos radicais: suas ideias e movimentos correm o risco de desmanchar no mesmo ar moderno em que se decompõe a ordem burguesa que eles tentam sobrepujar. (Berman, 1986, p.15)

Para usar os termos de Berman, como pensar o "mercado para ideias radicais" na sociedade brasileira? As relações de intelectuais e artistas críticos da ordem estabelecida no Brasil com o mercado vêm de longa data. Por exemplo, é conhecida a importância de dramaturgos, atores, músicos e outros artistas comunistas na constituição da Rede Globo de Televisão, o grande empreendimento da indústria cultural que floresceu sob as asas da ditadura militar.

O problema da relação dos intelectuais críticos com o mercado é muito mais candente para os artistas, cuja produção se encontra no centro da indústria cultural.

---

5 Esses e todos os dados sobre tiragens de livros que aparecem neste capítulo foram gentilmente cedidos pela editora Companhia das Letras.

E isso vale não só para os marxistas ou comunistas. A questão é explicitada, por exemplo, pelos herdeiros do tropicalismo, como Caetano Veloso. Seu livro de memórias, *Verdade tropical*, expressa bem os dilemas e o assombro dos artistas críticos de sua geração diante do mercado cultural que se firmava e crescia como nunca na sociedade brasileira a partir dos anos 1960. O mercado seria, simultânea e contraditoriamente, o inevitável monstro a expandir seus tentáculos, banalizando as artes;[6] e uma conquista nacional para o Brasil, necessária para seus artistas competirem em escala internacional.[7] Numa condensação da ambiguidade diante do mercado, Caetano afirma que os cantores populares

> [...] teriam cedo ou tarde que exibir, de forma mais ou menos nobre em cada caso, as marcas de origem da atividade que escolheram: produção de canções banais para competir no mercado. (Sendo que, no Brasil, o crescimento desse mercado significa, em si mesmo, uma conquista nacional). (Veloso, 1997, p.238)

Retomando o livro de Berman, para compreender seu sucesso comercial, vale lembrar que ele foi publicado durante a breve euforia consumista gerada pelo Plano Cruzado, que aparentemente viera conter a inflação e estabilizar a economia. Deve-se levar em conta ainda que se trata de um produto bem-acabado da indústria editorial, que entrava em outro patamar na sociedade brasileira na década de 1980. No que se refere às editoras voltadas ao meio intelectual e acadêmico, com forte produção na área de ciências humanas, havia uma tradição consolidada nos anos anteriores, em que eram comuns editoras semiprofissionais, por vezes artesanais, comprometidas ao mesmo tempo com a obtenção de lucro e com a difusão de ideias críticas da ordem estabelecida. Em meio a elas, afirmavam-se empreendimentos voltados ao "mercado para ideias radicais". Os anos 1960 viram o êxito de editores engajados politicamente, como Ênio Silveira, dono da Civilização Brasileira, e Jorge Zahar, da Zahar Editores. Eles estavam em sintonia com a intelectualidade "fáustica" da época e foram responsáveis pela

---

6 O tom depreciativo fica evidente em certas passagens, como aquela em que observa que o mercado "passou a estender seus tentáculos na direção de formas brutas de manifestação musical" na década de 1960 (p.39). Outra passagem vai na mesma direção, quando Caetano afirma que "nunca pude me interessar por dinheiro, e, portanto, desconhecia os mecanismos que ele desencadeia" (p.146). O desprezo pelo mercado aparece também quando comenta que nunca cedeu qualquer canção para ser usada em publicidade de mercadorias – ao contrário de Gilberto Gil e outros artistas críticos de sua geração (Veloso, 1997).

7 Contrastando com o tom depreciativo sobre o mercado, Caetano vê no tropicalismo "uma reverência à livre competitividade" (p.259), buscando "a elevação do nosso nível de competitividade profissional – e mercadológica – aos padrões dos americanos e dos ingleses" (p.446). (Veloso, op. cit.)

publicação no Brasil das melhores obras de ciências sociais produzidas no exterior, incentivando também autores nacionais, o que lhes deu de um lado prestígio e bons negócios, mas de outro provocou a perseguição pela ditadura.

Nos anos 1970 e 1980, a editora Brasiliense, dirigida por Caio Graco Prado, deu um salto na profissionalização do mercado editorial voltado para os setores intelectualizados da população, cada vez mais amplos, com o crescimento do acesso ao ensino superior.[8] A editora, contudo, talvez ainda tenha sido uma transição para o modelo profissional e com presença marcante na mídia, de que seria exemplo a editora Companhia das Letras, dirigida por Luiz Schwarcz, que iniciara a carreira na Brasiliense, logo ocupando lugar de destaque como diretor editorial, o que lhe permitiria outros voos.

Luiz Schwarcz abriu uma pequena editora que funcionava inicialmente nos fundos de uma gráfica no bairro paulistano da Barra Funda. A empreitada foi possível graças aos conhecimentos e aos contatos profissionais, intelectuais, mercadológicos e na imprensa, obtidos principalmente por intermédio da experiência na Brasiliense, mas também por sua formação em administração de empresas na prestigiosa Fundação Getúlio Vargas, em São Paulo, onde estudavam os principais futuros empresários do País. Sem contar que seu pai possuía uma empresa de artes gráficas que fazia cartões, adesivos e papéis de presente, o que não dava ao futuro editor proximidade com o mundo da produção de livros, mas envolvia um ambiente familiar empresarial.

O primeiro livro editado, em outubro de 1986, foi a tradução de *Rumo à estação Finlândia,* de Edmund Wilson, obra de 1940, célebre nos meios de esquerda (Wilson, 1986). Nela, o jornalista norte-americano narra – cm linguagem sedutora e tom irreverente – a saga da intelectualidade radical, da revolução francesa até a revolução russa, de Michelet a Lênin, passando pelos socialistas utópicos, por Marx, Engels, Trotski e outros intelectuais revolucionários.

Naqueles anos 1980, marcados no Brasil pela transição da ditadura militar e civil à democracia, havia um público cativo para o "encanto radical", para usar uma expressão que dava título a uma coleção de livros de bolso da época, editada pela Brasiliense. Isso pode ser atestado ainda pela publicação da série *Os economistas*, que a editora Abril Cultural colocava à venda em bancas

---

8 Evidentemente, refiro-me apenas a algumas importantes editoras – cuja clientela preferencial seria o meio intelectualizado –, não a sua totalidade. A consolidação da indústria cultural na publicação de livros passou também pelas editoras que massificaram sua produção, vendendo em bancas de jornal – como a Abril Cultural –, e pelas editoras voltadas preferencialmente para o enorme mercado do livro didático. Por outro lado, ainda há até hoje várias pequenas editoras alternativas, ao mesmo tempo buscando o lucro e afinadas com o que resta do que Berman chamaria de intelectualidade *fáustica*.

de jornal de todo o país. Obras dos autores mais célebres da ciência econômica foram reproduzidas aos milhares. Incorporavam-se também clássicos do pensamento econômico socialista, como *O capital*, de Marx, publicado em cinco tomos, entre 1983 e 1985 (Marx, 1983). E não só: foram contemplados autores como Lênin, Rosa Luxemburgo, Bukharin, Mandel e outros. Eram edições muito bem-cuidadas no aspecto formal, com boas traduções, em trabalho organizado profissionalmente por Jacob Gorender, que havia sido intelectual destacado do Partido Comunista dos anos 1940 aos 1960.

A série *Os economistas* buscava seguir o exemplo de sucesso da coleção *Os pensadores*, vendida em bancas nos anos 1970, tornando acessíveis obras de dezenas de autores clássicos do pensamento ocidental. Foi assim que, em 1974, em plena ditadura, podia-se comprar em qualquer esquina o volume 24 da coleção, que trazia obras de Marx, como *O Dezoito Brumário de Luís Bonaparte* (Marx, 1974).

Assim, o sucesso de *Rumo à estação Finlândia* veio num contexto em que se consolidara um expressivo nicho de mercado para obras de esquerda. No início, o livro de Wilson apresentou números ainda mais impressionantes do que os da venda de *Tudo que é sólido desmancha no ar*, que a Companhia das Letras publicaria apenas um mês depois. Em pouco menos de um ano, *Rumo à estação Finlândia* teve sete reimpressões, com 41 mil livros. Em agosto de 1989, chegou a 54 mil exemplares, em nove reimpressões.

Contudo, ao contrário da obra de Berman, que manteria uma venda constante nos anos 1990, o livro de Wilson apresentou queda expressiva naquela década. Sua última grande tiragem em formato convencional, de três mil exemplares, foi em 1989 – ano que se tornaria emblemático internacionalmente pela queda do muro de Berlim, simbolizando o fim da Guerra Fria e da chamada Cortina de Ferro, bem como a derrocada do socialismo realmente existente no leste europeu. Ao passo que, no cenário político brasileiro, 1989 foi marcado pela vitória de Collor e da direita contra Lula, Brizola e as forças de esquerda nas eleições presidenciais do final daquele ano. Os ventos já não sopravam favoravelmente aos críticos da ordem estabelecida. Esvaía-se o público encantado pela radicalidade da biografia dos intelectuais retratados por Wilson. Na década de 1990, seu livro teve apenas três reimpressões, de mil exemplares cada uma, em 1993, 1995 e 1998. A 13ª reimpressão só saiu em setembro de 2003, com mil exemplares. A venda da obra retomaria algum fôlego somente com a primeira impressão em formato de bolso, de outubro de 2006, com oito mil exemplares, não esgotados até setembro de 2009.

Rumo à estação Finlândia e *Tudo que é sólido desmancha no ar* abriam o o catálogo de êxito da Companhia das Letras, que viria a se estabelecer como uma das editoras de maior prestígio intelectual e sucesso comercial nas ciências humanas e na literatura até hoje, diversificando muito seu catálogo.[9] Ainda comparando as tiragens dos livros de Wilson e de Berman, o primeiro chegaria a 64 mil exemplares tirados até 2009, o segundo a 74 mil. Ambos venderam muito logo após a primeira edição, o de Wilson em primeiro lugar, mas a vendagem da obra de Berman passou à frente e parece ter mantido mais interesse do público ao longo dos anos, a julgar pelas reimpressões constantes.

Talvez uma pista para entender o contraste esteja no fato de que o tema explícito da obra de Wilson, o encanto radical de intelectuais revolucionários, entraria em baixa entre o público leitor a partir dos anos 1990. Já o livro de Berman – que de certa forma é herdeiro da tradição de Wilson e de sua radicalidade[10] – teve melhor sorte. Mesmo porque seu tema central é a modernidade, ligada à capacidade de as pessoas se adaptarem aos constantes e imprevisíveis turbilhões de mudanças a que ela leva em todos os aspectos da vida, como davam testemunho os acontecimentos do final dos anos 1980 em escala global. Continuam a impor-se metamorfoses constantes que afetam o cotidiano das pessoas, aspecto central de *Tudo que é sólido desmancha no ar*, que assim conquista mais leitores.

Um novo livro de Berman viria a ser editado pela Companhia das Letras em 2001, intitulado *Aventuras no marxismo*. Foram impressos cinco mil exemplares em maio daquele ano, com uma reimpressão de 1.500 cópias em junho de 2008. São números compatíveis com a média de uma edição de sucesso para autores de ciências humanas, mas muito inferiores aos do *best seller Tudo que é sólido desmancha no ar. Aventuras no marxismo* reúne ensaios de Berman ao longo dos anos, sem a mesma pretensão de seu grande livro, mas não parece ser esse o aspecto central para compreender a disparidade de vendas entre os dois no Brasil.

No início do século XXI, o público interessado em aventuras no marxismo é relativamente muito mais restrito do que nos anos 1980, quando o tema parecia ter atualidade, ao menos na sociedade brasileira. Ainda soava como algo moderno aos ouvidos de setores sociais expressivos, integrantes dos então chamados novos movimentos sociais, e também nos meios intelectuais que estavam em rápida transformação. Para muitos, esse tema parece hoje *démodé* ou até peça de arqueologia, objeto perdido no passado, de interesse apenas para historiadores e cientistas sociais, não mais algo vivo e contemporâneo que expressa

---

9 De outubro a dezembro de 1986, a Companhia das Letras editou oito livros. Seriam mais 34 no ano seguinte. Os números foram crescendo gradativamente, ano a ano, até alcançar 244 títulos lançados em 2008. Ver os dados em: <www.companhiadasletras.com.br/20anos/titulos_especificos.php3>.

10 Ver, por exemplo, a resenha elogiosa de Berman (2001, p.72-79), intitulada "Ainda à espera na estação", por ocasião da reedição do livro de Wilson nos Estados Unidos, em 1972.

os dilemas da vida no novo milênio. Talvez isso ajude a compreender por que *Aventuras no marxismo* passou quase em branco também para a crítica.

Ademais, esse livro foi editado junto com muitos outros da então já estabelecida e consagrada Companhia das Letras, sendo um a mais em seu imenso e variado catálogo, sem o investimento inicial que a obra anterior de Berman obtivera no período fundador da casa – que editou também seu último livro, intitulado *Um século em Nova York – espetáculos em Times Square* (Berman, 2009). É possível que o "*tour* histórico cultural pelo coração de Manhattan", como o livro é definido no texto da quarta capa, trate de um tema que atraia mais leitores do que *Aventuras no marxismo*, mas dificilmente atingirá o sucesso de *Tudo que é sólido desmancha no ar*, que só pode ser compreendido pela conjunção de uma série de fatores no momento em que foi lançado. Tome-se agora mais um deles: a obra estava afinada com o fim do ciclo das vanguardas na história da esquerda brasileira e com a representação do intelectual que nele prevalecera.

DO CICLO DAS VANGUARDAS AO CICLO DAS BASES: *SINAIS DAS RUAS*

Ao menos desde os anos 1930, até o início da década de 1970, a história da esquerda brasileira foi marcada pelo que se poderia chamar o *ciclo das vanguardas*, que acompanhou o desenvolvimento econômico acelerado e a consolidação do modo de produção capitalista no Brasil, a partir da modernização conservadora imposta por duas ditaduras, no período em que se estabelecia no país uma típica sociedade de classes. Influenciada pelo modelo revolucionário leninista e depois pelas revoluções chinesa e cubana, a maior parte da esquerda brasileira acreditava em concepções de vanguarda relativamente diversificadas, mas que tinham em comum a aposta na organização de vanguardas políticas e/ ou armadas, organizadas em partidos ou grupos aguerridos, de quadros conscientes das leis da História, que poderiam guiar o conjunto dos trabalhadores, dos despossuídos ou mesmo do conjunto do "povo" para realizar a revolução brasileira, fosse ela nacional-democrática ou socialista.

Como é sabido, a ideia de vanguarda (*avant garde*) tem origem nos combates militares: alguns colocam-se à frente do restante da tropa, avançam, conduzindo os demais, protegidos por uma retaguarda. Politicamente, a concepção de vanguarda vincula-se aos bolcheviques, triunfantes na revolução russa de 1917, tornando-se exemplo de organização para a esquerda mundial: o Partido – organizado secreta e centralizadamente – colocava-se como a vanguarda condutora

BRASILIDADE REVOLUCIONÁRIA 161

das lutas do proletariado, seu organizador político, portador da análise científica da História, elaborando uma consciência de classe revolucionária.

Durante o ciclo das vanguardas, era complexa a relação dos intelectuais com os partidos e movimentos de esquerda no Brasil, especialmente para os que eram militantes orgânicos e conviviam em constante tensão com os dirigentes, que se mostravam desconfiados dos intelectuais e permanentemente temerosos de perder seu lugar para eles, mais bem-preparados teoricamente. Afinal, se o partido de vanguarda pretendia desvendar as leis da História para conduzir a revolução, era de se esperar que os intelectuais ocupassem nele um lugar de destaque, a exemplo de Lênin, Trotsky, Bukharin e muitos líderes bolcheviques, assim como Marx e Engels, e depois vários dirigentes da Segunda e da Terceira Internacional. Os intelectuais e demais militantes deveriam dedicar sua vida ao partido, por vezes sacrificando sua individualidade e vida pessoal.

Nem todo intelectual de esquerda era militante em partidos, mas muitos deles eram seus companheiros de viagem na luta pela revolução. Por exemplo, nos anos 1950 e 1960, foi muito expressiva a influência na intelectualidade brasileira das ideias difundidas por Jean-Paul Sartre acerca da relevância do engajamento político dos intelectuais. O pensamento de Sartre não era comunista, nem portador de uma ética do sacrifício, mas incentivava o engajamento existencial mais profundo dos intelectuais com a revolução.[11]

Não seria o caso de retomar agora a relação entre intelectuais e partidos de esquerda. Mas vale constatar que, no caso brasileiro, após a derrota da esquerda armada, em meados da década de 1970, davam-se claros sinais do fim do ciclo das vanguardas e, com ele, de mudanças expressivas do lugar do intelectual na luta política. Iniciava-se um novo ciclo, marcado na política pelo surgimento em 1980 do Partido dos Trabalhadores (PT), que passaria a deter a hegemonia nas esquerdas, no lugar do tradicional e clandestino Partido Comunista Brasileiro (PCB). Uma típica sociedade de classes já estava então estabelecida no país. Sua complexidade e fragmentação dificultariam a organização de vanguardas politicamente significativas. Ademais, a derrota de 1964, seguida pelo esmagamento da esquerda armada nos anos seguintes – em que as vanguardas distanciaram-se das massas, como se dizia no jargão da época – trazia a necessidade de repensar a política de esquerda, bem como o lugar atribuído ao intelectual dentro e fora dela.

Não era só a concepção do intelectual orgânico dos partidos que ficava em xeque, mas a própria tradição que vinha desde o caso Dreyfus, a exigir a interven-

---

11 Ver, por exemplo, seu ensaio *"Qu'est-ce que la littérature?"*, publicado pela primeira vez em 1947, subdividido em diversas partes, na revista *Les Temps Modernes*, que Sartre fundara em 1945 (Sartre, 1989).

ção do intelectual no terreno político, comunicando seu pensamento à sociedade, com a autoridade de quem formula ideias que encarnam o espírito crítico contra qualquer tipo de conformismo. Questionava-se o intelectual como "uma espécie de missionário e, se necessário, de confessor ou de mártir dos grandes princípios em meio aos Bárbaros", para tomar a formulação de Ory e Sirinelli (1992, p.9).

Na sociedade brasileira, do final dos anos 1970 à década de 1980, no turbilhão da transição da ditadura à democracia, entravam em crise tanto a ideia do intelectual que encarnava as leis da História como militante de um partido de vanguarda, como a do intelectual engajado em ensinar aos trabalhadores ou ao povo ignorante as verdades do seu saber. As respostas para a crise foram diversificadas no meio intelectual comprometido com propostas de esquerda: além dos que insistiam no modelo em crise, surgiam os que buscavam outro tipo de engajamento, no contexto de surgimento dos chamados "novos movimentos sociais". Os intelectuais teriam mais a aprender com esses movimentos do que a ensinar a eles. Os trabalhadores e o povo pareciam demonstrar capacidade autônoma de organização e luta, independentemente de qualquer tutela intelectual ou partidária. Mas a resposta para a crise poderia ser uma terceira: o desligamento dos intelectuais do engajamento político, concentrando-se em suas carreiras profissionais e na observação supostamente neutra e descomprometida da sociedade.

Tudo que é sólido desmancha no ar chegou ao público brasileiro em meio a essa crise, numa sociedade que acabara de sair de governos militares. Suas ideias viriam a calhar naquele momento de reconfiguração da intelectualidade que questionava antigas certezas, vendo-se imersa e por vezes perdida num turbilhão de mudanças políticas, sociais e culturais. Ao propor a necessidade de os indivíduos estarem permanentemente abertos à mudança, às transformações da modernidade, o livro de Berman encontrava eco, paradoxalmente, tanto nos que buscavam um novo paradigma de engajamento, sintonizado com os "sinais das ruas" como nos que abandonavam o engajamento político.

Naquele momento, a esquerda brasileira vivia um ciclo que se pode denominar "das bases", animado pelos novos movimentos sociais, pelo novo sindicalismo, pelas Comunidades Eclesiais de Base (CEBs), ligadas à Teologia da Libertação, enfim, pela mobilização social de trabalhadores urbanos e rurais, incluindo setores significativos das classes médias, no período da transição democrática. Esse ciclo corresponde ao amadurecimento de um processo histórico, social, político, econômico e cultural da sociedade ao longo do século XX. A produção em moldes capitalistas avançados generalizava-se, criando uma crescente urbanização. Paralelamente, a partir do fim da década de 1970, avançavam as lutas dos trabalhadores por direitos sociais.

No ciclo das bases, as concepções vanguardistas foram contestadas, mas a valorização das lutas populares autônomas não prescindia da necessidade de partidos, que deveriam ser a expressão política fiel de suas bases. Havia a crítica aos partidos de quadros de inspiração marxista-leninista, mas ao mesmo tempo difundia-se a frase de Marx: "a emancipação da classe trabalhadora é obra da própria classe". Conforme a interpretação dos setores hegemônicos de esquerda na sociedade brasileira dos anos 1980, isso queria dizer que a emancipação viria das bases e não de sua suposta vanguarda. No que se refere aos intelectuais, deveriam colocar-se mais como aprendizes do que como professores da classe trabalhadora e dos movimentos sociais, não mais a serviço de um partido centralizado de quadros, mas das bases populares e supostamente autônomas de um novo tipo de partido.

No âmbito partidário, foi o PT que expressou melhor a virada no pensamento e na prática de esquerda. O partido ancorava-se num tripé: as CEBs; o novo sindicalismo, liderado pelos metalúrgicos do ABC paulista; além de intelectuais e remanescentes de organizações políticas marxistas-leninistas derrotadas pelo regime militar. O PT procurava dar vez e voz aos deserdados, que haviam começado a organizar-se em movimentos sociais a partir de meados dos anos 1970.

Paralelamente, surgia uma literatura para teorizar a importância e a autonomia desses movimentos em relação ao Estado e a outras instituições, inclusive os partidos. Assim, por exemplo, num artigo muito difundido, Tilman Evers celebrava a independência dos movimentos e seu caráter libertário; apostava no PT como partido *servo* dos movimentos, jamais seu guia, como os tradicionais partidos de esquerda (Evers, 1984). Alguns anos depois, Eder Sader (1988) faria um balanço da experiência desses movimentos em *Quando novos personagens entram em cena*. Por sua vez, vários intelectuais procuravam compreender os dilemas da esquerda em meados dos anos 1980, como os que participaram do debate, depois transformado em livro, *As esquerdas e a democracia* – dentre eles, Carlos Nelson Coutinho, Francisco Weffort, Maria Victória Benevides, Daniel Aarão Reis e Marco Aurélio Garcia (1986). São todos escritos da mesma época da publicação do livro de Berman no Brasil.[12]

Passados muitos anos, constata-se o esvaziamento da mobilização popular que marcou o período que vai do fim da década de 1970 até os anos 1980.

---

12 Os livros mencionados são uma amostragem relativamente aleatória de um movimento intelectual e político muito mais amplo. Eles são citados por indicarem reflexões de intelectuais engajados, muitos dos quais tinham preocupações similares às de Berman em meados dos anos 1980, o que ajudaria a compreender a aceitação da leitura de Berman do *Manifesto*, como sintoma da procura de novos caminhos por parte das esquerdas, valorizando os "sinais das ruas" e a democracia. Ver o balanço de Marco Perruso (2009).

Evidenciam-se os limites dos discursos ideológicos que a acompanharam, a celebrar a autonomia das bases, organizadas em movimentos populares, no novo sindicalismo e nas CEBs. Os movimentos cujas reivindicações eram negadas pela ditadura tenderam a ser reconhecidos como atores políticos e sociais legítimos com a democratização, e a ter parte de suas reivindicações atendidas. Em geral, os movimentos sociais perderam pujança; o novo sindicalismo mostrou-se parecido com o velho; a atuação dos setores católicos de esquerda enfrentaria refluxo notável; o PT burocratizou-se e converteu-se num partido da ordem. O cenário político e econômico tampouco favoreceu propostas de organização popular, em sindicatos, partidos e movimentos. Talvez o refluxo seja provisório, mas ao que tudo indica o ciclo das bases já faz parte da história passada.

Entretanto, naqueles anos 1980, até mesmo os antigos partidos e as organizações de inspiração marxista-leninista mostravam-se sensíveis à ascensão dos movimentos populares. Era o caso de pequenos grupos – como os trotskistas – atuantes como tendências dentro do hegemônico PT, a valorizar as lutas de massas e a organização pela base. E também dos antigos partidos comunistas, legalizados em meados dos anos 1980, com atuação cada vez mais institucional, mas com dificuldades crescentes para dirigir os trabalhadores e despossuídos em geral.

Portanto, a receptividade de público e de crítica a *Tudo que é sólido desmancha no ar* não pode ser compreendida senão no momento que se vivia, a envolver redefinições no pensamento e na prática da esquerda brasileira, que tradicionalmente conta com a militância ou o apoio de intelectuais. Esgotava-se o ciclo das vanguardas em sua história. Uma parte dessa esquerda abria-se para os sinais das ruas. Redimensionava-se o lugar do intelectual no processo de transformação. O livro de Berman era útil no acerto de contas que estudantes, artistas, profissionais liberais, professores – enfim, a intelectualidade num sentido amplo – faziam com seu passado recente de combate a uma ditadura que se encerrava.

A REPERCUSSÃO DE *TUDO QUE É SÓLIDO DESMANCHA NO AR* NOS MEIOS INTELECTUAIS BRASILEIROS

Os termos da resposta de Berman a Anderson ajudam a entender sua recepção no Brasil. Viu-se que ele apontou o quanto seu crítico, como outros intelectuais, estaria afastado da vida cotidiana das pessoas, em que "a modernidade pode ainda gerar fontes e espaços de significação, de liberdade, dignidade, beleza, prazer e solidariedade" (Berman, 1987, p.138). Essa disposição de ouvir os sinais das ruas tinha um apelo significativo para o público brasileiro dos anos 1980, como se tem argumentado.

A resposta de Berman às críticas de Anderson foi publicada no Brasil pela *Presença*, revista pequena, porém significativa, composta majoritariamente por intelectuais que haviam deixado recentemente o Partido Comunista Brasileiro, afinados com o então chamado eurocomunismo e com a proposta de democracia como valor universal. Eram críticos do PT, que acusavam de não dar o devido valor à democracia e à representação política institucional. Por aí se vê que a ressonância da obra de Berman era significativa em diversos setores da esquerda intelectual, não apenas aqueles afinados com o PT.

Um aspecto a considerar para compreender a repercussão de *Tudo que é sólido desmancha no ar* nos meios intelectuais brasileiros é sua oposição

> [...] aos expoentes tradicionais do comunismo, que, desde Platão e os padres da Igreja, valorizaram o autossacrifício, desencorajaram ou condenaram a individualidade e sonharam com um projeto tal em que só a luta e o esforço comuns atingiriam o almejado fim. (Berman, 1986, p.96)

Ao contrário dessa tradição, o autor salienta a proposta do *Manifesto comunista,* segundo a qual "o livre desenvolvimento de cada um será a condição para o livre desenvolvimento de todos" (Berman, 1987, p.95). Marx e Engels apontariam para uma sociedade de indivíduos plenamente desenvolvidos, realçando a liberdade individual como pré-requisito para a liberdade coletiva.

Na década de 1980, questionava-se a ética que predominara na esquerda brasileira até os anos 1970, de sacrifício da individualidade em nome do coletivo, típica de organizações políticas marxistas-leninistas. No processo de transição democrática, após a lei da anistia aos condenados políticos pela ditadura, de 1979, o ressurgimento do pluripartidarismo em 1980, as eleições diretas para os governos dos estados de 1982, e o fim do governo do general Figueiredo em 1985, mudava-se a cena política brasileira. Impunha-se a renovação dos parâmetros da esquerda, em busca da revalorização da democracia, da individualidade, das liberdades civis, dos movimentos populares espontâneos, da cidadania, da resistência cotidiana à opressão, das lutas das minorias, dentre outras.

Nesse contexto, já não havia justificativa para o autossacrifício em nome do partido e da revolução. Se renúncia da individualidade parecera fazer sentido em conjunturas passadas, isso já não ocorreria no presente. Indivíduos e grupos brasileiros que faziam o acerto de contas com seu passado de militância podiam identificar-se com a leitura do *Manifesto* feita por Berman, a reiterar que o desenvolvimento de cada um é a base para o livre desenvolvimento de todos. A muitos já não parecia adequado atuar em partidos que impusessem aos militantes o que Daniel Aarão Reis chamou de "estratégia da tensão máxima".[13] O livro de Berman foi, então, bem recebido em meios que pretendiam instaurar novas práticas e pensamentos de esquerda. Instigava os que viam na tradição marxista de pensamento importante recurso para compreender e transformar a realidade, desde que o materialismo histórico não virasse um dogma.

Ademais, no cenário internacional, imperava o neoliberalismo da chamada era Reagan-Thatcher, na qual visões de mundo conservadoras ganhavam destaque, até mesmo no âmbito da cultura e das artes. Por exemplo, difundia-se o *pós-modernismo*, também influente no Brasil dos anos 1980. Assim, contra o avanço do pós-modernismo, as ideias de Berman podiam fornecer argumentos para os que defendiam a noção de modernidade. Por exemplo, Francisco Foot Hardman, um dos responsáveis pela edição brasileira de *Tudo que é sólido desmancha no ar,* escreveu na orelha do livro que "o pós-modernismo recente parecerá o que deve parecer: chatice repetitiva e sectária, em meio a uma era atônita que perdeu, enfim, o contato com as raízes de sua própria modernidade".

Um bom livro leva a "ressonâncias que seu criador jamais poderia ter antevisto", como propõe Berman (1986, p.116). Ele não poderia antever a receptividade de sua obra por setores intelectualizados brasileiros, que encontravam nela elementos para encarar os novos dilemas políticos e subjetivos postos aos intelectuais que haviam feito oposição à ditadura militar. Além das intenções do autor, que provavelmente seria simpático à leitura libertária feita na época por uma parte da intelectualidade de esquerda em sintonia com os sinais das ruas, há uma possibilidade de apreciação de seu livro com a qual ele por certo não simpatizaria.

É que o acento na individualidade, presente em *Tudo que é sólido desmancha no ar*, pode ser interpretado também com veio liberal ou mesmo narcisista. Além de o texto de Berman ter sido bem recebido no Brasil por seu lado libertário, ele também o foi porque naquele tempo difundia-se uma concepção liberal do indivíduo que deixava para trás o paradigma de intelectual fáustico, indignado e dilacerado pelas contradições da sociedade capitalista, agravadas nas condições de subdesenvolvimento. Naqueles anos 1980, passava a ganhar força o modelo de intelectual profissionalizado, competente e competitivo no mercado das ideias, centrado na carreira e no próprio bem-estar.

---

13 A estratégia da tensão máxima envolveria uma série de mecanismos: *o complexo da dívida* do militante com a organização comunista, o *leque das virtudes* do revolucionário modelo, *o massacre das tarefas* com que o Partido sobrecarregaria seus integrantes, a *celebração da autoridade* dos dirigentes, a *ambivalência das orientações* partidárias, bem como a *síndrome da traição* – pela qual seriam renegados aqueles que deixassem o partido (Reis, 1991).

BRASILIDADE REVOLUCIONÁRIA 167

A possibilidade de leitura neoliberal do livro de Berman estava presente na crítica de Perry Anderson – que talvez tenha irritado Berman, já que ele se considerava inimigo convicto das políticas de Ronald Reagan. Na interpretação de Anderson, a perspectiva de Berman podia implicar, involuntariamente, uma leitura do *Manifesto* ajustada à maré então montante do narcisismo da era Reagan:

> Apesar de toda a sua exuberância, a versão que Berman dá de Marx, enfatizando de modo virtualmente exclusivo a liberação do eu, acaba por aproximar-se desconfortavelmente – por mais radical e decente que seja seu tom – das suposições da cultura do narcisismo. (Anderson, 1986, p.14)

A análise de Berman, ao enfatizar o "eu" moderno e o autodesenvolvimento *ilimitado* do indivíduo na modernidade, dá margem a leituras tanto libertárias como liberais de seu livro. Os limites entre a individualidade libertária e a narcisista podem ser muito tênues, abrindo a hipótese de uma interpretação conservadora de *Tudo que é sólido desmancha no ar*, conveniente a setores intelectualizados na sociedade brasileira da segunda metade da década de 1980, em busca de justificativas para mudanças que implicavam o abandono de propostas de transformações sociais estruturais, ou então aos que nunca se engajaram politicamente.

O *Manifesto comunista* pode ser lido, à luz da interpretação de Berman, como um texto genial que, em vez de corresponder às esperanças radicais de seus autores, apresentaria intuições críticas sobre a tendência à reprodução infinita da sociedade capitalista, restando a seus opositores enfrentar direta e abertamente as contradições da modernidade (Berman, 1986, p.116). Pois bem, provavelmente à revelia do que o autor pretendesse, muitos podem concluir dessa leitura que, mostrada a inviabilidade das esperanças revolucionárias, o melhor é fruir a perpétua reposição das contradições da modernidade, em vez de lutar para superá-las.

Então, *Tudo que é sólido desmancha no ar* foi lido no Brasil por pessoas interessadas em compreender melhor a modernidade e suas experiências de vida, em meio às mudanças locais e mundiais dos anos 1980, quer para dar um salto qualitativo em sua participação política e social, quer para abandonar o compromisso coletivo com transformações socializantes. No primeiro sentido, as pessoas perceberiam que

> [...] precisam umas das outras para ser elas mesmas. [...] Ser solidário não é se sacrificar, mas se realizar como indivíduo. Aprender a se dar aos outros trabalhadores, que podem ter uma aparência e uma maneira de falar muito diferentes da sua, mas são iguais a você no fundo, liberta o indivíduo do pavor e lhe dá um lugar no mundo [...].

nas palavras de Berman (2001, p.290), em resenha de 1998 sobre uma nova edição do *Manifesto comunista*.

Já outro texto do próprio Berman ajuda a compreender a rota de fuga da solidariedade dos intelectuais com os demais trabalhadores. Numa resenha de 1985 acerca de livros de e sobre Lukács, observa:

> Para Lukács, uma das forças mais pérfidas do capitalismo moderno é sua capacidade de mobilizar a energia de nossos intelectos – e de nossos intelectuais – para turvar nossa visão e paralisar nossa vontade, para nos reduzir a espectadores passivos de qualquer que seja o destino que o mercado reserve para nós. (Berman, 2001, p.211)

Ora, então as metamorfoses constantes impostas pelo mercado podem implicar não só que indivíduos, grupos e classes tornem-se sujeitos de sua história, como também que se acomodem com as transformações trazidas pelo mercado, independentemente de suas vontades, como se o turbilhão de mudanças impusesse um destino contra o qual não seria possível lutar, restando apenas adaptar-se a ele.

Nesse sentido, *Tudo que é sólido desmancha no ar* pode ter sido bem aceito pelo mercado apenas como um produto de qualidade, muito bem trabalhado pelo marketing de sua editora, devidamente embalado como radicalismo inofensivo para o consumo de uma multidão de Narcisos – muitos dos quais talvez mais interessados em colocar na estante os livros da editora da moda do que propriamente em lê-los. É claro que essa possibilidade de interpretação desagradaria ao autor, para quem o livre desenvolvimento dos indivíduos envolve a consciência das pessoas de que "as coisas *podem* ser melhores, de que elas [as pessoas] têm o poder de transformar e renovar o mundo" (Berman, 2001, p.212). Para Berman, na conclusão de seu escrito sobre Lukács:

> Talvez, quem sabe, consigamos viver para ver o dia em que as pessoas não querem ser mercadorias num mercado, ainda que sejam mercadorias de luxo, e as pessoas que não querem ser itens num plano, ainda que sejam itens de prioridade máxima, descubram-se umas às outras e batalhem juntas por aquilo que Lukács chamou de "democracia da vida cotidiana". (Berman, 2001, p.228)

Contudo, *malgré lui-même*, ao ressaltar a importância do "eu" moderno, o livro teria ressonâncias que Berman não poderia prever. As pessoas podem estar inconscientes das engrenagens do mercado em constante mutação, a coisificar os indivíduos e as relações sociais. Mas também podem concluir com plena consciência, particularmente os intelectuais, que é melhor adaptar-se às mudanças do mercado do que pretender transformá-lo, usufruindo pessoalmente da modernidade, sem considerar o que Berman chama de "significado profundo das muitas formas de reificação confortável que passam por vida" (Berman, 2001, p.228).

Quando *Tudo que é sólido desmancha no ar* foi publicado no Brasil, estava em declínio o arquétipo de intelectual de esquerda dos anos 1960, engajado politicamente, buscando ligar-se aos trabalhadores e ao povo. Nas críticas e autocríticas hoje predominantes, aquele tipo de intelectual é visto como fruto do populismo, a manipular os anseios populares, ou como um ser quixotesco de um tempo de utopias que não voltam mais. Aos poucos, foi predominando o protótipo do intelectual profissionalizado, desvinculado de compromissos políticos, centrado em sua carreira, muitas vezes na universidade. Tornaram-se comuns ainda os intelectuais – por vezes adeptos de propostas revolucionárias no passado – que exercem cargos em governos que adotam medidas neoliberais. Trabalham como técnicos a serviço do funcionamento saudável da ordem estabelecida, sem maiores dramas de consciência, talvez se agarrando ainda à ideologia de que estão no poder para o bem do povo e da nação, uma vez amadurecidos e livres das utopias voluntaristas dos anos 1960, que só aparentemente teriam sido revolucionárias.

Pode-se imaginar esses intelectuais surfando prazerosamente nas ondas imprevisíveis do oceano da modernidade, mas fica mais difícil encontrar neles o que Berman chamou de cisão fáustica do intelectual, atormentado com sua condição relativamente privilegiada, de portador de projetos de vanguarda numa sociedade subdesenvolvida e desigual. A busca moderna de desenvolvimento ilimitado foi deixando de dirigir-se para a ruptura coletiva com a condição de subdesenvolvimento nacional, exploração de classe e coisificação dos indivíduos. Intelectuais, em especial, passaram a ser crescentemente seduzidos pelo acesso individual ao desenvolvimento de um mundo globalizado, embora seu discurso por vezes mantenha tons esquerdistas.

AINDA SOBRE O "EU" MODERNO

Marshall Berman é um dos raros intelectuais de projeção no mundo de hoje que mantém o inconformismo dos anos 1960. Tão mais importante por defender uma tradição marxista pronta a acompanhar as mudanças da contemporaneidade, sem se deixar seduzir pelos "radicais que querem ver tudo ir pelos ares" (2001, p.281), nem pela beatificação de Marx, tampouco pelas teorias sobre a morte do sujeito, muito menos aquelas da pós-modernidade. Ademais, seus textos plenos de vida e esperança contrastam com os escritos sombrios de esquerda sobre cultura que, segundo ele, "tornaram-se amargos [...] como se a cultura fosse só mais um departamento da Exploração e da Opressão e não tivesse nada de luminoso ou valioso em si mesma. Outras vezes, falam como se as mentes das pessoas fossem tábulas rasas, sem nada dentro, a não ser o que o capital põe ali" (Berman, 2001, p.285).

Não obstante, o destaque de Berman à investigação do "eu" moderno e ao autodesenvolvimento ilimitado do indivíduo, além de impulsionar a existência de intelectuais críticos e comprometidos com a superação da modernidade capitalista, pode paradoxalmente justificar o rumo tomado por intelectuais que se resignaram à ordem caótica da modernidade, contemplativos de suas eternas contradições, contra as quais pouco ou nada poderiam fazer. Involuntariamente, *Tudo que é sólido desmancha no ar* permite uma leitura que ajuda a desmanchar no ar o intelectual militante, libertário, e a erigir em seu lugar o intelectual passivo, a fruir sem culpa sua liberdade e relativa autonomia, a "deliciar-se com a mobilidade" eterna da modernidade. Ao invés de ouvir e fazer eco aos sinais das ruas, como Berman gostaria, esse intelectual apenas observa de longe seu movimento perpétuo, assepticamente isolado.

Os meios intelectualizados da sociedade brasileira de meados dos anos 1980 mostravam-se cada vez mais interessados na conciliação com a ordem constantemente mutante da modernidade, ou do capitalismo, se preferirem. Para alguns, que se opuseram à ditadura, tratava-se de reconciliação, de recomposição da harmonia social; para outros, que haviam se omitido e até colaborado com o regime, seria urgente conciliar para manter intactos seus relativos privilégios, sem sentimento de culpa pelo ocorrido no passado recente.

A expressão libertária da individualidade envolve o intelectual ao mesmo tempo dilacerado pelos problemas da modernidade e engajado prazerosamente no processo de transformação. Mas a ênfase no "eu" também pode ser tomada como a expansão do indivíduo a contemplar passivamente a autodestruição inovadora da modernidade, sua revolução permanente. As personalidades modernas, ao "assumir a fluidez e a forma aberta dessa sociedade" (Berman, 1986, p.94), podem gerar um desejo de transformação socializante, mas também o reconhecimento de que pouco se pode fazer para mudar as encruzilhadas históricas, para resolver os dilemas da modernidade, que teria um movimento próprio de eterna autodestruição criadora, a que todos deveriam se ajustar.

A modernidade pode levar as pessoas em geral, e os intelectuais em particular, ao engajarem-se na mudança, ou a preferir adaptar-se à ordem em transformação constante, aceitando-a como destino. O "intelectual fáustico", revoltado contra o mundo ou revolucionário a propor um novo mundo, foi típico dos anos 1960. A partir da década seguinte, aos poucos, foi se impondo outro tipo: o intelectual reconciliado com o mundo, no qual reconheceria o eterno e inevitável movimento em que deve se inserir, e não combater, usufruindo ao máximo o prazer e a dor de viver em meio às intempéries da modernidade.

Para resumir, *Tudo que é sólido desmancha no ar* encontrou parte de seu público no Brasil numa intelectualidade de esquerda em crise de identidade, envolta na autocrítica de seu engajamento, a ser repensado após o fim da ditadura, e particularmente sensível à valorização da individualidade, do cotidiano, da cidadania e de outros aspectos destacados por Berman. Mas essa intelectualidade estava no limite entre uma autocrítica que poderia colocar num patamar superior seu engajamento contra a ordem estabelecida, ou o abandono desse engajamento. Em termos ainda mais sintéticos, o livro de Berman veio colocar-se na tênue fronteira, às vezes difícil de estabelecer e medir, entre a individualidade libertária e o individualismo. Se prevalecer este último, os projetos do autor "correm o risco de desmanchar no mesmo ar moderno em que se decompõe a ordem burguesa que eles tentam sobrepujar" (Berman, 1986, p.115).

METAMORFOSE AMBULANTE

Ao comentar a obra de seu ex-professor, Meyer Schapiro, num artigo de 1996, Marshall Berman nota um aspecto que aproxima as perspectivas de ambos: "a arte moderna gera uma intensa pressão, tanto no público como nos artistas, por metamorfose e autodesenvolvimento" (Berman, 2001, p.248). Viajando no espaço e no tempo, essa frase faz imediatamente lembrar uma canção brasileira. Em 1973, o roqueiro Raul Seixas gravou uma música na qual pronunciava frases que até hoje são muito repetidas por políticos, intelectuais e artistas quando mudam de posição: "Eu quero dizer, agora, o oposto do que eu disse antes/ Eu prefiro ser essa metamorfose ambulante/ do que ter aquela velha opinião formada sobre tudo".[14]

---

14 Eis a letra na íntegra de *Metamorfose ambulante*: "Prefiro ser/ Essa metamorfose ambulante/ Eu prefiro ser/ Essa metamorfose ambulante/ Do que ter aquela velha opinião/ Formada sobre tudo/ Do que ter aquela velha opinião/ Formada sobre tudo/ Eu quero dizer/ Agora, o oposto do que eu disse antes/ Eu prefiro ser/ Essa metamorfose ambulante/ Do que ter aquela velha opinião/ Formada sobre tudo/ Do que ter aquela velha opinião/ Formada sobre tudo/ Sobre o que é o amor/ Sobre o que eu nem sei quem sou/ Se hoje eu sou estrela/ Amanhã já se apagou/ Se hoje eu te odeio/ Amanhã lhe tenho amor/ Lhe tenho amor/ Lhe tenho horror/ Lhe faço amor/ Eu sou um ator/ É chato chegar/ A um objetivo num instante/ Eu quero viver/ Nessa metamorfose ambulante/ Do que ter aquela velha opinião/ Formada sobre tudo/ Do que ter aquela velha opinião/ Formada sobre tudo/ Sobre o que é o amor/ Sobre o que eu nem sei quem sou/ Se hoje eu sou estrela/ Amanhã já se apagou/ Se hoje eu te odeio/ Amanhã lhe tenho amor/ Lhe tenho amor/ Lhe tenho horror/ Lhe faço amor/ Eu sou um ator/ Eu vou lhe dizer/ Aquilo tudo que eu lhe disse antes/ Eu prefiro ser/ Essa metamorfose ambulante/ Do que ter aquela velha opinião/ Formada sobre tudo/ Do que ter aquela velha opinião/ Formada sobre tudo".

Em seu contexto original, a canção tinha um aspecto contracultural, de valorização do indivíduo que se permite mudar para acompanhar o turbilhão da modernidade, se a canção for interpretada com base nas ideias de Berman. Note-se especialmente como a letra privilegia a primeira pessoa do singular, o "eu" moderno: *"eu* prefiro [...] *eu* quero dizer [...] *eu* quero viver [...] *eu* nem sei quem sou". Ademais, a canção enfatiza a mudança permanente (a "metamorfose ambulante") e a junção dos contrários: amor e ódio, amor e horror, estrela de hoje que se apagará amanhã.

A mesma canção tem servido, em novos contextos, para justificar o abandono de posições críticas da ordem estabelecida por ativistas e por intelectuais de esquerda que se incorporam à lógica da sociedade produtora de mercadorias. Em outras palavras, de um lado a canção expressa e inspira a coragem moderna para mudar de posição, quebrar dogmas, contestar verdades estabelecidas e assumir mudanças. De outro, pode vir a justificar a transformação do indivíduo, como se ela por si só fosse positiva, não se questionando que mudança seria essa.

O tema da modernidade, do autodesenvolvimento ilimitado dos indivíduos, sempre abertos a mudanças, viria a aparecer em diversas obras de arte brasileiras a partir dos anos 1970, no fim da vaga radical, quando artistas e intelectuais deparavam-se com o avanço da indústria cultural e da modernização conservadora da ditadura. Para dar outro exemplo, também no âmbito da música popular, vale retomar resumidamente a análise de *Sampa*, de Caetano Veloso, dedicada à metrópole de São Paulo, gravada em 1978 no LP *Muito*.[15] A canção pode ser examinada com base nas ideias de Berman, a fim de iluminar a virada

---

15 Uma análise da canção encontra-se no tópico "Modernidade em Sampa". In: Ridenti (2000, p.303 e seq.). Eis a letra de *Sampa*: "Alguma coisa acontece no meu coração/ que só quando cruza a Ipiranga e a avenida São João/ é que quando eu cheguei por aqui eu nada entendi/ da dura poesia concreta de tuas esquinas/ da deselegância discreta de tuas meninas/ ainda não havia para mim Rita Lee/ a tua mais completa tradução/ alguma coisa acontece no meu coração/ que só quando cruza a Ipiranga e a Avenida São João/ Quando eu te encarei frente a frente não vi o meu rosto/ chamei de mau gosto o que vi, de mau gosto, mau gosto/ é que Narciso acha feio o que não é espelho/ e a mente apavora o que ainda não é mesmo velho/ nada do que não era antes quando não somos mutantes/ e foste um difícil começo, afasta o que não conheço/ e quem vem de outro sonho feliz de cidade/ aprende depressa a chamar-te de realidade/ porque és o avesso do avesso do avesso do avesso/ Do povo oprimido nas filas, nas vilas favelas/ da força da grana que ergue e destrói coisas belas/ da feia fumaça que sobe apagando as estrelas/ eu vejo surgir teus poetas de campos e espaços/ tuas oficinas de florestas, teus deuses da chuva/ Panaméricas de Áfricas utópicas, túmulo do samba/ mas possível novo Quilombo de Zumbi/ e os Novos Baianos passeiam na tua garoa/ e novos baianos te podem curtir numa boa".

individualizante de artistas e intelectuais, especialmente a partir do fim dos anos 1970.

Em versos – como "o povo oprimido nas filas, nas vilas favelas/ da força da grana que ergue e destrói coisas belas/ da feia fumaça que sobe apagando as estrelas/ eu vejo surgir teus poetas de campos e espaços" – *Sampa* expressa a tensão entre visão sólida e visão diluidora da vida moderna, a autodestruição inovadora, a polaridade da tragédia fáustica entre o desenvolvimento infinito e a destruição insaciável. Tudo associado à questão da individualidade do homem desacomodado e livre do halo da experiência mistificadora do sagrado, que aparece nitidamente no trecho final: "e os Novos Baianos passeiam na tua garoa/ e novos baianos te podem curtir numa boa".

Os artistas aparecem como pessoas comuns, simples mortais a viver a modernidade, "novos baianos" a passear sob o céu cinzento da fumaça metropolitana. Estão expostos à *garoa*, à dura realidade de São Paulo, onde vivem seres perenemente mutantes. Mas, apesar de expostos às intempéries, encontram espaço para fruir a liberdade, curtindo "numa boa" a vida na grande cidade, aprendendo a "se deliciar na mobilidade" da modernidade, para usar uma expressão de Berman (1986, p.94).

Em São Paulo, são chamados de "baianos" todos os migrantes do Nordeste que acorrem à metrópole em busca de trabalho. "Os Novos Baianos" da canção podem ser eles, e também os artistas da Bahia que se mudaram para São Paulo, como o próprio Caetano Veloso e o grupo musical Novos Baianos, que curtem numa boa a vida na cidade. No último verso, fala-se em "novos baianos", sem o artigo definido, abrindo o texto para que o adjetivo *novos* possa ser interpretado no sentido de *outros* baianos, novas pessoas que virão, no desenvolvimento infinito da modernidade.

As contradições da modernidade podem levar o artista, cujo halo se perdeu em meio ao turbilhão da metrópole, a engajar-se na mudança, ajudando a criar "novos quilombos de Zumbi", refazendo no presente a utopia do movimento de escravos revoltosos em busca de liberdade. Ou ele pode preferir "curtir numa boa" a vida na metrópole, livre do dilaceramento fáustico do intelectual, aceitando o destino das personalidades infinitamente mutantes na metrópole antropofágica, deglutidora de influências diversas. Essa tendência já era detectada no tropicalismo pelo poeta Cacaso, em 1972:

> [...] se em épocas anteriores o descontentamento com o presente social produzia um impulso de transformá-lo, agora se produz um inconformismo puramente formal expositivo. Se a sociedade já não pode ser transformada, pelo menos podemos "curti-la". (Brito, 1997, p.151)

Talvez essas palavras sejam injustas com os tropicalistas, à luz do texto de Berman. Afinal, "curtir numa boa", isto é, usufruir da modernidade, não implica necessariamente uma atitude contemplativa. Mas canções como *Sampa* permitem essa leitura de descompromisso com mudanças estruturais da realidade. A canção compartilha com *Tudo que é sólido desmancha no ar* certa celebração da modernidade e da individualidade que se coloca na fronteira entre a individualidade libertária e o individualismo.

Os dilemas da intelectualidade brasileira no processo de (re)democratização – em sua maior parte ávida para (re)conciliar-se com a ordem, a qual lhe garantia um lugar de destaque social e político, num processo que Francisco de Oliveira (1988) chamou na época de super-representação das classes médias e de seu núcleo duro, a *intelligentsia* –, podem ser constatados também no êxito editorial de outros autores de então, cujas obras são portadoras de ambiguidades semelhantes às de Berman, sugerindo leituras libertárias ou individualistas. Seriam exemplos alguns livros de intelectuais militantes, a reinterpretar as lutas dos anos 1960 com perspectivas renovadas, como os *best sellers* de Fernando Gabeira (1979), *O que é isso, companheiro*, e de Zuenir Ventura (1988), *1968, o ano que não terminou*.

Daniel Aarão Reis faz uma crítica dura a esses dois livros, que teriam dado versões conciliadoras das lutas dos anos 1960, reconstituindo "o passado sem se atormentar com ele", caindo no gosto do público que desejava relembrar a história recente sem remorso nem dor (Reis, 1997, p.31-45). Ao mesmo tempo, não se pode esquecer o outro lado da moeda, o acolhimento desses livros pelos seus aspectos que procuravam revalorizar temas geralmente menosprezados pelas esquerdas, como a individualidade dos militantes, o cotidiano e as chamadas lutas de minorias.

Não se trata de propor uma análise em que os intelectuais dos anos 1960 seriam idealizados como majoritariamente altruístas e críticos, enquanto os intelectuais a partir dos anos 1970 e, sobretudo, dos 1980, seriam caricaturados como egoístas. Não cabe supor de modo maniqueísta que antes os intelectuais eram "bons" e revolucionários, passando depois a ser "maus" e reacionários. As mudanças não se deram somente pelo livre arbítrio, independentemente da organização e das estruturas da sociedade, como se o virtual desaparecimento da figura do intelectual fáustico dependesse apenas de sua vontade. Há circunstâncias históricas, políticas, econômicas e culturais a serem consideradas. Tanto assim que o fenômeno não se restringe à sociedade brasileira.

Na França, por exemplo, país paradigmático para a análise dos intelectuais, Ory e Sirinelli (1992) constatam uma dupla crise no meio intelectual, especialmente aquele de esquerda, a partir dos anos 1970. A primeira seria uma crise ideológica, desencadeada por uma série de acontecimentos, como a fuga dos *boat people* do Vietnã, a guerra do Vietnã com o Camboja,[16] o problema reiterado da perseguição aos dissidentes soviéticos, entre outros. Em segundo lugar, haveria uma crise cultural que desembocaria em crise de identidade dos intelectuais: eles se veriam num vazio com a perda de paradigmas e, ademais, teriam sido substituídos na consciência nacional, pelo menos em parte, pela difusão das mídias audiovisuais.

Por sua vez, Russel Jacoby (1990) trata do declínio do intelectual atuante na vida pública norte-americana a partir da década de 1950. Constata a eliminação de moradias, restaurantes, cafés e livrarias modestos dos centros das cidades, a desarticulação do espaço urbano barato e agradável onde vicejava uma *intelligentsia* boêmia. À perda desse espaço, somam-se a restrição da vida intelectual aos limites dos *campi* universitários, situados nos subúrbios, bem como a comercialização acelerada da cultura. Então, "a literatura e a crítica se tornam carreiras, não vocações" (1990, p.73); os autores independentes dariam lugar à profissionalização da vida cultural. A institucionalização de intelectuais e artistas neutralizaria a liberdade de que em teoria dispõem, de modo que eventuais e cada vez mais distantes sonhos com a revolução conviveriam com o investimento na profissão, no qual prevaleceria a realidade cotidiana da burocratização e do emprego.

Em suma, parece haver se estabelecido uma tendência geral à institucionalização dos intelectuais, que só parece problemática para aqueles que, como Berman (1986, p.115), considerando-se inimigos da ordem estabelecida, constatam que ocupam um lugar dentro dela, talvez como

> [...] a espécie de estimulantes de que o capitalismo necessita. [...] Nesse clima, então, intelectuais radicais encontram obstáculos radicais: suas ideias e movimentos correm o risco de desmanchar no mesmo ar moderno em que se decompõe a ordem burguesa que eles tentam sobrepujar.

A radicalidade dos obstáculos, entretanto, não significa que são insuperáveis. Num tempo marcado pelo "fim das certezas", para usar uma expressão

---

16 Essa guerra, em especial, gerou mal-estar nos meios intelectuais europeus que apoiaram as lutas de libertação no Terceiro Mundo, como atesta o depoimento de Benedict Anderson no prefácio à segunda edição de seu livro clássico sobre o nacionalismo, publicado pela primeira vez em 1983 no Reino Unido, portanto na mesma época em que saiu *Tudo que é sólido desmancha no ar*. Ele citou o desconforto com essa guerra como principal motivo para escrever *Comunidades imaginadas* (2008, p.19).

de Wallerstein (2004, p.51-54),[17] os caminhos seguem entretanto abertos, e são vários. Seja o da "sociologia como esporte de combate" proposta por Bourdieu,[18] ou da "sociologia pública" incentivada por Burawoy (2009), para ficar apenas no domínio dessa disciplina. Sem contar a continuidade renovada do materialismo histórico. Afinal, como ensinavam velhos mestres, tudo que existe merece perecer. Tudo que é sólido desmancha no ar.

---

17 Nessa mesma coletânea há uma boa compilação de artigos de vários autores renomados sobre o tema do lugar do intelectual crítico no início do século XXI.

18 *La sociologie est un sport de combat.* Filme-documentário sobre Pierre Bourdieu, dirigido por Pierre Carles, França, 2007. O título reproduz uma frase que Bourdieu gostava de repetir.

REFERÊNCIAS BIBLIOGRÁFICAS

ALMEIDA, A. W. B. de. *Jorge Amado: política e literatura*. Rio de Janeiro: Campus, 1979.

ALTAMIRANO, C.; MICELI, S. *História de los intelectuales en América Latina*, v.2. Buenos Aires: Katz, (no prelo) [2010].

AMADO, J.; POMAR, P.; NERUDA, P. *O Partido Comunista e a liberdade de criação*. Rio de Janeiro: Horizonte, 1946.

AMARAL, A. A. *Arte para quê?: a preocupação social na arte brasileira, 1930-1970*. 2.ed. rev. São Paulo: Nobel, 1987.

ANDERSON, B. *Comunidades imaginadas – reflexões sobre a origem e a difusão do nacionalismo*. São Paulo: Companhia das Letras, 2008.

ANDERSON, P. Modernidade e revolução. In: *Novos Estudos CEBRAP*. São Paulo, v.14, fev. 1986, p.2-15.

ANDRADE, C. D. de. "Mortos de sobrecasaca". Sentimento do mundo [1940]. In: *Reunião: 10 livros de poesia*. 6.ed. Rio de Janeiro: 1974.

ARAGON, L. *Les communistes*. 6v. Paris: Bibliotèque française, 1949-1951.

ARANTES, O. (org.). *Política das artes – Mário Pedrosa*. Textos escolhidos. São Paulo: Edusp, 1995.

ARANTES, P. E. Origens do marxismo filosófico no Brasil: José Arthur Giannotti nos anos 60. In: QUARTIM DE MORAES, J. (org.). *História do marxismo no Brasil, II. Os influxos teóricos*. 2. ed. Campinas: Unicamp, 2007, p.127-186.

ARAÚJO, P. C. de. *Roberto Carlos em detalhes*. Rio de Janeiro: Planeta, 2006.

ARAÚJO, P. C. de. *Eu não sou cachorro, não: música popular cafona e ditadura militar*. Rio de Janeiro: Record, 2002.

ARAÚJO. R. B. de. *Guerra e paz – Casa-grande & senzala e a obra de Gilberto Freyre nos anos 30*. São Paulo: Editora 34, 1994.

ARIAS, S. A revista *Estudos Sociais* e o processo de renovação do pensamento marxista brasileiro. Dossiê Cultura e política brasileira pós-1960. *Idéias*, revista do IFCH/Unicamp. Campinas, 12 (1): 213-250, 2005.

ARNS, P. E. Prefácio. In: Arquidiocese de São Paulo. *Perfil dos atingidos*. Petrópolis: Vozes, 1988.

ARRUDA, M. A. N. *A embalagem do sistema – a publicidade no capitalismo brasileiro*. 2. ed. Bauru: EDUSC, 2004.

ARRUDA, M. A. N. *Metrópole e cultura: São Paulo no meio do século XX*. Bauru: EDUSC, 2001.

AUTRAN, A. *Alex Viany: crítico e historiador*. São Paulo: Perspectiva, 2003.

BANDEIRA, M.; MELO, C. M.; ANDRADE, A. T. *O ano vermelho – a revolução russa e seus reflexos no Brasil*. Rio de Janeiro: Civilização Brasileira, 1967.

BARATA, A. *Luzes e sombras: a ação da maçonaria brasileira, 1870-1910*. Campinas: Unicamp, 1999.

BASTOS, E. R. *As criaturas de Prometeu. Gilberto Freyre e a formação da sociedade brasileira*. São Paulo: Global, 2006.

BASTOS, E. R.; RIDENTI, M.; ROLLAND, D. (orgs.). *Intelectuais e Estado*. Belo Horizonte: UFMG, 2006.

BATALHA, C. A difusão do marxismo e os socialistas brasileiros na virada do século XIX. In: João Quartim de Moraes (org.). *História do marxismo no Brasil, v. II – Os influxos teóricos*. Campinas: Unicamp, 1995. p.11-44.

BATALHA, C. *O movimento operário na Primeira República*. Rio de Janeiro: Jorge Zahar, 2000.

BEISIEGEL, C. de R. *Estado e educação popular*. São Paulo: Pioneira, 1974.

BERMAN, M. *Um século em Nova York – espetáculos em Times Square*. São Paulo: Companhia das Letras, 2009.

BERMAN, M. *Aventuras no marxismo*. São Paulo: Companhia das Letras, 2001.

BERMAN, M. Os sinais da rua: uma resposta a Perry Anderson. *Presença*. Rio de Janeiro, n. 9, p.122-138, fev. 1987.

BERMAN, M. *Tudo que é sólido desmancha no ar*. São Paulo: Companhia das Letras, 1986.

BERNARDET. J. C. *Cineastas e imagens do povo*, São Paulo: Brasiliense, 1985. [2. Ed. São Paulo: Companhia das Letras, 2003.]

BERNARDET, J. C; GALVÃO, Maria Rita. *O nacional e o popular na cultura brasileira – cinema*. São Paulo: Brasiliense, 1983.

BERTUCCI, L. M. *Influenza, a medicina enferma: ciência e práticas de cura na época da gripe espanhola em São Paulo*. Campinas: Unicamp. 2004.

BOAL, A. *Hamlet e o filho do padeiro*. Rio de Janeiro: Record, 2000.

BOTELHO, A.; BASTOS, E. R.; VILLAS BÔAS, G. (orgs): *O moderno em questão. A década de 1950 no Brasil*. Rio de Janeiro: Topbooks, 2008.

BOURDIEU, P. Campo de poder, campo intelectual e 'habitus' de classe. In: *A economia das trocas simbólicas*. 5.ed. São Paulo: Perspectiva, 2001.

BOURDIEU, P. *As regras da arte*. São Paulo: Companhia das Letras, 1996.

BRANDÃO, G. M. *A esquerda positiva: as duas almas do Partido Comunista, 1920/1964*. São Paulo: Hucitec, 1997.

BRITO, A. C. F. de. *Não quero prosa/ Cacaso*. Org. de Vilma Arêas. Rio de Janeiro/ Campinas: URRJ/ Unicamp, 1997.

BUARQUE, C. Entrevista a Marcos Augusto Gonçalves e Fernando de Barros e Silva. *Folha de S. Paulo*, Caderno 4, p.8, 18 mar. 1999.

BUARQUE, C. Nem toda loucura é genial, nem toda lucidez é velha. São Paulo, *Última Hora*, 9 de dezembro, 1968.

BUARQUE DE HOLLANDA, S. *Raízes do Brasil*. Rio de Janeiro: José Olympio, 1936.

BURAWOY, M.; BRAGA, R. *Por uma sociologia pública*. São Paulo: Alameda, 2009.

CALLADO, A. *Quarup*. 2.ed. Rio de Janeiro: Civilização Brasileira, 1967.

CAMPOS, A. de. *Balanço da bossa e outras bossas*. 5.ed. São Paulo: Perspectiva, 1993.

CAMPOS, C. de A. *Zumbi, Tiradentes (e outras histórias contadas pelo Teatro de Arena de São Paulo)*. São Paulo: Perspectiva/EDUSP, 1988.

CANDIDO, A. *A educação pela noite e outros ensaios*. São Paulo: Ática, 1989.

CANDIDO, A. *Formação da literatura brasileira: momentos decisivos*. São Paulo: Martins Fontes, 1959.

CASTELLANI, J. A loja Ordem e Progresso e Everardo Dias, maçom e líder operário e libertário. Disponível em <www.lojaordemeprogresso.com.br/ hist_cvcrardo.html>.

CEVASCO, M. E. *Para ler Raymond Williams*. São Paulo: Paz e Terra, 2001.

CHAUÍ, M. C. *O nacional e o popular na cultura brasileira – seminários*. São Paulo: Brasiliense, 1982.

CHILCOTE, R. *Partido Comunista Brasileiro, conflito e integração, 1922-1972*. Rio de Janeiro: Graal, 1982.

COELHO, M. A. *Herança de um sonho – as memórias de um comunista*. Rio de Janeiro: Record, 2000.

COSTA, I. C. *A hora do teatro épico no Brasil*. Rio de Janeiro: Graal/ Paz e Terra, 1996.

COUTINHO, C. N. *Cultura e sociedade no Brasil*. Belo Horizonte: Oficina de Livros, 1990.

CUNHA, P. R. da. *Aconteceu longe demais: A luta pela terra dos posseiros em Formoso e Trombas e a revolução brasileira (1950-1964)*. São Paulo: UNESP, 2007.

DEL ROIO, M. A gênese do Partido Comunista (1919-1929). In: FERREIRA, Jorge; REIS, Daniel Aarão (org.). *As esquerdas no Brasil. 1. A formação das tradições.* Rio de Janeiro: Civilização Brasileira, 2007, p.223-248

Diário de Carlos Lamarca – 29 de junho – 16 de agosto de 1971. *Folhetim*, n. 543, p.B1-B12. *Folha de S. Paulo*, 10 ago. 1987, p.B-7.

DIAS, E. *História das lutas sociais no Brasil.* São Paulo: Edaglit, 1962. [2.ed. São Paulo: Alfa-Omega, 1977.]

DIAS, E. *Delenda Roma! Conferencias anti-clericaes.* Rio de Janeiro: Off. Graph. da E. P. Maçônica José Bonifácio, 1921.

DIAS, E. A propósito de greves. *Clarté, Revista de Ciências Sociais* n.6. Rio de Janeiro, dez. 1921b, p.73.

DIAS, E. *Jesus Cristo era anarquista.* São Paulo: A Plebe, 1920a.

DIAS, E. *Memórias de um exilado (episódios de uma deportação).* São Paulo: s.ed., 1920b. [Reedição facsimilar, São Paulo: Imprensa Oficial do Estado de São Paulo, no prelo.].

DIAS, E. *Bastilhas Modernas.* São Paulo: Empresa editora de obras sociais e literárias. s/d [1927]. [Reedição facsimilar, São Paulo: Imprensa Oficial do Estado de São Paulo, no prelo.]

Documentos do PCB. Lisboa: Avante, 1976.

DUARTE P. S.; NAVES, S. C. N. (orgs.). *Do samba-canção à tropicália.* Rio de Janeiro: Relume Dumará, 2003.

DULLES, J. W. F. *Anarquistas e comunistas no Brasil, 1900-1935.* Rio de Janeiro: Nova Fronteira, 1977, p.67.

EVERS, T. Identidade, a face oculta dos movimentos sociais. *Novos Estudos CEBRAP.* São Paulo, v.2, n.4, p.11-23, abr. 1984.

FANON, F. *Os condenados da terra.* 2.ed. Rio de Janeiro: Civilização Brasileira, 1979.

FAORO, R. *Os donos do poder – Formação do patronato político brasileiro.* Porto Alegre: Globo, 1958.

FAUSTO, B. *Trabalho urbano e conflito social (1890-1920).* São Paulo: DIFEL, 1977.

FAVARETTO, C. *Tropicália alegoria alegria.* 2.ed. rev. São Paulo: Ateliê, 1996.

FEIJÓ, M. C. F. *O revolucionário cordial: Astrojildo Pereira e as origens de uma política cultural.* São Paulo: Boitempo, 2001.

FÉLIX, M. (org.). *Violão de rua – poemas para a liberdade. V. I, II e III.* Rio de Janeiro: Civilização Brasileira, 1962, 1963.

FERNANDES, F. *A revolução burguesa no Brasil.* 2.ed. Rio de Janeiro: Zahar, 1976.

FERREIRA, A. B. de H. *Novo dicionário Aurélio*. Rio de Janeiro: Nova Fronteira, s.d.

FERREIRA, J. *Prisioneiros do mito: cultura e imaginário político dos comunistas no Brasil (1930-1956)*. Niterói: EdUFF; Rio de Janeiro: Mauad. 2002.

FERREIRA, P. R. *O conceito de revolução da esquerda brasileira – 1920-1946*. Londrina: Universidade Estadual de Londrina, 1999.

FREDERICO, C. A presença de Lukács na política cultural do PCB e na Universidade. In: QUARTIM DE MORAES, J. (org.). *História do marxismo no Brasil, II. Os influxos teóricos*. Campinas: Unicamp, 1995.

FREYRE, G. *Casa grande & senzala*. Rio de Janeiro: Maia & Schmidt, 1933.

FURTADO, C. *Formação econômica do Brasil*. Rio de Janeiro: Fundo de Cultura, 1959.

FURTADO, J. P. Engajamento político e resistência cultural em múltiplos registros In: REIS, D. A.; RIDENTI, M.; MOTTA, R. P. S. (orgs.). *O golpe e a ditadura militar, 40 anos depois (1964-2004)*. Bauru, SP: EDUSC, 2004, p.229-245.

GABEIRA, F. *O que é isso, companheiro?* Rio de Janeiro: Codecri, 1979.

GALVÃO, W. N. As falas, os silêncios. In: SOSNOWSKI, S.; SCHWARZ, J. (orgs.). *Brasil: o trânsito da memória*. São Paulo: EDUSP, 1994, p.185-195.

GALVÃO, W. N. *Saco de gatos*. São Paulo: Duas Cidades, 1976, p.93-119.

GARCIA, A. A dependência da política: Fernando Henrique Cardoso e a sociologia no Brasil. *Tempo Social*. Revista de Sociologia da USP. v.16, n.1, jun. 2004. p.285-300.

GARCIA, A.; GRYNSZPAN, M. Veredas da questão agrária e os enigmas de grande sertão. In: MICELI, S. (Org.). *O que ler na ciência social brasileira (1970-2002)*. São Paulo: Sumaré/ANPOCS, 2002.

GARCIA, M. A. (org.). *As esquerdas e a democracia*. Rio de Janeiro: Paz e Terra/CEDEC, 1986.

GASPARI, E. *As ilusões armadas. v.1. A ditadura envergonhada*. São Paulo: Companhia das Letras, 2002.

GATTAI, Z. *Jardim de inverno*. São Paulo: Companhia das Letras, 2009.

GIL, G. *Todas as letras*. São Paulo: Companhia das Letras, 1996.

GILMAN, C. *Entre la pluma y el fusil – debates y dilemas del escritor revolucionário en América Latina*. Buenos Aires: Siglo XXI, 2003.

GOMES, D. *Apenas um subversivo – autobiografia*. Rio de Janeiro: Bertrand Brasil, 1998.

GORENDER, J. Entrevista a *Teoria & Debate*. In: AZEVEDO, R.; MAUÉS, F. *Rememória – entrevistas sobre o Brasil do século XX*. São Paulo: Fund. Perseu Abramo, 1997.

GORENDER, J. *Combate nas trevas – a esquerda brasileira: das ilusões per-didas à luta armada*. São Paulo: Ática, 1987.

GUARNIERI, G. O teatro como expressão da realidade nacional. *Revista Brasiliense*. São Paulo, n. 25, p.121-126, set/out 1959.

GUIMARÃES, V. L. *O PCB cai no samba: os comunistas e a cultura popular (1945--1950)*. Rio de Janeiro. Imprensa Oficial do Estado do Rio de Janeiro, 2009.

GULLAR, F. *Quarup* ou ensaio de deseducação para brasileiro virar gente. *Revista Civilização Brasileira*. Rio de Janeiro, 15: p.251-258, set. 1967.

HALL, M. O movimento operário na cidade de São Paulo, 1890-1954. In: PORTO, P. (org.). *História da cidade de São Paulo,* v.III. São Paulo: Paz e Terra, 2004.

HALL, M.; PINHEIRO, P. S. O grupo Clarté no Brasil: da revolução nos espíritos ao Ministério do Trabalho. In: PRADO, A. A. (org.). *Libertários no Brasil, memória, lutas, cultura*. São Paulo: Brasiliense, 1983. p.251-287.

HALL, M.; PINHEIRO, P. S. (orgs.). *A classe operária no Brasil – documentos (1889 a 1930)*. São Paulo: Alfa-Omega, 1979.

HAMBURGER, E. Indústria cultural brasileira (vista daqui e de fora). In: MICELI, S. (org.). *O que ler na ciência social brasileira (1970-2002)*. São Paulo: Sumaré/ANPOCS, 2002.

HOLLANDA, H. B. de. *Impressões de viagem – CPC, vanguarda e desbunde: 1960/70*. 2.ed. São Paulo: Brasiliense, 1981.

IANNI, O. A mentalidade do 'homem simples'. *Revista Civilização Brasileira*. Rio de Janeiro, ano III, n.18, mar.-abr. 1968, p.113-117.

JACOBY, R. *Os últimos intelectuais*. São Paulo: Edusp/Trajetória Cultural, 1990.

JAMESON, F. Reificação e utopia na cultura de massa. *Crítica Marxista*, v.1, n.1, São Paulo: Brasiliense, 1994, p.1-25.

KAREPOVS, D. *A classe operária vai ao Parlamento: O Bloco Operário e Camponês (1924-1930)*. São Paulo: Alameda, 2006.

KONDER, L. O impacto da revolução russa e a criação do PCB. In ___. *A derrota da dialética – a recepção das ideias de Marx no Brasil até o começo dos anos 30*. 2.ed. São Paulo: Expressão Popular, 2009.

KUSHNIR, B. (org.). *Perfis cruzados: trajetórias e militância política no Brasil*. Rio de Janeiro: Imago, 2002.

LACERDA, M. de. *História de uma covardia*. 2.ed. Rio de Janeiro: Nova Fronteira, 1980.

LAGO, M. *Bagaço de beira de estrada*. Rio de Janeiro: Civilização Brasileira, 1977.

LENHARO, A. *Cantores do rádio – a trajetória de Nora Ney e Jorge Goulart e o meio artístico de seu tempo*. Campinas: Unicamp, 1995.

LEUENROTH, E. Dados biográficos do autor. In: DIAS, E. *História das lutas sociais no Brasil*. São Paulo: Edaglit, 1962. [2.ed. São Paulo: Alfa-Omega, 1977.]

LIMONGI, F. P. Caio Prado Jr. e a revista *Brasiliense*. *Revista Brasileira de Ciências Sociais*, n.5, v.2, p.47-66, out. 1987.

LOPREATO, C. O espírito das leis: anarquismo e repressão política no Brasil. São Paulo: Verve, n.3, 2003, p.75-91.

LOPREATO, C. *O espírito da revolta: a greve geral anarquista de 1917*. São Paulo: Annablume, 2000.

LÖWY, M.; SAYRE, R. *Revolta e melancolia – o romantismo na contramão da modernidade*. Petrópolis: Vozes, 1995.

LÖWY, M. *Para uma sociologia dos intelectuais revolucionários*. São Paulo: Ciências Humanas, 1979.

MAGALHÃES, B. de A. *Arthur Bernardes: estadista da República*. Rio de Janeiro: José Olympio, 1973.

MANNHEIM, K. *Ideologia e utopia*. Porto Alegre, Globo, 1950.

MANTEGA, G. *A economia política brasileira*. 3.ed. São Paulo/Petrópolis: Polis/Vozes, 1985.

MARAM, S. L. *Anarquistas, imigrantes e o movimento operário brasileiro, 1890-1920*. Rio de Janeiro: Paz e Terra, 1979.

MARTINS, J. de S. *O cativeiro da terra*. 7.ed. São Paulo: Hucitec, 1998.

MARTINS FILHO, J. R. *Movimento estudantil e ditadura militar, 1964-1968*. Campinas: Papirus, 1987: p.122-126

MARTINS, W. *História da inteligência brasileira*, v.VII (1933-1960). São Paulo: Cultrix/EDUSP, 1979.

MARX, K. & ENGELS, F. *Manifesto do Partido Comunista*. 6.ed. Petrópolis: Vozes, 1996.

MARX, K. *O capital*, São Paulo: Abril Cultural, 1983.

MARX, K. *Os pensadores*, vol. XXXV, São Paulo: Abril Cultural, 1974.

MAZZEO, A. C. *Sinfonia inacabada – a política dos comunistas no Brasil*. Marília: Unesp/Marília Publicações; São Paulo: Boitempo, 1999.

MEDEIROS, L. de. *Os indesejáveis*. Rio de Janeiro: UERJ, 1996.

MELLO, Z. H. de; SEVERIANO, Jairo. *A canção no tempo – 80 anos de músicas brasileiras*. v.2, 1958-1985. São Paulo: Ed. 34, 1998.

MELO NETO, J. C. de. *Poesias completas* (1940-1965). Rio de Janeiro: José Olympio, 1979.

MENESCAL, R. A renovação estética da Bossa Nova. In: DUARTE, P. S. & NAVES, S.a C. (orgs). *Do samba-canção à tropicália*. Rio de Janeiro: Relume-Dumará, 2003, p.56-62.

MENESES, A. B. de. *Desenho mágico – poesia e política em Chico Buarque*. São Paulo: Hucitec, 1982.

MEZAROBBA. G. *O preço do esquecimento: as reparações pagas às vítimas do regime militar*. 2008. Tese (Doutorado em Ciência Política). Universidade de São Paulo, 2008.

MICELI, S. *Intelectuais à brasileira*. São Paulo: Companhia das Letras, 2001.

MICELI, S. O papel político dos meios de comunicação de massa. In: SOSNOW-SKI, S.; SCHWARZ, J. (orgs.). *Brasil: o trânsito da memória*. São Paulo: EDUSP, 1994, p.41-67.

MORAES, D. de (org.). *Combates e utopias – os intelectuais num mundo em crise*. Rio de Janeiro: Record, 2004.

MORAES, D. de. *O imaginário vigiado – a imprensa comunista e o realismo socialista no Brasil (1947-53)*. Rio de Janeiro: José Olympio, 1994.

MORAES, D. de. *O velho Graça: uma biografia de Graciliano Ramos*. Rio de Janeiro: José Olympio, 1992.

MOTA, C. G. *Ideologia da cultura brasileira (1933-1974)*. 5.ed. São Paulo: Ática, 1985.

MOTTA, R. P. S. *Em guarda contra o perigo vermelho – o anticomunismo no Brasil (1917-1964)*. São Paulo: Perspectiva, 2002.

NAPOLITANO, M. N. *Seguindo a canção – engajamento político e indústria cultural na MPB (1959-1969)*. São Paulo: Annablume/Fapesp, 2001.

NOVAES, A. Prefácios aos volumes da coleção *O nacional e o popular na cultura brasileira*. São Paulo: Brasiliense, 1983.

NUNES, B.; PEREIRA, R.; REOLON, S. (orgs.). *Dalcídio Jurandir: romancista da Amazônia*. Belém: SECULT; Rio de Janeiro: Casa de Ruy Barbosa/ Instituto Dalcídio Jurandir, 2006.

OLIVEIRA, F. de. Medusa ou as classes médias e a consolidação democrática. In: REIS, F. W.; O'DONNELL, G. *A democracia no Brasil: dilemas e perspectivas*. São Paulo: Vértice, 1988, p.282-295.

OLIVEIRA, F. de. Aves de arribação: a migração dos intelectuais. São Paulo: Lua Nova, v.2, n.3, p.20-6, out./dez, 1985.

OLIVEIRA, F. de. Economia brasileira: crítica à razão dualista, São Paulo: *Estudos CEBRAP* (2), 1972.

OLIVEN, R. G. Cultura brasileira e identidade nacional (o eterno retorno). In: MICELI, S. (org.). *O que ler na ciência social brasileira (1970-2002)*. São Paulo: Sumaré/ANPOCS, 2002.

ORTIZ, R. *A moderna tradição brasileira – cultura brasileira e indústria cultural*. São Paulo: Brasiliense, 1988.

ORY, P.; SIRINELLI, J.-F. *Les intellectuels en France – de l'affaire Dreyfus à nos jours*. 2.ed. rev. Paris: Armand Colin, 1992.

PÉCAUT, D. *Os intelectuais e a política no Brasil*. São Paulo: Ática, 1990.

PEDROSA, M. *A opção brasileira*. Rio de Janeiro: Civilização Brasileira, 1966.

PERALVA, O. *O retrato*. Belo Horizonte: Itatiaia, 1960.

PEREIRA, A. A formação do PCB. [1962] In: *Ensaios históricos e políticos*. São Paulo: Alfa-Omega, 1979.

PERRUSO, M. A. *Em busca do "novo" – intelectuais brasileiros e movimentos populares nos anos 1970/80*. São Paulo: Annablume, 2009.

PIERRE, S. *Glauber Rocha*. Campinas: Papirus, 1996.

PINHEIRO, P. S. As cartas falsas: cabalas na Primeira República. In: GALVÃO, W.; GOTLIB, N. B. (org.). *Prezado senhor, prezada senhora: estudos sobre cartas*. São Paulo: Companhia das Letras, 2000, p.254-255.

PINHEIRO, P. S. *Estratégias da ilusão – a revolução mundial e o Brasil, 1922--1935*. São Paulo: Companhia das Letras, 1991.

PRADO Jr., C. *A revolução brasileira*, São Paulo: Brasiliense. 1966.

PRADO Jr., C. *Formação do Brasil contemporâneo*. São Paulo: Martins Fontes, 1942.

Prontuário n.136 do Departamento de Ordem Política e Social (DOPS) de São Paulo, referente a Everardo Dias.

RAMOS, G. *Memórias do cárcere*. Rio de Janeiro: José Olympio, 1953.

RAMOS, J. M. O. *Cinema, Estado e lutas culturais (anos 50/60/70)*. Rio de Janeiro: Paz e Terra, 1983.

REIS, D. A. (org.). *Tradições e modernidades*. Rio de Janeiro: FGV (no prelo) [2010]

REIS, D. A. Entre a reforma e a revolução: a trajetória do Partido Comunista no Brasil entre 1943 e 1964. In REIS, D. A.; RIDENTI, M. *História do marxismo no Brasil, 5. Partidos e organizações dos anos 20 aos 60*. Campinas: Unicamp, 2002.

REIS, D. A. (org.) *O Manifesto Comunista 150 anos depois*. Rio de Janeiro/ São Paulo: Contraponto/ Fund. Perseu Abramo, 1998.

REIS, D. A. Um passado imprevisível. In: REIS, Daniel Aarão et al. *Versões e ficções: o seqüestro da história*. São Paulo: Fundação Perseu Abramo, 1997. p.31-45.

REIS, D. A. *A revolução faltou ao encontro*. São Paulo: Brasiliense, 1991.

REIS, D. A.; RIDENTI, M. (org.). *História do marxismo no Brasil, 6. Partidos e movimentos após os anos 1960*. Campinas: Unicamp, 2007.

Resolução Política do V Congresso do PCB, de 1960. In: *Documentos do PCB*. Lisboa: Avante, 1976, p.9-42.

RIBEIRO, D. *O povo brasileiro*. São Paulo: Companhia das Letras, 1995.

RIDENTI, M. Artistas e intelectuais no Brasil pós-1960. *Tempo Social*, revista de sociologia da USP, v.17, n.1, jun. 2005. p.81-110.

RIDENTI, M. *Em busca do povo brasileiro: artistas da revolução, do CPC à era da TV*. Rio de Janeiro: Record, 2000.

RIDENTI, M. *O fantasma da revolução brasileira*. São Paulo: UNESP, 1993 [2ª ed. revista e ampliada, 2010].

RISÉRIO, A. *Avant-garde na Bahia*. São Paulo: Instituto Lina Bo e P. M. Bardi, 1995.

ROCHA, G. Eztetyka da fome. In: PIERRE, Sylvie. *Glauber Rocha*, Campinas: Papirus, 1996, p.124-130.

RODRIGUES, E. *Os companheiros – dicionário de militantes anarquistas*. Rio de Janeiro: VJR, 1994.

RODRIGUES, L. M. O PCB: os dirigentes e a organização. In: FAUSTO, B. (org.). *História geral da civilização brasileira, o Brasil Republicano*. Cap.VIII, vol. X. São Paulo: Difel, 1981, p.263-443.

ROMANO, R. *Conservadorismo romântico – origem do totalitarismo*. São Paulo: Brasiliense, 1981.

ROSSI, L. G. F. *As cores da revolução: a literatura de Jorge Amado nos anos 30*. São Paulo: Annablume, 2009.

ROUANET, S. P. Nacionalismo, populismo e historismo. *Folha de S. Paulo*, caderno D, 12 mar. 1988, p.3.

RUBIM, A. A. C. Marxismo, cultura e intelectuais no Brasil. In: QUARTIM DE MORAES, J. (org.). *História do marxismo no Brasil, III. Teorias. Interpretações*. Campinas: Ed. da Unicamp, 1998.

RUBIM, A. A. C. *Partido Comunista, cultura e política cultural*. Tese de doutorado em Sociologia. Universidade de São Paulo. São Paulo: 1986.

SADER, E. *Quando novos personagens entram em cena*. Rio de Janeiro: Paz e Terra, 1988.

SADER, E. Nós que amávamos tanto *O Capital*. *Praga* – revista de estudos marxistas. São Paulo: Boitempo, n.1, p.55-78, 1996.

SALEM, H. *Nelson Pereira dos Santos – o sonho possível do cinema brasileiro*. Rio de Janeiro: Nova Fronteira, 1987.

SALIBA, E. T. *As utopias românticas*. São Paulo: Brasiliense, 1991.

SAMIS, A. *Clevelândia: anarquismo, sindicalismo e repressão política no Brasil*. São Paulo: Imaginário, 2002.

SANTANA, M. A. *Homens partidos – comunistas e sindicatos no Brasil*. São Paulo: Boitempo, 2001.

SANTOS, R. Crise e pensamento moderno no PCB dos anos 50. In: QUARTIM DE MORAES, J.; REIS, D. A. (orgs). *História do marxismo no Brasil, I. O impacto das revoluções*. 2.ed. Campinas: Unicamp, 2003.

SARLO, B. *Tiempo pasado – cultura de la memoria y giro subjetivo. Una discusión*. Buenos Aires: Siglo XXI, 2005.

SARTRE, J.-P. *Que é literatura*. São Paulo: Ática, 1989.

SCHWARZ, R. *Que horas são?* São Paulo: Companhia das Letras, 1987.

SCHWARZ, R. *O pai de família e outros estudos*. Rio de Janeiro: Paz e Terra, 1978.

SEGATTO, J. A. *Reforma e revolução – as vicissitudes políticas do PCB, 1964--1964*. Rio de Janeiro: Civilização Brasileira, 1995.

SILVA, A. S. da. *Oficina: do teatro ao te-ato*. São Paulo: Perspectiva, 1981.

SILVA, E. M. Maçonaria, anticlericalismo e livre pensamento no Brasil (1901--1909). XIX Simpósio Nacional de História. Belo Horizonte, 1997.

SILVA, F. de B. e. *Chico Buarque*. São Paulo: Publifolha, 2004.

SILVA, L. F. da. *O pensamento social brasileiro entre 1960 e 1980: análise de um grupo de marxistas acadêmicos*. Mestrado em Sociologia, UNESP, Campus de Araraquara, 1995.

SINGER, P. Nos arredores da Maria Antônia. In: SANTOS, M. C. L. dos. *Maria Antônia: uma rua na contramão*. São Paulo: Nobel, 1988, p.82-87.

SOLER JORGE, M. *Cinema Novo e EMBRAFILME: cineastas e Estado pela consolidação da indústria cinematográfica brasileira*. Mestrado em Sociologia. Campinas: IFCH, UNICAMP, 2002.

SOUZA, J. I. M. *Congressos, patriotas e ilusões (subsídios para uma história dos congressos de cinema)*. Mimeo. São Paulo, 1981.

SPOSITO, M. *O povo vai à escola – a luta popular pela expansão do ensino público em São Paulo*. São Paulo: Loyola, 1984.

STARLING, H. (org.) *Imaginação da terra: memória e utopia na canção popular e no cinema brasileiro*. Belo Horizonte: UFMG, (no prelo) [2010].

STRADA, V. Do realismo socialista ao zdhanovismo. In: HOBSBAWN, Eric. *História do marxismo*, v.9. 2.ed. Rio de Janeiro: Paz e Terra, 1987.

TELES, J. de A. et al. *Dossiê Ditadura: mortos e desaparecidos políticos no Brasil (1964-1985)*, 2.ed., revista, ampliada e atualizada. São Paulo: Imprensa Oficial do Estado de São Paulo, 2009.

TOLEDO, C. N. Intelectuais do ISEB, esquerda e marxismo. In: QUARTIM DE MORAES, J. (org.). *História do marxismo no Brasil*, v. III. Teorias, interpretações. Campinas: Unicamp, 1998.

TOLEDO, C. N. de. *ISEB: fábrica de ideologias*. São Paulo: Ática, 1977.

TOLENTINO, C. *O rural no cinema brasileiro*. São Paulo: UNESP, 2001.

VALLE, M. Depoimento para o encarte do CD *Antologia*, compilado por Charles Gavin, 2004.

VASCONCELOS, G. *Música popular: de olho na fresta*. Rio de Janeiro: Graal, 1977.

VELOSO, C. *Verdade Tropical*. São Paulo: Companhia das Letras, 1997.

VENTURA, Z. *1968, o ano que não terminou*. Rio de Janeiro: Nova Fronteira, 1988.

XAVIER, I. *Sertão mar – Glauber Rocha e a estética da fome*. São Paulo: Brasiliense, 1983.

WALLERSTEIN, I. "O fim das certezas e os intelectuais comprometidos". In MORAES, D. de (org.). *Combates e utopias – os intelectuais num mundo em crise*. Rio de Janeiro: Record, 2004.

WILLIAMS, R. *Drama from Ibsen to Brecht*. Londres: The Hogarth Press, 1987.

WILLIAMS, R. "The Bloomsbury fraction". *Problems in materialism and culture*. Londres: Verso, 1982, p.148-169.

WILLIAMS, R. *Marxismo e literatura*. Rio de Janeiro: Zahar, 1979.

WILSON, E. *Rumo à estação Finlândia – escritores e atores da História*. São Paulo: Companhia das Letras, 1986.

ZAN, J. R. *Do fundo de quintal à vanguarda*. Tese de Doutoramento em Sociologia. Campinas: IFCH/UNICAMP, 1997.

ZÍLIO, C. *Arte e política, 1966-1976*. Rio de Janeiro: Museu de Arte Moderna, 1996.

SOBRE O LIVRO

Formato: 16 x 23 cm
Mancha: 29 x 47 paicas
Tipologia: Times 11/14
Papel: Pólen Soft 80 g/m2 (miolo)
Cartão Supremo 250 g/m2 (capa)
1ª edição 2010

EQUIPE DE REALIZAÇÃO

Edição de Texto
Christianne Colas (Preparação de original)
Samuel Grecco e Henrique Zanardi (Revisão)

Capa
Estúdio Bogari

Editoração Eletrônica
Estúdio Bogari